中国人的社会信任

翟学伟 著

关系向度上的考察

商务印书馆
创于1897
The Commercial Press

本书系国家社科基金重大项目
"儒家道德社会化路径研究"(项目批准号:16ZDA107)
阶段性成果之一

自 序

在我原本的写作计划中,包括国家社科基金重大项目"儒家道德社会化路径研究"(项目批准号:16ZDA107)的研究方案里,都未曾想过要专门辟出一个主题,写一部立足于中国文化来探讨"信任"的书。或许是因为我自2003年以来写过十来篇信任方面的论文,又作为首席专家完成了2009年度国家社科重大招标项目"我国社会信用制度研究"的课题,便受出版界友人的鼓动,建议我在此基础上再写一本以西方信任研究为参照系,从中国社会与文化出发,并同儒家思想相连接,来探寻中国社会信任发展脉络的学术作品。我原本以为,探讨信任似乎未必要有多么高深的学术功力,但不知为何,每当我读到诸多学者的论述时,总感觉到此方面的研究竟然如此晦涩难懂,导致我对自己如何表述也缺乏信心。我更加担心的是:当此书把我在不同时间点上发表过的相关论述连成一片时,是否具备一定的逻辑线索和严谨的框架体系?既然有了这些顾虑,计划也就搁置了。可万万没想到,新冠肺炎的肆虐,意外地给了我一段安心写作的时光。而当我在键盘上敲出书稿的最后一个句号的那一刻,我松了一口气,因为我的这一目标算是达成了。

此书想研究的主题是:作为一个贯穿于中国社会生活方方面面的、受儒家高度重视,且被放入"五常"中的"信",是如何在中国人的人伦日用中落地并产生持续影响的？虽然本书的起点是从中国文化中的"信"字开始的，但相较于孟子的"四端"及后来儒家"五常"中的"仁""义""礼"及"智"来说，这一被后补进去的"信"字恰恰被历史证明最具"常"之品格，而其他这些人性之端和人伦之"常"反倒没了下落，只在研究中国思想传统时才被提及。可见，"信"不仅是儒家的言说，而且自始至终都是人类生活的真实写照。所以，作为一项从社会学角度（而非国学角度）来探讨其内在理路、社会运行及演化的研究，我在不时观照儒家学说、比较西方理论的同时，更倾向于回到社会现实层面，看一看这一儒家"德目"之社会化途径在哪里。

其实，自20世纪70年代以降，特别是近30年来，中西方关注信任话题的学者暴增，学者们发表和出版了大量的论文和书籍。但就我自己阅读到的成果而言，令人信服的研究不多，尤其是对于信任含义的理解，总是让人感到迷茫。我一直疑惑不解的是：那么多聪明的脑袋难道就说不清信任究竟是什么吗？信念、信心、态度、信息、理性、期待、利益、美德、合作、承诺、诚实、依赖、情感、声誉、公信力甚至赌博等等，都被作为信任的含义一而再、再而三地提及。应该说，每一种说法都有其合理性，都触及信任的部分内容，可为什么就是说不出其最根本的特征呢？我思前想后，最终认为，信任的本质其实是附着性的，它或许有自己的含义，但这个含义总是透过人类社会的各种表现而表现的，进而也难以实现自身含义的独立完整性。所以，关键问题已不在于我们如何去说清楚信任本身，而是应考虑当它被人类社会前定（设定）后，如何随其他社会行为特征而特征化。我们能做的不是把它从人类各种行为中剥离出来探讨其纯粹的含义，而只能确定自己究竟用什么学科、什么角度、什么框架来言说信任。从信仰上说，从德行上说，从交换上说，从信息上说，从风险上说，从社会资本上说，从约束力上说;是理性主义的,是乐观主义的,还是特殊主义或是普遍主义的;是哲学的,是经济学的,是心理学的,是社会学的,是政治学的,是历史学的,还是人类学的,甚至是国学的等等:都是可行之路。只要研究者以自身的视角,探索了信任是如何附着且透过各种行为发挥其自身能量的即可。这或许是我在完成此书时的一个觉悟吧。

于是,为了说清楚中国人的社会信任,本书所提供的特定视角是同儒学保持一致的,且可以同西方相关理论产生对话的"关系"视角。具体而言,本书将以我所建构的关系向度理论为基础,来考察中国人的信任方式及其轨迹。借助这一理论:我们一方面可以看到中国人信任运行模式的相对稳固性;另一方面也能意识到其内在的紧张性以及在现代化进程中所面临的危机,而不再像有些研究那样径直套用现成的信任类型并附带以实证的验证,由此造成无论数据本身如何,都免不了随意塞人现成的或颇显杂乱的信任分类体系,甚至于粗暴地归结为特殊信任和普遍信任。同样,由上述之觉悟,我也意识到,当社会交往的性质本身发生变化时,附着于其中的信任也一定会随之改变。比如,当人类文明发展到从真实社会走到虚拟社会时,交往方式变了,信任也就跟着变了。这应该成为现代信息社会,或者互联网时代需要关注的重要话题,因为此种新型的社会连接或团结,抑或新型的网络谣言或欺诈等都在其中孕育和引发再生产。

这里还需要顺带提及的一点是:近些年来,关于社会学是否或如何本土化的争论不绝于耳,我个人的看法可以归结到,这不是一个需要多加争论的问题,而是一个尝试去做的问题。一条道路能不能行,不是争出来的,而是走出来的。如果各位理论家们站在一个十字路口不停地争论下去,那么即使争论到老,依然还是站在原处。当然,此时此景,有人带路是再好不过的。这样一来,其他人不但可以追随其后,还能一路拍照留影,并边走边发点牢骚。是的,西方社会科学曾在理论、方法论及具体研究方式、方法上当过我们的"领路人",可遗憾的是,尚有一些路是没人带的。虽然探路装备乃至于拐棍都分发完毕,可路还是要自己去找。我写本书即为一次寻路,好不好,对不对,都出发了。

出于上述这样一种思考,我把我过去所写过的相关论文都做了重新布局和改写,成就了本书的基本面貌。在这里,我首先要感谢曾为我出版《中国社会信用:理论、实证与对策研究》(中国社会科学出版社2017年版)一书的责任编辑王茵女士,因为本书是在她的提议下启动的,自然在个别篇章上也留有原书的小部分文字和数据。另外,我的博士生陈云龙还根据我提出的"关系向度理论",发表过一篇题为《关系信任:中国人信任的实践逻辑》的文章,我亦有所选择地编入了本书,我也要感谢河海大学的黄晓晔和南昌航空大学的汪火根为本书提供的部分资料,感谢兰州大学的高学德所做的统计分析。当以上部分文字和数据汇集于此后,我根据本书的意图与整体框架对它们做了大面积的删改、重组、更新及扩充。我还应该感谢《社会学研究》《社会》《开放时代》《探索与争鸣》《江海学刊》《江苏社会科学》《学海》《社会科学》《社会科学研究》《中国社会科学(内部文稿)》及《光明日报(理论版)》等学术报刊,因为此书中有不少观点最先是在这些报刊上发表的。如果没有它们最初的肯定,我也没有底气来重整此书。再有一点需要交代的是,本书还从拙作《中国人的关系原理》(北京大学出版社2011年版)中抽取了《中国人的关系向度及其在互联网中的可能性转变》一文,在加工、改造的基础上成为本书的基础理论部分,以表明我的信任研究是从哪里开始推演的。

最后,由于本书成稿于新冠肺炎在全球蔓延期间,我想说的是,只要社会还在发展,信任的意思就不可能凝固。其多变性的内容和形式不断地渗透在我们的每一回承诺、每一份合约、每一趟赴会、每一次交友和每一段人生经历中,也出现在一笔笔生意、一款款情谊、一条条短信或链接,以至于日复一日的网上视频和聊天之中。信任研究不能仅满足于空泛的或抽象的论述以及数据的堆砌,而总带有认知上的、文化上的及日常习性上的差异。这次新冠肺炎全球大爆发,一个口罩问题,已经说明了一切。它再一次启动了我们对信任背后的政治体制、价值观念、生活习惯以及人际关系的多方位反思。

翟学伟
2020年4月3日写于新冠病毒全球感染者破100万人之际
6月28日修订于全球感染者破1000万人之际

目 录

引　言　从宏大理论返回信任现场 ·· 3
第一章　"信"字的中国含义及其解读 ··· 25
　　第一节　信的本土解释 ··· 25
　　第二节　概念归属与学术立场 ·· 30
　　第三节　从"信"聚焦于信任 ·· 37
第二章　认识中国社会的起点：视角与框架 ···································· 57
　　第一节　关系性的视角 ··· 57
　　第二节　关系向度理论的建构 ·· 67
　　第三节　固定关系的表现形态与走向 ··· 75
第三章　从关系向度理论看信任类型 ·· 87
　　第一节　信任类型与数据描述 ·· 87
　　第二节　信任类型的变动方位 ·· 108
　　第三节　信任的实践及其困境 ·· 127
第四章　信任的文化比较 ·· 139
　　第一节　约束机制与信任运行 ·· 139
　　第二节　儒家文化中的信任 ··· 147
　　第三节　信任文化的比较 ··· 159

第五章 人性假设与制度安排 — 171
- 第一节 人类社会关于"信"的基本假定 — 171
- 第二节 中国人的"善"与"恶" — 178
- 第三节 人性假设下的制度偏向 — 192

第六章 传统商业信用 — 215
- 第一节 基本特点与原则 — 215
- 第二节 历史传承：以四大商人群体为例 — 237
- 第三节 传统信用的运行逻辑 — 252

第七章 信任与社会流动 — 265
- 第一节 社会流动与网络 — 265
- 第二节 访谈：离乡者的行走路线 — 272
- 第三节 信任强度的分析 — 280

第八章 信任危机的根源 — 291
- 第一节 社会进化论的中国化 — 291
- 第二节 当今中国文化-经济-社会中的一个特点 — 299
- 第三节 同质性和异质性：两种社会的运行机制 — 308

第九章 互联网时代对社会信任的重构 — 321
- 第一节 信任研究的再出发 — 321
- 第二节 现代社会信任框架的重构 — 331
- 第三节 表现性信任与实情性信任的比较 — 342

第十章 研究立场辨析与变迁中的中国 — 351
- 第一节 儒家传统的解释限度 — 351
- 第二节 为什么是关系视角 — 358
- 第三节 中国信任的变迁轨迹 — 366

参考文献 — 377

在我埋头整理此书之时,正是新冠肺炎传播在中国接近尾声,而西方社会开始大面积传染之际。不少西方国家对中国政府的应对措施与中国人的主动配合赞誉有加。可令中国人不解的是:为何西方国家"不抄中国作业"呢?其实反过来想,如果西方国家有此方面的经验,我们会抄他们的作业吗?比如群体免疫。这里显然触及了制度、文化与人心方面的差异。其中讨论最热烈的话题是出门戴不戴口罩。此次肺炎爆发于中国时,我们自觉地戴上了口罩;至于那些极少数不戴之人,他们不但受人指责,甚至会被强行管制。为此,各地政府为了保证每个人都戴口罩,几乎在所有住宅小区、道口及你所想去的任何地方,比如菜场、超市、商场,甚至你仅仅行走于马路时,都会有专职人员监督市民是否佩戴口罩。可就这一对中国人而言理所当然的行为,却在其他社会执行起来大费周章,让我们切身感受到了文化观念和社会运行的差异。中国人实在想不明白为何西方人要如此顽固地抗拒戴口罩。经过了解,我们大体知道对他们而言:一个人如果戴口罩就意味着生病,生病就不应该出门;反之,出门不戴口罩的人就表明他身体健康。可问题是,在这种意识的驱使下,谁能够保证一个出门不戴口罩的人一定是健康的呢?一个可能的新冠病毒携带者为了证明自己健康,为了不受他人排斥,甚至并不知道自己已被传染,出门时都会不戴口罩,结果人们聚在一起便大大增加了互相传染的概率。试想,如果此种情形发生在中国,即使真有潜在的病毒感染者混入人群,由于人人自危,也就极大地减少了被传染的可能。比较至此,我们是否突然醒悟到:一个看似如何预防传染疾病的问题,其背后的关键之处竟然是不同社会的信任方式?在中国社会,"忧患意识""居安思危""以防万一""有备无患""防患于未然""宁可信其有,不可信其无""害人之心不可有,防人之心不可无""人人为我,我为人人"等熟语,时刻都在提醒着每一个人。不得不说,诸如此类的意识在此次抗疫中起到了非常大的作用,可这些看似平常的道理在西方人那里接受起来却如此不情愿。一个小小的口罩问题,体现着各自文化中的执念。这点足以把关乎全民生命安危的社会治理模式区分开来。所以,谈信任,文化问题是绕不过去的。

——题记

引　言　从宏大理论返回信任现场

"信"在人类社会中处于什么位置呢？在一个微信群里，我曾见过这样一段动漫，我把它的旁白记录如下：

以前有两个好朋友，一个叫"聪明"，一个叫"诚信"。有一天两人结伴出海旅游，不料在海上遇到海啸，两个人乘坐的船也沉没了。救生艇上只有一个位置，那个叫聪明的年轻人一看形势不好，为了争夺救生艇，就把诚信推进海里，自己逃生去了。诚信喝了不少水却大难不死，被海浪推到一座岛上，他惊魂未定，只好坐在沙滩上等待救援的船只。不久，果然听到远处传来一阵阵欢快的音乐。他马上站起来向音乐的方向望去，发现有一艘小船向小岛驶来。他看见小船上有面旗子，上面写着"快乐"两个字，原来是"快乐"的小船，诚信急忙喊道："快乐，快乐，我是诚信，你能救我吗？"快乐一听，笑着对诚信说："不行，不行，我要是有了诚信就不快乐了。你看这世界上有多少人因为说实话而快乐的？"说罢，快乐走了。又过了一会儿，"地位"的小船来了。诚信连忙喊道："地位，地位，我是诚信，你能带我回家吗？"地位一听，忙把船划离小岛，边划边回头冲着诚信说道："不行，不行，你不能搭我的船，我的地位来之不易，要是有了诚信，我的地位就保不住了。"诚信很失望地看着

"地位"离去,眼里充满了疑惑和不解,只好无奈地在小岛上再待下去。过了不久又过来了一艘船,诚信一看是"竞争"的船,又喊道:"竞争,竞争,我是诚信,你能不能载我回家?"竞争一看是诚信,忙说道:"你不要给我添麻烦了,如今世界竞争这么激烈,我如果还要诚信的话,我就竞争不过人家了。"说罢,扬长而去。忽然,海上开始电闪雷鸣,狂风卷起一波波的滔天巨浪,正当诚信快要绝望的时候,突然听到一个亲切、慈祥的声音:"孩子,上船吧!"诚信一看,原来是"时间老人"。诚信问道:"你为什么要救我呢?"时间老人微笑着说:"只有时间才可以证明诚信有多么重要啊。"在回程的路上,时间老人指着因为巨浪打翻船而落水的聪明、快乐、地位和竞争,意味深长地说:"没有了诚信,聪明反而害苦了自己,快乐不会长久,地位都是虚假的,竞争也是失败的。"

这个故事把人们平日里十分向往的聪明、快乐、地位和竞争与诚信分别做了比较。比下来的结果是如果失掉了诚信,这些最为人们看重的社会现象都会出现大麻烦;而如果它们都愿意拥有诚信,便会如虎添翼,其本身也回归于人的本真。这里有一个关键点是:诚信到底有什么特点值得它们拥有呢?那就是它的"时间"维度,也就是说,是其内在的时间性保证其他心理和行为方式能够经得起考验。或许我们还可以继续发问:那么它有"空间"维度吗?这些将成为本书构建理论框架的另一个基本点。

信任是人类社会中最为重要和普遍的现象,也具有人类可理解的共同含义。但由于受到不同自然与社会环境的影响,特别是文化观念的左右,人们在其中所表现出来的信任方式并不相同。于是,本书所想探讨的"信任",不是要去过多地关注一般意义上的信任本质,而是偏重于探讨信任在中国思想、社会、文化及历史中的发生、特征、变迁以及危机等方面。为了能够比较清晰地达到这一目标，我依然需要先从一般理论开始讨论。

信任作为一种社会现象，是伴随着人类社会的发生而发生的。也就是说，信任一开始并不是作为社会活动中的独立领域被关注到的。我们不妨说，只要动物有群体生活，就有了信任的存在。或许它们未必自知，只属于人类的一种解读①；而人类所表现出的"信任"则在于人类会有意而为之。一旦信任为人类行为所谋划，那么人类在彼此守望它的同时也孕育出了其反面。也就是说，受各种动机、欲望及利益诉求的指引，信任一直被其反面包围着，正如美国社会学家查尔斯·蒂利(C. Tilly)在其《信任与统治》一书中不断重复着的这样一句话：信任是把利害攸关之事置于他人的失信、失误或失败的风险之中。② 由此观点，我们可以看到"失信""不可信"和"背信弃义"等在人类社会自身运行中也是随处可见的。它时常造成祸乱，影响重大事件，改变集团首领的决策，导致军事指挥失灵，带来社会恐慌，引发政府公信力危机等，其具体内容包括怀疑、猜忌、上当、撒谎、隐瞒、欺骗、伪装、造谣、背叛、使诈、食言等等。可以毫不夸张地说，信任的正面和反面共同构成了人类社会的各种行为方式。它们在很大程度上决定着王朝的兴衰、经济的起落、教育的偏差、道德的得失及人心的向背等等。

但奇怪的是，以上这些都没有使得信任议题较早地进入社会科学的研究领域。学术界真正开始对"信任"加以特别关注，大体上要到20

---

① 参见帕特里克·贝特森：《合作与信任的生物进化》，刘穗琴译，载郑也夫编：《信任：合作关系的建立与破坏》，中国城市出版社2003年版。
② 查尔斯·蒂利：《信任与统治》，胡位钧译，上海人民出版社2010年版，第5—8、15、18、21、25、52、61、161页。

世纪 50 年代以降,尤其是 70 年代以来才越发显示出其独特的重要性来。这点本身也很值得反思。为何在此之前的各类学者均没有意识到信任的重大意义呢?我想主要原因正像一些学者所做的那些比喻,诸如"阳光""雨露""鸡汤"等等①,显然这些比喻是想告诉我们,信任是理所当然地存在于我们的日常社会当中的,其正当性以及作为人类自身必备的美德,都是不证自明的。因此,信任之意义无须论证,反倒是其反面值得警惕。即使人类社会发生了一些失信的行为,我们也未必需要从正面搞清楚信任是什么,只需要从常识上将其纳入信仰和道德的框架中,通过日常的教诲、训诫和惩罚,就可以维持社会活动的正常开展。于是从人类生活一开始,在大量宗教教义、生活格言及童话故事中,就充斥着对社会成员的谆谆教诲,并伴有对失信行为的警示与严惩。

可是,这些理所应当的前提在现代化进程中遇到了挑战,成为整个社会面临的一个大问题。要想厘清信任为何爆发式地受到关注,首先就牵涉西方社会学中的一个重要概念——现代性。其实,社会学本身也是现代性的一个产物。现代性一旦成为一个概念,遂成为许多社会科学家乃至人文学者概括现代社会特征的一种方式,甚至成为回答与解释社会诸多问题及其复杂性的挡箭牌。现代性概念本身歧义丛生,导致学者们从政治、经济、文化、社会、人格等不同的方面对其进行了各种界定,其所引发的话题也大相径庭。但从其核心意义上讲,一种简化了的含义是:以工业化为主要标志的社会变迁所引发的人类社会

---

① R. T. Golembiewski, M. Mcconkie, "The Centrality of Interpersonal Trust in Group Processes", in C. Cooper (ed.). *Theory of Group Process*, New York: Wiley, 1975, p.134;埃里克·尤斯拉纳:《信任的道德基础》,张敦敏译,中国社会科学出版社 2006 年版,第 1 页。

生活的"不安",而所谓现代性研究就是"寻求一种对不安的答案"。①"不安"主要来自社会在自身变迁过程中的断裂,因为工业化所带来的生活方式导致人们离开或放弃了他们所熟悉的生活环境,甚至形成了对过去生活的厌恶和反叛。安东尼·吉登斯(A. Giddens)指出:

> 现代性以前所未有的方式,把我们抛离了所有类型的社会秩序的轨道,从而形成了其生活形态。在外延和内涵两方面,现代性卷入的变革比过往时代的绝大多数变迁特性都更加意义深远。在外延方面,它们确立了跨越全球的社会联系方式;在内涵方面,它们正在改变我们日常生活中最熟悉和最带个人色彩的领域。很明显在传统和现代之间还存在着延续,两者都不是凭空虚构出来的。尽人皆知,若以过于世俗的方式简单对比二者,会产生什么样的误导。但是,过去三至四个世纪(历史长河中的一瞬间!)以来出现的巨大转变如此剧烈,其影响又是如此广泛而深远,以至于当我们试图从这个转变以前的知识中去理解它们时,发现我们只能得到十分有限的帮助。②

此时此刻,我们大致可以领略到,西方学者对所谓现代性的描述是作为传统性的对立面而确立的,它们往往被放入一种二元对立的框架中来看待,而非放入社会变迁的连续体上去理解。人们要想活在现代性社会,就意味着同过去的生活告别乃至决裂。可是,当人们进入现代性状态时,他们尚没有做好心理准备,他们没有意识到自己已进入

---

① 达尼洛·马尔图切利:《现代性社会学》,姜志辉译,译林出版社2007年版,第1页。
② 安东尼·吉登斯:《现代性的后果》,田禾译,译林出版社2000年版,第4页。

了一种不确定性的生活,并最终会产生心理上的焦虑。就好比一个外出闯荡之人,开始只是因为厌倦了那种日复一日的生活。他刚接触到外面的世界时,所有一切都让其感到新鲜和好奇,也就是说,一种喜新厌旧的情绪在左右着他的心境。可等到兴奋期过后,他开始思念起亲人,想念家乡的山水,并渴望回归其所熟悉的环境。作为个人,他是可以做选择的,他或者返回家园,或者继续闯荡。但如果说现代性已成为一种人类社会的走向和趋势,那么,尽管人们还是会间歇性地产生乡愁,还是会对现代社会生活的不适有所抱怨,但毕竟逝去的已经逝去了。且不说此时人们已无法回头,更大的可能是为现代化所吸引而不愿意真正回到过去。美国思想家爱默生(R. Emerson)写道:

> 谁愿意重新回到石器时代、铜器时代、铁器时代?谁不喜欢生活在钢的时代、金的时代、煤的时代、石油的时代、棉花的时代、蒸汽的时代、电气的时代和太空的时代呢?人们所有这些活动的进步提高了人类生命的价值和智力的水平……
>
> 这个时代的政治家、科学家和学者提供了广阔的施展才华的资源和空间,这也是文化进步的一个显著标志。当人们彼此之间勾心斗角的时候,世界的和平就只能嘴上说说而已。社会一旦从四分五裂走向统一和井然有序,那些互相对立的人们立刻就走到了一起。在整个国家里,百废待兴,在进行大量工作的过程中产生了新的劳动分工和创造了许多新的职业。这个时候,人们考虑更多的是这样一些问题:哪种观点,哪种企业,科学方面的哪种才能,哪种管理,哪种实际性的技能,哪方面的精通者——铁路、电报、采矿、古生物学、建筑、国外贸易、国内贸易、生产、发明等。所有这些都在全国范围内得到了关注,这是一个人才辈出的时代,每一个村

镇和城市都在自尊中变得繁荣富裕,社会和国家也在走向更高的文明阶段。①

乡愁与现代性适应之间构成了一种紧张,这就是所谓的不安的来源。在现代化的道路上,更多的学者看到的是人们会义无反顾地走下去,似乎美好的未来在等待着他们。于是乎,不安与焦虑只是在默默地积淀着,等待着爆发的时刻。

对于现代性的反思,尤其是整体性的反思,大多是由社会学家完成的。面对这种巨大的社会转型,一些早期的社会学家对社会类型的传统与现代之间进行了各式各样的分类尝试:孔德(A. Comte)的从神学、形而上学到实证主义;斯宾塞(H. Spencer)的从军事到工业;梅因(H. Maine)的从身份到契约;滕尼斯(F. Tönnies)的从社会到社区;拜克尔(H. Becker)的从神圣到世俗;雷德菲尔德(R. Redfield)的从乡村到城市;涂尔干(E. Durkheim)的从机械团结到有机团结;等等。在这一系列的社会类型比较中,涂尔干的分类似乎更胜一筹,其机械团结和有机团结的划分更具统合性的意味。它所引发的思考是,一个现代性的关键问题在于"社会分化"与"社会整合"。上述所谓宗教、军事、神圣、身份、社会、乡村等含义中都意味着一种社会联系的纽带是建立在集体意识的相似性或一致性的基础上的,其中体现了一种集体共有的、习俗上的与信仰上的统一;而实证、工业、社区、契约、世俗、城市等则表明了社会在分化,它导致了集体统一性的减弱与劳动分工的专门化。可见,社会分工化与专门化改变了人们联结起来的方式。但在涂

---

① 爱默生:《不朽的声音》,张世飞、蒋旭东译,当代世界出版社2002年版,第202—204页。

尔干看来,虽然人们的社会关系改变了,但社会分工也会使人类为了自身生存与发展而彼此依赖,构成一种有机的整体。这种有机体的形成使我们有理由认为,社会在分化的同时也在促进社会整合,或者说分化与整合之间具有在演变中自我平衡的关系。

可是令涂尔干深感忧虑的是,社会分化之后,特别是经济要素上升为社会生活的核心后,现代社会主要是由各种职业群体及法人团体所组成的,这些团体往往是利益冲突的根源,造成了社会的失范和失序,而一种原有的道德体系已不可能在这种有差异的职业和群体中获得权威。由此,他的种种讨论最终将回到道德的问题上来,尽管他并不承认社会道德的败落是社会分化的自然结果。而一种行之有效的办法也许就是通过法人团体来确立一种职业道德与法律准则。[①] 社会分化的理论命题到帕森斯(T. Parsons)那里,变成了一种社会行动模式的五对变量:1. 情感性 vs 情感中立性(affectivity-affective neutrality);2. 自我倾向 vs 集体倾向(self-collectivity);3. 普遍主义 vs 特殊主义(universalism-particularism);4. 归因 vs 成就(ascribed-achieved);5. 特性 vs 扩散(diffuseness-specificity)。[②] 帕森斯用这五对变量来讨论人的现代性与传统性特征,而社会整合的概念也转变成为一种社会系统理论,从而建构出了他的宏大理论体系——结构-功能主义。最终,涂尔干的职业道德与法律准则演化为帕森斯反复强调的社会规范。一旦社会规范成为社会运行的保证,价值与行为的善恶与是非、社会的稳定与平衡等就都有了判断的标准。但是,这种逻辑较为严谨的宏观理论架构对

---

① 埃米尔·涂尔干:《社会分工论》,渠东译,生活·读书·新知三联书店 2000 年版,第 358 页。

② 达尼洛·马尔图切利:《现代性社会学》,姜志辉译,译林出版社 2007 年版,第 54 页。

社会的解释只不过是一种一厢情愿,或是建筑在沙滩上的房子:它一方面脱离了具体而真实的社会问题,另一方面也从理论上掩盖了社会学家们沿着涂尔干思路应该继续讨论的道德危机与重建之可能。

但无论如何,经过一段时间,人们对现代性生活方式的新鲜感与好奇心已退去,"不安"已经到来,因为无论人们愿不愿意,现代性已几乎不可控制地将社会自身带入复杂且不确定的地步。20世纪70年代以降,德国社会学家卢曼(N. Luhmann)对社会系统内部的各层次与部分是否会像帕森斯说的那样协调与稳定表示了怀疑。他敏感地意识到对社会系统是否稳定的探讨,不应该只聚焦在社会结构上,而应该是社会意义上的探讨。这一层面的思考不是像结构-功能主义那样简单地把人放在一种地位和角色的安排上去认识,而是应回到行动者自身来讨论自我与他人发生互动的偶然性与可能性。这就涉及个体的经验与熟悉,进而引出了信任的主题。

众所周知,经验与熟悉总是在时间的维度中得到的,它们意味着个体的过去与现在。所以在卢曼看来,熟悉是信任的前提。人们在一种熟悉的环境中,大家持有共同的世界观,其相识的方式具有熟悉与存在者所自明的特质。他说:

> 在人际交往中,这种熟悉中只有一部分要说出来,其余的则被预先设定为理解的基础,道德评价从善和正确的角度确保其为自明的。关于"谁"在经验的问题,关于意义建构的主体的问题,真诚的、熟悉的存在者本身没有追问的动机。①

---

① 尼克拉斯·卢曼:《信任:一个社会复杂性的简化机制》,瞿铁鹏、李强译,上海人民出版社2005年版,第24页。

也就是说,即使我们在现实社会感受到了一些类似不道德的或身份不同的问题,它们在已达成共识的意义世界中依然失掉了差异的重要性,进而也不会在个人的经验中引起疑虑并产生不确定性。这就是涂尔干的机械团结的特征。这个特征告诉我们,在前现代性社会中,人们之所以没有想到信任的议题而更多地从其反面入手,都是个人经验使然,而不会考虑到整个社会。信任作为一种问题意识在现代社会出现,在于个人的既往经验已不再构成其推断未来的理由,此时社会的变迁已经超越了个人所能承载的所有信息。卢曼指出:

> 当一种社会秩序变得更加复杂多变时,整体上讲,它趋向于失去其理所当然的品性,及其众所周知的熟悉,因为日常经验只能以片段的方式设想或回顾它。不过,正是社会秩序的这种复杂性创造出更大的需要:协作,从而也创造出对于决定未来的需要,这就是说,对于信任的需要,这种需要现在越来越不迎合熟悉。在这些环境中,熟悉和信任必须寻求一种新的相互加强的关系,这种关系已不再是建基于一个即刻经验到的、为传统所保证的、邻近的世界上。对这种关系的保证不可能再是通过把陌生人、敌人以及不熟悉的人排除在某些界限之外来提供。①

由此一来,熟悉导致的信任是有限的,是人际关系上的,而随着现代性的到来,任何一种人际关系上的努力都已经不能适应这样的社会。如果要包容那些未来的不确定性、不安全感与难以预测的事件,

---

① 尼克拉斯·卢曼:《信任:一个社会复杂性的简化机制》,瞿铁鹏、李强译,上海人民出版社2005年版,第27页。

社会就需要一种系统信任。它包括作为一种有意识的冒险,放弃了某些可能对更深层次的信息以及对其结果的持续控制。这时,信任的含义便成为一种冒险和风险投资。

卢曼的这一思想很大程度上影响了吉登斯对信任的思考。在吉登斯看来,风险和信任是交织在一起的。① 现代性由于表现为现代与传统的断裂,进而一种人们在其生活的具体场景中的思维、习惯与知识已无法在现代社会中发挥作用。因此,世界的变化与突发事件使得人们无论行动与否都处在一种风险之中,而人们应对变化与实践的知识也是"不完全的归纳性知识",包括科学也不再是一种不变的真理。虽然风险是不可回避的,但人们化解或预防之道就是使用信任。既然今天的人们不是依赖于具体生活环境来取得信任,那么脱离了具体情境的信任就会走向抽象或者符号化的时空中去,即在一种脱域(disembeding)的机制中来建立起社会制度中的信任。脱域的信任包含着两种机制:一种是象征标志(symbolic tokens),一种是专家系统(expert system)。所谓象征标志指的是脱离了特定场景的交流媒介(这就是信任的空间维度开始出现了)。吉登斯给出的一个例子是货币,其特点是现在的市场交易不是一种物与物之间的交换,而是一种在任何时空中都可使用的交换媒介。这就使得它具有了交换的普遍化与一般化特征,而现代社会的人们所追求的正是这种脱离了时空的象征标志而表现出的对货币的信任,即使我们对货币的相关信息一无所知也一样信任它。专家系统也不再是人们日常所熟悉的社会关系,人们对他们的信任来自他们拥有技术成就(职称)和专业知识,这点在很大程度上保证了人们预期中的对风险的规避,比如坐飞机是危险的,但人们之所

---

① 安东尼·吉登斯:《现代性的后果》,田禾译,译林出版社2000年版,第6—8页。

以不担心它的危险性,并不在于他们本人熟悉某些专家或了解了飞行安全,而在于他们相信飞机是由一批拥有专业知识的工程师制造与受过培训的机械师和飞行员操控的,因而它是安全的;再比如人们并不懂得有关文物的知识,但人们之所以相信古代艺术品是价值连城的,也完全是靠鉴定专家所宣称的,尽管这些专家经常会看走眼或者被收买。

由此,卢曼所谓的社会系统性信任在吉登斯这里有了进一步的发展,他让人们看到了一种风险社会的保障机制是建立在现代性中的,即对时空的拓展、延伸,乃至正在走向虚拟的过程中。一旦这种推导是合理的,那么其中便隐含了卢曼原先所担心的时间维度所引发的预期性与不确定性已经不再存在风险,从而也就在理论上阐明了现代性所带来的不安是可以缓解与消除的。如果"脱域"概念可以作为研究现代社会的信任的基础,吉登斯在宏观上便看到了全球化的可能,因为商品、市场、品牌、专家、专业知识等构成的制度系统都不看重具体的时空,那么这就等于说信任自身具有了在抽象体系中的能力;而在微观层次上,吉登斯还力图说明风险的存在之所以没有让人们失去生活的信心,其原因来自个人自幼成长时所形成的本体性安全,这种安全即埃里克森(E. Erikson)提出的儿童的自我认同中所具备的"基本信任"(basic trust)。[1]

虽然吉登斯对现代性后果的讨论似乎化解了信任在现代社会中的危机,但一个不可否认的观点在讨论现代性的学者当中变得越发重要起来。这就是风险社会的来临,其本身的形成及特点与信任的发生是

---

[1] 埃里克森:《童年与社会》,罗一静、徐炜铭、钱积权编译,学林出版社1992年版,第70页。

同步的和一致的。风险社会作为一个问题,产生于20世纪50年代,但作为一个公众话题与社会科学的关注点,是80年代末才出现的重要学术现象。特别是进入90年代,社会风险成为一个社会学的核心概念。它同现代性一样,被用来解释后工业社会的许多特征,并引发其他许多社会科学的综合性探讨,遂在今天成为社会科学探讨未来社会发展与走向的一个核心议题——全球化与社会风险。尽管学者们对于这一议题的讨论是热烈、丰富而庞杂的①,但它始终与工业化及现代化有着紧密的联系。贝克(U. Beck)指出:

> 风险概念是一很现代的概念。单是它的概念发展史就已表明,在以前那些时期,即在人们觉得自己受到自然灾害或者众神行动危害的时期,这一概念是并不存在的。各种风险其实是与人的各项决定紧密相连的,也就是说,是与文明进程不断发展的现代化紧密相连的。这意味着,自然和传统无疑不再具备控制人的力量,而是处于人的行动和人的决定的支配之下。夸张地说,风险概念是个指明自然终结和传统终结的概念;或者换句话说,在自然和传统失去它们的无限效力并依赖于人的决定的地方,才谈得上风险。②

贝克的风险社会概念不但具有现代性,而且具有全球性。同吉登斯的"脱域"概念极为相似的地方是,他认为现代社会风险也不再限于

---

① 周战超:《当代西方风险社会理论研究引论》,载薛晓源、周战超主编:《全球化与风险社会》,社会科学文献出版社2005年版,第1—37页。
② 乌尔里希·贝克、威廉姆斯:《关于风险社会的对话》,载薛晓源、周战超主编:《全球化与风险社会》,社会科学文献出版社2005年版,第3—4页。

特定的时空，而是一种超越了时间和地点的全球化过程，切尔诺贝利核电站事件、疯牛病、工业污染、风险转嫁，包括2020年初爆发的新冠肺炎等都说明了当今的风险不是哪一个社会或政府可以解决的，这就需要有一种共同的决定与制度性的控制，这一点正是社会学家需要探讨的问题。从信任与社会风险的双重讨论性出发，卢曼的社会系统理论与吉登斯的现代性理论对此议题的进一步深化具有深远的影响，他们都关注社会系统建设与社会重新建构等问题。

  风险与信任一样，都是对未来可能性的预测，这就很容易导致两种相反的人生观：一种是乐观主义，一种是悲观主义。前者所持的观点是无论社会与自然发生什么，人类都应该对自己的未来充满信心，这又进一步引发了进步论[1]，用中国人常用的一句话说就是"我们的明天会更好"；而后者的观点是，人类社会这样发展下去很可能会失去控制，人类目前所做的一切将在未来毁灭自己，因此应采取许多有效的措施来保留、减缓乃至放弃一些资源的开发利用以及对大气层的污染，并从伦理上克制一些科技成果的使用，以维持人类良好的生活。以乐观主义来讨论信任问题，便会带来一种观点，这就是尤斯拉纳（E. Uslaner）的"信任的道德基础"[2]。这种观点认为：以往通过经验建立的信任，无论是特殊信任还是普遍信任，都应该划归为策略信任；而一种绝对的信任便是建立于用乐观主义对待人性的基础之上，也就是人们应当坚信信任包含了一种价值共同体——人类普遍遵守的道德。有了这样的信念，人们就不需要通过经验和信息来形成信任关系，也不会

---

[1]　翟学伟：《进步的观念与文化认同的危机——对中国人价值变迁机制的探讨》，《开放时代》2008年第1期。
[2]　详见埃里克·尤斯拉纳：《信任的道德基础》，张敦敏译，中国社会科学出版社2006年版，第38页。

因为一时的上当受骗而放弃对他人信任的信条。尤斯拉纳的这种观点在其信仰和逻辑上是没有问题的，并且重新回到了涂尔干当年提出的道德与团结在现代社会中的关系为何之命题上来。

但逻辑没有问题，不能说就是一种正确的观点。以乐观主义为前提进行论证，其本身就隐含了一种价值上的设定，就如同"人之初，性本善"一样，一切讨论不在于后面观点的延展，而在于这种假定是否成立。由此一点，回到涂尔干的社会事实上来，我们看到他们的观点大相径庭。在涂尔干看来，有机团结的社会只是建立在社会分工的基础上，由于其道德共同体已经解体了，现代社会面临的是道德的危机。看来要想回答这样的争论，我们已经不能再停留在"主义"与"事实"之间的关系上，或许应更接地气地反映在对文化类型的差异性考察上。由此，福山（F. Fukuyama）的信任研究具有了重要的意义，因为他想回答什么样的文化意味着什么样的信任。

考察福山关于文化与信任的论述，可以发现他似乎看到了各个社会团体之间的利益诉求与竞争。但他认为这是经济学的问题，而且其中的许多关于市场规律的探讨都是合理的。比较而言，文化的问题所占的比重虽然很小，但很重要，因为这些看似合理的经济学规律是依附于一个地方的文化特征上的，或者说，文化不同，经济发展模式就会不同。对此最为有名的论述就是马克斯·韦伯（M. Weber）所探讨的"新教伦理与资本主义精神"的关系。这意味着，看起来各个不同职业团体之间的目标与利益不同，但一个社会的文化底色应该是相同的，所以某种文化底色使一个社会最终会偏向这样运行而不是那样运行。虽说我们或许对于这个基础并不需要做过量的讨论，但同经济学研究比较而言，我们得给予文化一种简明且必要的认识，这就是一个社会所具有的信任特征，即一种将人与人联系起来的方式——社会资本。① 通过对不同社会的考察与比较,福山发现不同文化中的信任存在较大程度的差异,有的社会是高信任度社会,有的社会是低信任度社会。前者如美国与日本,后者如中国与意大利等。中国被划归为低信任度社会显然与韦伯的思想是一脉相承的,即中国的团体与市场之所以不发达,主要是因为中国家族结构导致了中国人对家族以外人的不信任。② 福山写道:

> 极端的家族主义、男性遗产均分制与收养机制的缺乏以及对非亲非故者的不信任综合在一起,塑造了传统中国的经济行为模式,这个模式又在许多方面影响了中国台湾和香港的当代商业文化。③

福山的这一讨论对吗?这是本书要回答的问题之一。但无论正确与否,关于文化与信任关系的研究终于使西方有关信任研究框架与中国社会文化的现象挂钩起来,虽然我们有种种理由认为这些理论的脉络是从西方的现代性开始的,不过我们还是看到了中国在迈入现代化的过程中已经具有了不少上述的特点。只不过这些特点的历程不是沿着西方社会的进程走过来的,而是有其自己的起点与传统。

为何一定要强调自己的起点和传统呢?我以吉登斯关注的专家系统为例(货币问题在下一章讨论)来认识一下中国社会。从大面上看,专家系统当然可以用于理解中国社会的现代化,但如果撇开自己的传

---

① 詹姆斯·科尔曼:《人力资本创造中的社会资本》,载达斯古普特等编:《社会资本:一个多角度观点》,张慧东等译,中国人民大学出版社 2005 年版,第 20 页。
② 马克斯·韦伯:《儒教与道教》,洪天富译,江苏人民出版社 1993 年版,第271页。
③ 弗兰西斯·福山:《信任:社会美德与创造经济繁荣》,彭志华译,海南出版社 2001 年版,第 89 页。

统,许多问题是无法讨论的。比如在很多技术领域,我们看到专家的秘籍只是师徒相传,体现的是关系的重要性,而无法专业培训化和社会组织化。虽然在公私合营后出现过一些民间手艺人把部分非物质文化遗产贡献给了国家,但它们基本上还是在家族中传递;如果说这样的事情在现代性的洪流中已经渐行渐远,那么最新报道有小学六年级学生获得的全国青少年科技创新大赛三等奖,依然表现出科技(假)创新中的家庭痕迹,因为这项小学成果竟然是"C10orf67 在结直肠癌发生发展中的功能与机制研究",我们总不能得出中国少年太过杰出的结论。经过网民的一片质疑,最终爆出这篇达到硕博士水平的论文是其父亲在背后捉刀的。虽然经专家组的重审,这个三等奖被取消了[①],但我想问的是:为什么评审专家在评奖时看不出这样的猫腻呢?答案只有一个:在这一社会的运作方式中,父亲为孩子代劳是被认可的。这次暴露的问题主要出在获大奖上,而非这样的事情不能由家长来做,因为我们从幼儿园到中小学中常见的手工、作业直至创意,其背后哪一样没有家长的影子?这是司空见惯的。在一些重要的高科技领域,亦有严重的欺骗行为,比如 2004 年曝光的"汉芯造假事件"[②],就是专家系统内部爆出的丑闻,引发了科技领域的信任危机。2020 年的一个大案则是,武汉金凰珠宝向信托公司质押的价值近 200 亿人民币的 80 吨黄金竟是铜做的。这些"黄金"在入库时不但有第三方专业鉴定机构的检测报告,而且还是在信托和保险公司的共同见证下放入的,

---

① 林珏瑶、朱轩:《全国青少年科创大赛组委会撤销昆明小学生研究癌症项目三等奖》,https://www.thepaper.cn/newsDetail_forward_8298075。
② 杨琳桦:《"汉芯一号"造假传闻调查》,《21 世纪经济报道》2006 年 1 月 25 日。

却不知在什么环节出了问题。① 这些重大事例虽属个别,却不能被视为个例,比如黄金变铜事件,这至少会影响到那些手持黄金珠宝的千家万户,需要去检测一下那些存放在家里的自以为价值连城的宝贝是真的还是假的。由此而联想到更为常见的专家事例发生于文物鉴定和百姓收藏活动中。由于中国悠久的文化历史中所具有的厚葬传统,以及中国人持有的传家宝观念,中国民间收藏异常活跃,同时导致造假也非常猖獗,有些地方村民不事正经职业,专门以仿造文物(诸如玉器、青铜器、瓷器、书画、金铜佛像等,亦可以美其名为制造"仿古工艺品")来发家致富。由此一来,鉴定不仅是个专业行为,而且成为收藏者的乐趣。此时的收藏不在于通过鉴定收藏到真品,而是收藏本身就是在同赝品做斗争。由此,游戏规则也在这里发生了变化。由于鉴定是一门专业化程度很高的行当,它不服从于大众共识,而只服从于专家学识和眼力(通常被假定为在博物馆或者文物机构工作的资深专家),甚至在文物鉴定中需要采取一票否决制。可正是这一特点,其中所发生的社会现象就匪夷所思了,诸如"专家"可以为了从中渔利而忽悠百姓,可以欺负百姓不懂而低价收购,可以因为收了好处费而把假的说成真的,也可以把真的说成假的,甚至互相攻击,让老百姓不知道该相信谁,也有因为鉴定压力或名誉受损而自杀,更多的则是欺世盗名之辈;而反过来讲,专家也经常被老百姓忽悠,造成了国家收购经费的重大损失;更有一些地方造假文物因其仿真技术高明,可以在拍卖会上拍出天价。当然,客观上讲,文物鉴定很复杂,涉及许多政治、文化与生活细节方面的历史和工艺史。但我

---

① 新浪财经:《武汉金凰珠宝融资 100 多亿,抵押的 80 吨黄金是假的?》,https://finance.sina.com.cn/money/bank/bank_hydt/2020 - 06 - 29/doc - iircuyvk1058734.shtml。

给出的例子不是客观上的难度,而是主观上的有意而为,否则中国不会广为流行一个叫"大忽悠"的词语,或将"专家"嘲讽为"砖家"。此时,一种看似符合吉登斯所谓的"象征标志"出现了,即鉴定证书,其含义是有此证书便能证明此物的真,但藏家都知道这类证明毫无意义,因此证书不过是有专家身份的人出于各种利益考量给出的不带有承诺的一张纸。于是,信任的可靠性只能回归到中国人所重视的却又颇为传统的"关系"中,从而确保一件藏品的来路和可信。可见,在我们解读今天中国社会的信任问题时,我们不能拘泥于以西方信任理论为参照,来讨论宏大的社会现代化问题。也就是说,重启中国社会的信任问题,至少不能满足于用抽象的"专家系统"来解读中国的现代化,而是需要从自身的社会基础和文化底色中去寻求我们所走出的轨迹以及所面临的问题是什么,包括这些历史与社会现象上升为理论后会给我们哪些启示。

显然,中国人的信任有其自身的源头,几千年传承下来的特征依然存在着,但市场经济的到来引发的新变化与对传统的冲击,又产生了信任危机,其涉及面广泛而深远,政府、司法、企业、股市、教育、文艺、传媒、医药、学术及日常生活等都在其列,以至于"诚信""信任""信用""信誉"及相关的"道德底线"等在近几十年来一直成为国民热议的话题。更加令人不安的是,中国日常发生的一些事件透露着传统价值观的急剧变迁,很多现象在媒体上曝光后导致中国信任问题开始受到民众的考问。比如 2006 年 11 月 20 日,南京某公交站台上有一位老太太被撞倒在地,彭宇见状将她搀扶起来,老太太发现自己摔得不轻,希望彭宇把她送到医院救治。接下来的事情是,老太太在医院一口咬定是彭宇将她撞倒的,并且最终通过法律手段判决他应付医药费约 45 000 元。彭宇一再说明自己同此事无关,只是助人为乐（据悉，后来彭宇承认了老太太是他撞倒的）。但不管这一事件的真实情况如何，法庭的判决及其推理逻辑却十分值得深思。法庭推论彭宇负有责任并需要承担医药费的理由是：如果不是他将老太太撞倒，为什么要将她送往医院？此话真可谓一石激起千层浪，这种推理的方式似乎在暗示，我们正处在一个不信任的社会。不信任的社会是无法助人的，谁助人谁就要对受伤或受害者承担责任。可见，不信任的社会有不信任的社会运行的逻辑，以讲信任的方式来应对不信任的社会运行将会付出惨痛的代价。果不其然，此案之后，铺天盖地的沿着不信任的社会运行逻辑的报道出现了：路上有老人跌倒，更多的只是引来围观者而无人敢上前援助；有的老人跌倒后坐在地上说，他知道不是围观人撞的，能不能有人帮他一下；还有的情况是要等到有小孩子放学经过，路人先让他上前试探（看来无论什么情况下，讹小孩还是不道德的），再决定是否施救；更加荒唐的现象是，对于那些没有绕过去而想搭救的人来说，他们在搭救前为了不让被救者赖上自己，需要用手机先录像再搭救；而最为严重的情况是，马路上的一些车辆从其身边驶过，却到了无人理睬的地步。这时我们不能简单地将其归因为道德沦丧，而应当估计到即便是有道德的人，在此种情形下也许也不敢搭救。此时此刻，我们发现我们所熟悉的儒家倡导的一种恻隐之心、中国历史上的"见义勇为"价值观乃至"学雷锋做好事"等新旧传统正在面临前所未有的考验；更不用说，随着互联网的到来，网络诈骗之猖獗致使民众防不胜防。因此，我们需要在信任传统到信任危机之间建立一种演变的关系。

如果我们充分地评估了社会基础与文化观念，那么，以上发生的许多现象应该追溯到我们自身的生活轨迹与社会运行中去，其中有很多内容，包括我们的理论起点在很大程度上都是溢出于西方各种信任研究框架的。我们姑且认为,中国目前所面临的信任问题大致可以套入现代性与风险关系之宏大理论框架来进行解释,但其中许多地方会显得比较空泛,或者超出西方学者的关注点。我们不能仅限于将这些问题大而化之地归结为现代化、全球化、市场化以及人们对未来风险的把握等这些宏大的议题,而是应该回到中国现场,回到自己的文化中来寻找一系列重要的议题。或者具体而言,我们在这里更加想讨论的是:何为中国传统信任?何为中国人的信任机制?其改变是从哪里开始的?

第一章 "信"字的中国含义及其解读

第一节 信的本土解释

为了更好地澄清本书后面会使用到的与"信"相关的概念,我们先回到中国文字及其表述上来讨论一下"信"的基本含义。

"信"在中国思想史上曾是各家学派共同关注的一个核心问题,尤其被儒家所强调,自汉以后被归为"五常"(仁义礼智信)之一。关于它的讨论散见于儒家、墨家、道家、法家等各派的典籍中。仅就儒家学说而言,据统计,"信"字在《论语》中出现 38 次,在《孟子》中出现 30 次,"信"也是四教(文行忠信)和五德(恭宽信敏惠)之一。

中国早期的文言文是在竹简上书写、撰抄的,或许是为了减轻书籍的重量或者便于携带,单字及一字多义的情况十分常见,"信"字自然也属于这种情况。从词性上讲,它可以作动词解,如"朋友信之"(《论语·公冶长》);可以作副词或形容词解,如"信乎,夫子不言,不笑,不取乎?"(《论语·宪问》);但更多的是作为一个名词,其例甚多,不胜枚举。单字的词性变化所造成的结果不仅是语言理解上的明晰,更重要的是"文化智慧"上的一种倾向。卜松山(Karl-Heinz

Pohl)敏锐地注意到这种单词既做名词又做动词的情形"可以在语言哲学中提供更深层次的概念化,因为事物变成了事件,暗示了对世界的非物质解释,即过程理解"①。这将使得中国知识的建构不是知识本身,或者说不是借助于形式逻辑而形成的一套自洽的含有标准意图的理论体系,而是一种实践的结合了知行合一的感受性觉悟与获得。

"信"是会意字,字形结构为"人"与"言"相合,表示"人言为信"。"信"作为一种德目来讲源于其本意,即一个人张口就要说实话。墨子说"信,言合于意也",指一个人说出来的话要和他内心的想法一致,而不能口是心非、言不由衷。由此本意之正反又引申出"诚实守信""一诺千金""重守诺言""言行一致"或"信誓旦旦""信以为真"及"信口雌黄"等多种含义。一个人一旦被要求"守信",也就等于有了道德诉求,所谓"言必信,行必果,使言行之合,犹合符节也,无言而不行也"(《墨子·兼爱下》),"人而无信,不知其可也"(《论语·为政》),"君子耻其言而过其行"(《论语·为政》)。

又由于信不仅仅是对个人的道德诉求,还需要面向交往的对象,即它总会发生于至少两个人之间,因此也含有非常重要的伦理性,如孔子在《论语》中多有类似的表述:"道千乘之国,敬事而信","巧言令色,鲜矣仁"(《论语·学而》),"焉用佞?御人以口给,屡憎于人。不知其仁,焉用佞","始吾于人也,听其言而信其行;今吾于人也,听其言而观其行。于予与改是"(《论语·公冶长》),"言忠信,行笃敬,虽蛮貊之邦行矣;言不忠信,行不笃敬,虽州里行乎哉?立则见其参于前也;在舆

---

① 卜松山:《中国哲学传统中不可言说的智慧》,载汉斯-格奥尔格·梅勒、怀特海德编:《智慧与哲学》,王海青译,广东人民出版社2019年版,第53页。

则见其倚于衡也,夫然后行"(《卫灵公》)。傅玄曾论道:

> 讲信修义,人道定矣。君不信以御臣,臣不信以奉君;父不信以教子,子不信以事父;夫不信以遇妇,妇不信以承夫,则君臣相疑于朝,父子相疑于家,夫妇相疑于室。大小混然而怀奸谋,上下纷然而竞相欺,人伦于是亡矣。夫信由上结者也。故人君以信训其臣,则臣以信忠其君;父以信诲其子,则子以信孝其父;夫以信遇其妇,则妇以信顺其夫。上秉常以化下,下服常以应上,其不化者,百未有一也。《傅子·信义》

既然"信"必然发生于两人以上,那么随着人数的无限扩张,最终就会成为治国之道,如"上好信,则民莫敢不用情"(《论语·子路》)、"宽则得众,信则民任焉"(《论语·尧曰》)等。《论语·颜渊》载:"子贡问政。子曰:'足食,足兵,民信之矣。'子贡曰:'必不得已而去,于斯三者何先?'曰:'去兵。'子贡曰:'必不得已而去,于斯二者何先?'曰:'去食。自古皆有死,民无信不立。'"

如果我们用现代概念来替换中国文言文中的"信",那么中国古代所议论的"信",既指个人的诚信,又指人与人之间的信任、信赖,亦包括国家、商家的信用,还可以指从个人到团体再到政府由"信"所积累而成的信誉以及价值追求上的信念及信仰,等等。可见,一个"信"字的含义是多方面的,也是多层次的。

另外,传统价值体系中的"信"往往会和"诚""忠""义"等字连在一起使用。古人对"信"的释义通过与"诚""忠""义"的互释,体现出彼此间的相互促成以及发展出更为复合而有效的含义。也就是说,"诚""忠""义"与"信"的互释着眼于彼此之间的内在联系和统一性。比如,作为人的重要德性,"诚""信"都有真实无妄的意思,意义相近,可以互通互训。如东汉许慎的《说文解字》就采用了互释法,即以"诚"释"信",以"信"释"诚"。"信,诚也,从人言","诚,信也,从言成声"。也可以将"诚"与"信"的关系看成体用关系,"诚"是"信"的内在德性,"信"是"诚"的外在表现。"内诚于心",才能"外信于人",人唯有具备诚实之德,才可能真正做到表里如一;人也只有诚心实意,才能将自己的信任表现于外。"忠"与"信"也有互为促进的关系,程颢云:"尽己之谓忠,以实之谓信。发己自尽为忠,循物无违谓信,表里之义也。"(《遗书》卷一一)"忠"来自内心的坚定和信念,所谓"忠心耿耿";"信"则表现为说到做到,所谓"信守诺言"。孔颖达疏:"忠者,内尽于心也;信者,外不欺于物也。"①

　　古人对"信"的释义,不仅主张"以信求仁",而且尤为强调"讲信循义",也就是不把信守约定、诺言等言行本身作为绝对的价值标准,因为这其中隐含"信"必须建立于正当性与合法性之上。其关系应是"义"连接着"(正)道",在表现出"信"的品格或行为举止时,"义"必须作为"信"的基础和践约的前提。人的行为方式只有合乎"义"的本质,才会具有履行承诺的道德要求;相反,对于"不仁不义"的人性基础,"信"则不必践行。所以,孔子的弟子有子说"信近于义,言可复也"(《论语·学而》),即承诺之言只有合乎"义",具有了正当性,才可守约兑现。孟子说得更直接:"大人者,言不必信,行不必果,惟义所在。"(《孟子·离娄下》)朱熹则云:"信不近义"即为不信,而且"反而害信"(《朱子语类》卷二一、二二)。由此观之,中国传统信任的主旨是以"道"统"义"、以"义"统"信",以防失去了"道义"的"信"在社会上起到

---

① 阮元校刻:《十三经注疏》,中华书局1980年版,第15页。

不好的作用。信随义走，义又排斥利，由此，一个人"讲信"就会"重义"，而"背信"也可能会"弃义"。

用一个字来解释另一个字，不但在语义上有许多促成与正反的要求，在传统德目中也包含着价值理念、伦理体系上的高低及程度上的差别。比如"诚信"的搭配，"诚"的内涵及外延比"信"更深、更广。在儒家学者看来，"诚者，天之道也"，"诚"是宇宙自然、万事万物的本源和永恒的规律，即所谓"诚者，物之终始，不诚无物"。"诚"既然是"天道"，所以它本身就"诚者自成"，并且永远存在于万物变化的开端和结局之中，不以物的消长而消长。而"信"作为一个纯粹的人伦道德，仅是宇宙自然演化到人身上的一个特点，即使在人伦道德范畴中，它也不如"诚"那样处于决定性地位。朱熹在《朱子语类》中曾一语中的地认为"信不足以诚"，一个诚实的人应该是一个守信的人，而一个守信之人不一定是一个至诚之人。从本源上看，学者们认为"诚""忠""义"应是内在的、本源的、主导的，而"信"是外在的、延伸的、从属的。儒家更强调前者，是想为人类道德伦理之确立寻找到本质的、万古恒定的内在根源。"信"则是在内在根源之上的各种表现，如"好信不好学，其蔽也贼"（《论语·阳货》），"信之所为信者，道也；信而不道，何以为道"（《穀梁传》）。《管子·形势解》也认为"信"要从属于"道义"："圣人之诺已也，先论其理义，计其可否，义则诺，不义则已。"在"诚""忠""义"等字和"信"的混合使用中，由于前者更重视人的内在性，使得作为实践的"信"也更为踏实，其彼此互通互释也可加深人们的感悟。

儒家关于"信"的讨论贯穿于个人修养、人际交往、名望积累、国家治理等各个方面。在孔子看来，恪守信用不仅是一个人应该遵守的行为规范，还是关乎一个人安身立命和治国平天下的大事，是实现"修齐治平"之理想的根本所在。《左传·僖公二十五年》说："信，国之宝也，民之所庇也。"在儒家思想的逻辑理路中,个人的诚信就是整个社会的诚信基础,人人能诚。如果一个人自己"诚身立信"了,人与人的相处中就有了信任,然后整个国家的信用运行就会良好。所谓治国为政的"九经"就是"修身、尊贤、亲亲、敬大臣、体群臣、子庶民、亲百工、柔远人、怀诸侯"。"信"是古代思想家以个人之诚为起点,用个人品德之"信"推出关系之"信"和社会之"信"的,最后扩展到整个天下的美好价值追求。

第二节 概念归属与学术立场

讨论完"信"在中文中的复杂含义之后,我们再来比较一下英文中的相关词语,就会看出中国"信"的特征在哪里了。众所周知,英文词汇非常强调词根,而以词根构词并不单纯是语言学本身的现象,也包含一种文化与思维的方式。虽然中文没有词根一说,但从"信"的词语组合中,我们也得到了类似于词根的文化与思维方式。在汉语中,"信"延伸出的词语有诚信、自信、信心、信念、信仰、信息、信赖、信誉、信任、信托、信贷、信使等;而英文中有关"信"的含义则来自不同的词根,比如 belief(信仰)、confidence(信心)、faith(信念)、sincerity(诚信)、reliance(信赖)、honesty(诚信)、trust(信任)、information(信息)、reputation(信誉)、credit(信用)、dishonesty(不诚实)、distrust(不信任)等。这点足以说明有一种类型的社会生活是(被假定为)通过建立以"信"字为中心而运转的,正如《管子·枢言》所说:"诚信者,天下之结也。"《吕氏春秋·贵信》亦言:"君臣不信,则百姓诽谤,社稷不宁;处官不信,则少不畏长,贵贱相轻;赏罚不信,则民易犯法,不可使令。交友不信,则离散郁怨,不能相亲;百工不信,则器械苦伪,丹漆染色不贞。夫可与为始,可与为终,可与尊通,可与卑穷者,其唯信乎!"而另一种社会生活类型(英文 credit 的拉丁文词根有信任的意思)是在各自不相干的"信"字组合中分别展现的。哈丁(R. Hardin)面对西方语言的构词时指出:

> 如果人们希望使信任成为简单的基本单元,或把它看成道义上的规范概念(即普遍适用的概念,来自纯粹理由)的话,那么他们在真实世界经验(经常缺少这种概念)中就会遇到麻烦。即使今天,我们不能把信任这个术语直接、精辟地翻译到许多语言中,比如法语。在法语中,人们会说,我相信某人——或者奇怪地,某件事情(j'ai confiance en quelqu'un ou quelque chose)。1995 年 2 月 25—26 日,在罗素塞奇基金会与纽约大学联合举办的信任会议上,巴特(Fredrik Barth)也提到,挪威语中没有名词形式的"信任"。大约一个世纪之前,人们特意发明出日语术语。从其他语言到英文的翻译经常在明显不妥的情况下使用"信任"术语,从而明显增加和歪曲了所译内容。甚至在英语中,由于它的词根是"trust"这个词,信任这个词的历史也比较模糊。①

中国"信"字的中心化及其向四处延伸的特点,至少在语义上说明了中国人所谓"诚信危机""信任危机"或者"信用危机"等都是围绕着"信"所出现的危机,它们彼此之间一样具有互释性、促成性,自然也在

---

① 哈丁:《信任的概念与解释》,王兵译,载周怡主编:《我们信谁:关于信任模式与机制的社会科学探索》,社会科学文献出版社 2014 年版,第 199 页。

很多时候就会连成一片。如果我们把这几种危机放入英文世界去理解的话,那么选择哪一个词语来说明危机,则只能表明哪一领域的危机,而并不表明其他领域也发生危机。比如说,如果在英语世界使用了"信用危机",那更多是指金融或市场方面,而很难关联到人的道德方面或社会交往方面。

分辨了中西信用词汇的差异,我们隐隐约约地意识到以中国字"信"来建立的一种研究框架,或以现代既定的学科来建立一种研究框架,会有很大的不同(当然,如何从"信"字出发来建构一种信任研究框架,我将在本书第九章讨论)。我们应该承认的是,随着社会科学研究在中国的确立,本书当然不倾向回到中国字的"信"当中去建立一种内容庞杂的、涉及领域广泛的研究框架,因为这样的话,我们不但需要从根源上寻求建立中国经典与文化传统的脉络,而且还会导致现有的学科体系都需要打散重来,尤其是我本人从不主张从国学的角度来研究"信"与社会的关系,因为这种方式将失去同西方在共同的思维逻辑框架中进行比较和对话之可能。

本书目前所希望做到的是,我们一方面应该了解"信"在中国历史与文化中的来龙去脉,另一方面也要尽可能打通由中国传统文化演化出来的"信"的含义与现代社会科学的关系,也就是根据"信"所构成的不同词语组合,以现有的学科分类重做新的归属。据此考虑,我通过对"信"含义的梳理,大致得到了三种不同的学科群:首先一类是涉及个体性的心理与行为,诸如诚信、自信、信心、信念、信仰等,它们与个体性的学科相联系,如心理学、伦理学(道德)、法学、宗教学(神学)等;其次一类涉及社会关系、社会互动及市场交易的部分,比如信息、信赖、信誉、信任、信托、信贷、亲信、信使等,进而也就关联到社会学、社会心理学、经济学、管理学、政治学等;最后,由"信誉"所引起的社会

"信用"一词的含义有些特别,它往往涵盖了多种"信"的含义,可以大体上表示为"信的积累""信的用途"或者"社会整体的守信状况"等,亦可理解成"信的各个方面的社会运行总量"或者是指所有关于人类社会交往中提取出的"一种媒介"等。据此,我们或者把信用分解到不同的社会与行为科学中去讨论(当然目前讨论的最多领域是经济学,尤其是金融领域;其次是政治学领域,但社会学很少讨论),或者把它放入自带综合性意味的社会学中去讨论。由于本书的学科基础是社会学,所以我最终要在该学科中对中国人的"信"的表现及其问题进行研究。

虽然上文关于"信"的各派思想在理解上是多义的,但为了比较清晰地将"信"的研究框架放入社会学中,我仅根据现代汉语字典的解释,把"信"字最通俗的意思归结到两个层面的含义上:一指"诚实",即一个人的观念、心理、行为、言语及结果之间所保持的一致性,通俗地讲就是守承诺、不撒谎、不欺骗;二是"依赖""依靠",即任何人或群体在社会关系或社会互动中对他方的应允持有信心,能将期待与结果保持一致,通俗的讲法就是"有保证"或"靠得住"。有了这两个基本线索,我们首先在中国"信"的众多构词中抽取出"诚信""信任"和"信用",大致可以看出一个贯穿于个人修养、人际交往、国家治理、天下大同的思路,再将此思路归入儒家所谓的"修身、齐家、治国、平天下"的格局中,便可以进一步发现:通常情况下,"诚信"对应的是道德或人格诉求,"信任"对应的是各种社会关系,"信誉"对应的是个人、组织或品牌的声望积累,而"信用"对应的是政府作为与市场交易乃至普天之下的各种信的成果。这点如果回到中国人的思维中来推导,又会得出:如果每个人都遵守诚信,彼此互动就产生社会信任,然后整个国家(天下)的信用运行就良好。这一说法同现代中国人所谓"从我做起,从现在做起"或"只要人人都献出一点爱,世界将变成美好的人间",又如胡适所言"争你们个人的自由,便是为国家争自由!争你们自己的人格,便是为国家争人格"①,以及中国人喜欢先试点后推广的思维模式如出一辙。

这种思维方式使得我们对"信"的研究得到了一个连续性研究框架。对应于这一框架,中国人有关种种"信"的危机就可以得到比较清晰的理解:比如所谓"诚信危机"意思指道德滑坡、无道德底线乃至丧尽天良;所谓"信任危机"则指社会关系状态恶化,人心惶惶或人人自危;而所谓"信用危机"偏重于说中国社会运行机制和体制存在问题。之所以这三者之间会混用,是因为连续体框架表明这些要素之间是相容关系。原本需要在不同学科中研究的"信",如果在中国文化的研究中是相容的,那么也就不适合在各自学科中给出各自的答案。比如,我们最常见到的研究情况是,伦理学家认为信是一个伦理道德问题,其行为受道德约束。他们通过分析信用对个体、群体、组织、社会及国家的价值系统,最终得出这是道德方面出现了问题,从而主张通过宣传教化来提升社会成员的思想觉悟。经济学家则以理性人为基本前提,认为行动者都要追求自身利益最大化,以此推论一个社会或市场的信用产生是受个人利益驱使的,是理性选择的结果。交易成本的得失、信息的对称与否以及奖惩措施是否有效,将影响社会成员的行为选择。因此,建立有效的信息传递机制来进行"信息甄别",可以减少因为信息不对称所增加的失信可能。而由于社会建立起来各种信用制度,增加了机会主义行为的成本,造成其所带来的个人收益减少,导致社会进而要规避机会主义的行为。社会学家则认为,信任或失信是受

---

① 胡适的这一思想看起来深受西方彻底个人主义的影响,但依然有儒家思维的影子,没有考虑到个人与全体之间不是叠加关系,也不是同质性的联系。胡适:《介绍我自己的思想》,载胡明选编:《胡适选集》,天津人民出版社1991年版,第277页。

文化与社会结构的影响与制约的，信用危机更多的来自社会结构的变迁或断裂而产生的"失范"现象，因此只有提倡制度建设与弥补社会转型中的裂痕，才可能使社会成员回归社会信任。在政治学家看来，政府与民众原本具有代理和委托的关系，可是在现实运行中因彼此地位的不平等，政府既可以是博弈者，又可以是互动规则的制定者，进而导致政府失信的可能，因此要发展独立自治的社会团体作为第三方力量，使其成为能对抗、影响、制约政府行为的力量。

或许由于各自学科都受制于内部关注点及其研究路径，西方学术本不倾向于在一种整合的框架中来讨论这些问题。但是由于本书要在两种知识体系中穿梭，从而导致如果我们简单套用西方的概念和分析框架，就意味着要把一个整体性、混合性、连续性的概念打散，分门别类地、局部地、细致化地、互不干扰地装进不同学科进行研究。的确，以局部的、细致化的、互不干扰的观点去阅读大量的论文，我们有理由认为它们各自在理，各有确凿的数据做支撑。但我们也要意识到，我们这时所得到的认识也是局部的、细致化的、互不干扰的。或许，大多数学者都会说：不这样做又有什么办法呢？在此，我还是仅就社会学中的几部重要作品来展示该学科的整合性优势，也就是我在引言中提供的经典社会学家的整体思考路径。这几部作品是卢曼的《信任》、吉登斯的《现代性的后果》《现代性与自我认同》以及蒂利的《信任与统治》，虽然这几部著作的讨论重点各异，但是我们会因此看到一种整体性的对社会基础及其变迁的认识是怎样展开的。当然，如果要加入文化比较的观点，那么福山的《信任》也十分重要，并可以有充分的理由来建立一个认识中国人的社会信任问题的本土视角。

以一种本土性的思考路径来处理中国人的信任话题，其目的并非是想忽略西方重要学者的研究，而是试图在一种有明确文化立场的且具有自洽的逻辑体系中来探索这一主题。那么信任研究中是否存在不同的逻辑框架呢？蒂利帮我们回答了这个问题。他在其研究中对当前学术界流行的信任研究思路做了很好的总结①，将此类研究导向归结为系统论(systemic)、素因论(dispositional)和互动论(transactional)。在评价完它们的各自优势和劣势之后，他说：

> 信任的系统论阐释，是借助一个社会场景的整体组织结构以及特定社会场景与该组织结构的关系，对社会场景中信任的范围和性质作出解释。相比之下，信任的素因论阐释关注的是个体行为者的性情倾向，尤其是促使一个个体信任其他特定个体的状况或过程。至于信任的互动论阐释，正如前文所说的，是将信任视为一种附条件的(contingent)、协商性的(negotiated)社会交互行为。在当前有关信任的政治研究文献中，素因论的阐释居于主导地位。②

论述至此，蒂利虽然决定采取互动论来研究信任，但也没有忘记要对当下流行的社会网与社会资本理论进行批评。他说：

> 另一种较为普遍的观点——与本书观点大相径庭——是将信任网络视为一种同质化的现象。我们不妨将这种观点看作是互动论阐释的肤浅版。按照这类说法，信任网络是以近乎完全一致的方式传递信息及其影响的，而不论所传递的究竟为何物。无论信

---

① 详见查尔斯·蒂利：《信任与统治》，胡位钧译，上海人民出版社2010年版，第29页。
② 查尔斯·蒂利：《信任与统治》，胡位钧译，上海人民出版社2010年版，第29页。

任网络如何变化——趋于集中还是分化、趋于松散还是紧凑——都享有很多共同点。①

依据蒂利给出的这一番议论,我们可以大致看出西方当下的信任研究具有实体性的倾向(他认为系统论和素因论都是),而蒂利认为自己已经脱离了实体性,走向了关系性的研究,正如他本人所说的"互动论中另一个运用广泛的术语——关系性(relational)的分析"②是他要走的路。这点应当引起我们的重视。我在下面一章会继续讨论这一问题。

第三节 从"信"聚焦于信任

通过以上对中西方的不同论述,本书希望走出一条不在国学思维或西方学科分类中徘徊的思路,因为任何一种倒向一边的做法都会阻碍我所要阐述的问题。也就是说,本土研究的意思不是回归国学或传统学术,而是寻求到一种既切合于中国人的思维方式,又进入社会科学方法论乃至与西方文化做比较的视角。从此视角出发,我们一方面可以看出,无论是早期涂尔干对于团结(solidarity)类型的分析,抑或是帕森斯关于"承诺"(commitment)的探讨,信任通常都被社会学家视为一种与社会结构或者说社会情境相关联的现象。正如卢曼所言:

在任何情况下,信任都是一种社会关系,社会关系本身从属于

---

① 查尔斯·蒂利:《信任与统治》,胡位钧译,上海人民出版社 2010 年版,第 29 页。
② 查尔斯·蒂利:《信任与统治》,胡位钧译,上海人民出版社 2010 年版,第 28 页。

特殊的规则系统。信任在互动框架中产生，互动既受心理影响，也受社会系统影响，而且不可能排他地与任何单方面相联系。①

因此，对于社会学家而言，信任机制的形成与运行总是在抽象的社会结构与个体行动的关系中得到解释的。而另一方面，在这一整合性中，一旦加入了"信"的连续性框架，则免不了回到儒家"修齐治平"的路数上去，这便容易带来陷入国学思考的危险。以重返社会科学的立场来反省这一思路，我们可以发现，中国人的这一思考方式带有明显的"大一统"特征，或者说是一种家国天下一体化的研究策略，其局限性在于它很容易导致家国同质化的构想，进而导致许多复杂的社会现象被遮蔽。而社会科学的研究则提醒我们，家国之间会有一道很难迈过的门槛，即"家"与"国"之间有一个异质性的转换。余英时曾说：

> "修齐治平"四者并提，前两者是个人的，后二者是公共领域。有前两者，才有后者。这是儒家的基本看法。儒家思想有这个作用，它划清了公与私的界限。西方讲公领域和私领域，修齐、治平，恰好是这两个领域。但西方的这两个领域分得比较清楚，《大学》的修齐、治平，一贯而下，似有公私不分的倾向。是不是所有的人，所有的家，都修了齐了才能治国平天下呢？这似乎说不通。②

我们在经验上可以观察到，在家的范围内，每个人都好，家就会好，

---

① 尼克拉斯·卢曼：《信任：一个社会复杂性的简化机制》，瞿铁鹏、李强译，上海人民出版社 2005 年版，第 6—7 页。
② 刘梦溪：《中国现代文明秩序的苍凉与自信：刘梦溪学术访谈录》，中华书局 2007 年版，第 18 页。

这是可以推论的；但家家都好，国家会不会好则无法推论。这里面的关系颇为复杂。最明显地讲，就是人际信任规模一旦放大，其效用就会递减或者消失，也就是蒂利所说的"信用的扩展最终导致了某种不确定性——已使人与人之间的关系网络无力承载"①。家庭作为一个小型的生活单位，尚可以确保每个人都好的时候全家都好，但是国家作为一个大规模的政体，本身无法假定家家户户都好，因为某些家庭或个人的不幸在任何时代、任何社会都不可避免，更何况外敌入侵以及大自然本身发生的很多灾害，会给人类带来流离失所或者大面积死亡等。只要人类常有这样的现象，那么组织化的或国家的干预就成为必然。我们退一步讲，就算家家都好，也说明不了国家体制本身的好与坏，甚至从我们前面列举的彭宇案中还可以看出，好心也可以被某种特定的社会风气或思维惯性定义为恶意，甚至有的时候，个人的恶意反倒促成国家和社会层面的有效遏制措施。可见，更大规模性的人口所建立的好与不好可推论的只是一地区的民风或国民素质状况，抑或只成为其国家治理的民众基础，却不能保证国家层面的制度性优劣。

于是，这里涉及了社会信任量的质变，也就是"信"的研究思路不能简单地从个体推向国家，而需要有一种制度性框架来合理约束、评估各个体的表现。于是，从社会科学角度看，"信"的连续性在实践中会搁浅，这点为儒家所忽视。比如原先从诚信到信任，是从个人的角度逐渐推广出去的；而一旦推广受阻，就得从制度的设立层面再回转到约束个体的层面上来（这点也有儒法斗争的意味）。具体而言，我们从个人的角度看信的系统，关注的是诚信和信任的推演；而从制度

---

① 查尔斯·蒂利：《信任与统治》，胡位钧译，上海人民出版社2010年版，第19页。

的角度看信的系统,关注的便是信用体系对个体的制约,哪怕是个人之间的口头约定,也需要从制度入手来加以理解(关于这一点,我在后面信任的文化比较中将详细讨论)。以个人与国家之间的两极转换模式来讨论中国"信的系统",其实是讨论行为与制度的转换关系,其中包含着政策与对策、结构与行动、章程与权宜、制裁或博弈。或者说,回到现实层面来看,以个人的诚信品德来构成信任网络是可以实现的,但如果要把信任网络转换成国家信用制度就会遇到体制性的问题。国家信用制度的建立和实施,当然也需要建立行政网络,但这种由上到下的科层体系与民间自身所建立的社会网络往往是不一致的。否则的话,单以国家权力强制覆盖下来,民间网络岂不是要么消失,要么被收编?这就好比我们总是会区分银行借贷与民间借贷是两种不同的信贷网络,其运行有时是互补的,有时是对立的,有时是并行的。

同样的问题也发生在中国人一方面很希望通过诚信的培养来实现信用的改善,但另一方面由于受到习俗、舆论、政治或经济等重大事件的压力,因此又需要从制度上来建立一套刚性的规范体系。面对这两种思路,当社会信用危机到来时,民众包括官员及学者会一边倒地认为任何领域都需要加强监管,显然其中的意涵是,单靠诚信来解决问题是注定要失败的;而当社会信用情况好转时,他们又认为只要倡导道德建设就可以了。其实,社会信用体系的建设不单是制度本身的设立问题,也不单是人的道德重建问题,而是人与人的关系约束如何跨越到制度约束的机制转换问题。只有明确了这一点,我们才不会忽略信用制度建设或诚信回归所面临的双重性与互为因果性。

通过上述对"信"的全方位梳理、讨论以及它所涉及的不同学科领域和社会面向,也根据我所阅读与参考的中西方各种相关研究文献①,我似乎有了一个觉悟,即"信"作为一个独立的概念是很难被定义清楚的。哈丁为此说道:

> 毫不奇怪的是,从语言上看,信任是杂乱的,甚至混乱的概念。信任实际上意味着关于什么东西的争论听起来像有关某些事情的"确切"含义的最坏的柏拉图式争论。不管它如何令人迷惑,但为此而争论不休实在是愚蠢至极。②

他又说道:

> 就像它在哲学和社会科学中那样,"信任"一词在日常语言中在多方面被使用。争辩信任的本质含义没有什么意义:信任没有本质含义。相反,它有许多相互冲突的含义。认真的讨论总是以厘清有争议的问题是什么作为开端。③

但颇为遗憾的是,虽然哈丁意识到了信任难以被定义,却依然认定信任的含义是在利益交换中产生的,也就是说互利是信任的基

---

① 翟学伟、薛天山主编:《社会信任:理论及其应用》,中国人民大学出版社 2014 年版;周怡主编:《我们信谁:关于信任模式与机制的社会科学探索》,社会科学文献出版社 2014 年版;罗德里克·克雷默、汤姆·泰勒编:《组织中的信任》,管兵、刘穗琴等译,中国城市出版社 2003 年版。
② 哈丁:《信任的概念与解释》,王兵译,载周怡主编:《我们信谁:关于信任模式与机制的社会科学探索》,社会科学文献出版社 2014 年版,第 199 页。
③ 哈丁:《我们要相信政府吗?》,载马克·沃伦编:《民主与信任》,吴辉译,华夏出版社 2004 年版,第 22 页。

础。① 这点让我困惑不已：难道没有利益关系就不发生信任？而我的观点是，信任可以和利益有关，也可以和利益无关。至少在中国人的社会交往中，如因有利可图而建立关系，那不能确定为信任的表现，只是彼此各有所需而有所维系罢了。反倒是当一个人在与他人交往中无利可图时，彼此更容易取得信任。比如我们在一个地方迷路时会找人问路，这显然涉及信任，如果此时发生欺骗，那么正确的路就不可能找到。请问，这里面有什么互利发生，难道是问路者准备好了小费或礼品，才能问到正确的走法？法国思想家朱利安（F. Jullien）更为深刻地指出：

> 我们没有注意到信任这个"现象"，因为它逃离了我们的理论机制，它既不属于道德范畴，也不属于心理范畴，所以留在人的德行之外，也留在人的官能性能力之外。欧洲哲学为了"知识"而构想了人的能力，为了"行动"而构想了人的德行，前者与后者都是从"我—主体"出发去建构的。但是，"信任"并不来自"认知"，也不来自"意愿"；它既不属于"思考能力的睿智"，又不属于"我要"。"信任"是由我们决定的，但又不受我们的主宰，因为只有"放"才会有信任。信任不只来自主体，它还依赖主体所涉入的"情况"；不只在乎个体，还在乎个体与个体之间所建立的"关系"；不只产生于行动，还产生于"过程"。有"信任"的双方同等地涉身其中并共同负起责任。信任不是"存有本体"的，而是"之间"的。因为"信任"不完全属于两者当中的某一个，而且当信任深植于两人之间的时候，

---

① 卡伦·S. 库克、拉塞尔·哈丁、玛格丽特·利瓦伊：《没有信任可言合作吗？》，陈生梅译，中国社会科学出版社 2019 年版，第 5 页。

我们不能分辨它归功于其中的哪一个人,由此可见"信任"的确不是来自某个行动,或来自某个主体的个人的主动性,而是产生于两人的"共同主体性"之下的默化。①

如果说信(任)很难界定,甚至不好理解,那么它很多情况下与"确定""可靠""危险""指望"这类概念的性质很像,表示一种关系处境及内心的状态,可以发生于任何场景与任何动作当中。人们时刻都能感受得到它们,却又难以说清楚具体而明确的含义。如果说信任同这几个含义有什么不同,那就是其自身的学术"运气"不一样。无论如何,"信"作为一个知识点被挖掘出来,受到越来越多的关注(虽然关注之后依然无法掌握它的基本含义),而其他一些日常词语,只被百姓使用,无缘成为概念。通过这一番比较,我们可以得到"信"的一个重要特征,就是它的无孔不入。这点使它自身未必要有确定的含义,却又包含于所有的事物及过程中。或者说,信什么或不信什么如果作为一种人类的心理与行为现象,它所要凭借的不在于其自身的某种可以抽取的特质(比如我们如果问对方"我凭什么相信你",这其中的"相信"也如同"指望""期盼"的含义一样,并无多少值得探究的地方,因为这里所凭的内容虽然对理解"信"很重要,但却是不能确定的,比如甲相信乙所凭借的可以是感情、熟悉、诚实、能力、智力、操守、专业、技术、检验、经验等等,而这里的"相信"含义本身也如同"可靠""指望""没危险"等)。"信"粘连上什么事物,就连同那事物具有了共同的特点,比如说这是一个合格的杯子,那么"合格"的含义中就有了可信的意味,以至于我们在讨论任何人间事物时,即使

---

① 朱利安:《从存有到生活:欧洲思想与中国思想的间距》,卓立译,东方出版中心2018年版,第41页。

忽略了信,信也依然履行着其自身承担的作用。孔子所谓"言必信,行必果"(《论语·子路》),是指一个人说话一定要守信用,行动了就一定要有结果,也可浓缩为"一个人说到就要做到"。那么请问,在人类的社会活动中,哪一种面向他人的言谈举止不包含于其中呢?就拿社会科学研究来说,我们需要访谈,需要观察,需要写报告,需要发表,每一个环节都得用"信"来支撑。假如我们做了很多准备工作,但如果被访者或者被试的回答或反应不可信,那么后面的一切讨论都无从谈起;或许,这时我们会说,在调查方法中我们会考虑"信度"问题,在实验和测量中也有"测谎"环节,但这不是我说的意思,因为且不说这些做法一方面说明信之重要已在研究流程中被意识到了,但另一个方面又远远不够。我这里想说的含义是,当学者启动一项研究时,信便已经发生了,而无关乎他有没有意识到。也就是说,一旦一个学者打算从事一项研究,他就事先假定了后面所做的一切都是可信的,包括他的研究构想、研究对象以及研究过程和结果,或者从根本上讲就是要取信于他人的。一个更为极端的例子是,当一个人端起碗来吃饭的时候,信所启动的含义是说,这口饭是能吃的,而且从碗到筷都是卫生的。从这些事例中,我们既感受到了信无处不在,又似乎无法认清它的本质。或许,我们从中还能悟出"信赖"和信任的不同,抑或"依靠"也与信任有很大分别。前者只包含主体对客体的相信,而后者期待彼此间达成共有的确定性。"相信"的意思既包含单方面依赖,也包括主体间的承诺;但信任只表示后者,而没有前者的意思。比如我相信我做的椅子不会散架,椅子本身没有答应过我不散架,也不顾及我这感受,但也做到了不会散架①,这就是主体对客体的相信。但

---

① K. Hawley, *Trust: A Very Short Introduction*, New York: Oxford University Press, 2012, pp.4-5.

信任的含义包含了内在的人选以及彼此之间有过承诺,这说明被信任的一方是否值得信任,他能感受到,也知道如何行动会导致双方满意或不满意。

虽然人们相信的、依赖的或预期发生的人事是多种多样的——物体的质量,人们的性格、道德、信仰、利益、承诺、合作、协议、法律、信息、交换、权威、理想以及人与人的天然的或后天的联系及友情等。我们信什么或不信什么的理由各不相同,但任何一种研究"信"的学科,因存在其粘连对象上的差异,只能在上述的某一方面上展开讨论,并导致研究结论上的五花八门。迄今为止,我们并没有看到一个被大多数学者认可的信的理论,而更多地会在讨论诸如事物(客观性)、政治(公信力)、经济(信用)、社会(信任)、文化(信誉)、教育(诚实)及行为方式时触及它。如果意识到这一点,那么我们也不能停留于以广泛使用的"信"来寻求一种社会科学意义上的理论框架,我们已经看到:是从理性上讨论,还是从美德上讨论,其出发点是不同的①;是从利益上讨论,还是从关系上讨论,其研究视角也不一样;又比如是从生活层面切入,还是从思想、制度/系统层面切入,是从现代化开始,还是从传统社会入手,也有很大差别。当然,也不排除我们会对其结论做比较性的研究,我们由此还可以明白,在国学中,以"五常"来看待"信",也不过是传统学术认识人与社会的一种视角,而没有能力去在不同的领域中讨论这个问题。

那么,如何回到文化立场上,又从社会学角度来聚焦关系中的"信(任)"呢?首先,在中国文化的语境中,"信任"的组合不见于古语,虽

---

① 周怡主编:《我们信谁:关于信任模式与机制的社会科学探索》,社会科学文献出版社2014年版,第1—4页。

然在中国历史文献中,比如《汉书·眭两夏侯京翼李传》上有:

> 上良久乃曰:"今为乱者谁哉?"房曰:"明主宜自知之。"上曰:"不知也,如知,何故用之?"房曰:"上最所信任,与图事帷幄之中,进退天下之士者是矣。"房指谓石显,上亦知之,谓房曰:"已谕。"

但这里的信任只做单字理解,而不是词组。有学者对此体悟到,古语中的"'信'与'任'常常单独使用,或与其他字配合,仔细辨析,两者所指实有区别。'信'字单用,侧重指得到皇帝信赖,不含承担具体职事之意;'任'则含任用之意,与'用'含义接近,指放手令其从事某些工作"①。信任搭配成词语估计来自白话文。另外,在文言文中,"信"的含义中也带有"任"的意思。如《毛诗正义》解《诗经·邶风·燕燕》"仲氏任只"句:"笺云:任者,以恩相亲信也。"《荀子·哀公》:"明主任计不信怒,暗主信怒不任计。"杨倞注:"信亦任也。""任"的含义中也带有"信"的意思。如《说苑·君道》:"夫有贤而不知,一不祥;知而不用,二不祥;用而不任,三不祥也。"当然,"信"和"任"组合,还不仅因为彼此意思相关,更为重要的是"任"有将"信"明确化的意思。由此,含义广泛的"信"往往是借助"任"来现实化的,具体而言,就是要落实到一个可依赖的却又有担当的人身上。

一旦"信"落实到"任"上,那么我们的研究重心也就出现了,也就是说,在"信"所建立的从诚信、信任到信用的这一连续统中,信任作为其中间环节,对应着交往或关系(委任、委托、用人等)方面。根据前文对

---

① 侯旭东:《宠:信-任型君臣关系与西汉历史的展开》,北京师范大学出版社2018年版,第15页。

中文"信"的梳理,我们已经清楚地看到无论是中文的"信任",还是英文的 trust,的确都将此概念的重点集中于人与人的交往方面。而回到我上面所提出的连续体中,位于中间的信任一端连接着个体的道德,另一端关乎制度的设立,其所建立的路径都离不开关系如何组合而发生的还原或延伸。沿着这个思路,本书在此所要框定的信任大体含义是指某个体根据其经验积累,对想依赖的对象所给予的未知的安全性假设、判断或想象,以保证在不确定的或有风险的环境中自己的需要、动机与行为依然能够符合既定预期或达到令自己满意的结果。为此,人们在社会交往中会借助委托、求助或互惠等来实现自己的各种意图。从社会学角度看,委托、求助或互惠既来自社会(或群体)本身的构成与运行的需要(否则社会便不能成立),也来自有此需要的单位、个人对自身需求的安全性维护。其内涵大约有以下几点:(1)关系性特征,指信任一定具有因交往性或依赖性而发生交换性行为,这是说,如果人的生活不需要依赖,没有相互协作,就无所谓信任,而只有自信。(2)时间性,指信任总是凭借过去的经验来预期未来。凭空的预期其实也会发生,但涉及信仰或信念中的"相信"①;而信任总是根据过往的历史足迹、经验教训、符号识别与选择。通常情况下,信任的建立是由积累性中的一致性构成的,也就是说,积累上的不一致性会导致信任度下降、失去或者走向反面。(3)约束力,指信任因期待与满意而内含约束力。其表现形式是互动双方要有某种承诺或保证的方式和方法,如果信任双方的内在性足以维持,那么就指向了一个人的信仰、道德、人格等;如果这些内在性缺乏,也可以转为外在性,比如习俗、舆论

---

① 霍布斯对"信任"和"相信"有所区分,前者指向人,后者包含人及其所说的话的真实性,由此引申出人品的问题。参见霍布斯:《利维坦》,黎思复、黎廷弼译,商务印书馆1997年版,第48页。

及法律等。其具体形式可以是口头的或书面的、由他人在场证明的或有社会文化公认的习惯法可依的等。在讨论信任的约束力时,我们需要借机区分它与合作及承诺的异同。通常情况下,合作可以在有信任的前提下完成,也可以在没信任的前提下完成。前者比较容易理解,但后者之可能正是在于存在约束力。以人生总有第一次而论,假如彼此陌生的双方面临第一次合作,为什么合作也能顺利展开,不正是因为彼此都找到了制约对方的机制吗?但就信任与合作的差别而论,如果人们只是出于某种需要而不得不合作,那么信任只会在一次又一次的合作中建立起来。这就意味着,合作通常不需要时间累积,有一次算一次,而信任需要时间累积。当时间性不成为必须考虑的因素时,我们完全可以把信任与合作当成一回事;而当时间性进入合作关系时,也就是当合作是由时间串联起来时,信任就形成了。可见,信任与合作的合一性,往往是在说没有时间延续性的合作(心理学的许多信任实验,因为建立不起来时间性,也就是只能一次性完成,其实做的是合作实验,而非真正意义上的信任实验)。在时间的连续性发生之后,合作才更适合被称为信任。至于信任是不是总是需要承诺,这取决于信任是被看作一个事件/任务,还是一种关系状态。作为前者,信任同对方的承诺有关,作为后者,信任未必需要承诺,这可以从人品、习俗、风气或者社会的文明程度中看出。比如夜不闭户路不拾遗的含义中不包含承诺,却是信任度很高的社会,在这样的社会中即使没有发生某种关系,信任也是存在的。

以上这三项特点意味着,在社会交往的前提下,信任自身最值得玩味的就是其时间性维度以及其中所建立起来的一致性,它总是通过过去已发生的来兑现未发生的,其稳定性和脆弱性最终都是由经历与判断中的一致性来决定的。霍布斯(T. Hobbes)在解释契约时对信任的

时间性有过很清楚的说明,他说:

> 立约一方可以将约定之物先自交付,让对方在往后某确定时期履行其义务,在此期中先行托管,此时契约在他这一方面便称为期约或信约。双方也可以都在目前立约而在往后履行。在这类情形下,到将来再履行的人便是受到信任,他如果履行,就称为践约或守信;不履行时,如果是出自其本意,则是失信。①

只不过,契约或经济学领域中的信任或信约,对期限要求很高,而社会学意义上的信任只要求一致性本身,比如一种忠贞不渝的行为通常就是时间性的考验,即从其建立到无期的持续中必须一贯如此,而其瓦解也只要有一次不忠就够了。至于信任涉及的空间性维度,取决于社会交往是否发生流动,如果社会人口是相对封闭的,或者即使是流动的,但关系始终未曾断裂,那么其空间性意义不大;但如果社会本身发生变迁,包括人口迁徙、工业化、商业活动的跨地区性等,则连接到了吉登斯所讨论的现代化中的"脱域"问题。

但无论我们对信任的走向和特征有多么清楚的认识,只要其时间性中含有"未来"的成分,或空间性中免不了人的流动性,至少在理论上就已经预示了潜藏的危机。这种危机有的时候可以化险为夷,比如我看到过一个案例是有单位财务人员利用职务之便挪用公款炒股,这显然是失信行为,但当他在股市上赚到钱后把盗用的公款部分暗中归还了,其时间的一致性则继续维持着,危机性也就此解除;当然更多暴露出来的情况是,这种公款挪用最终在约定性时间无法归还,那么许

---

① 霍布斯:《利维坦》,黎思复、黎廷弼译,商务印书馆1997年版,第100—101页。

多大案要案就发生了。所以信任危机通俗地讲,也就是一个人所期待的信任在规定的时间无法兑现。当然,其可能性有客观的,也就是人无能为力的或者其他不可抗拒的因素(这点通常不妨碍信任,只涉及关系上的"理解")。例如晋商史上的太谷曹家计划在东北沈阳开办一家名为富生峻的钱庄,聘请了一位经理,给他七万两白银作为开办资本,谁知他一下子把本钱赔光了。曹家知其事出有因,并非人为,即刻又补进银两,鼓励他继续经营,不想又赔个精光。这时经理自己也失去了信心,曹家了解了实情,确定仍非有意而为,又毫不犹豫地再次拨银做本,并好言宽慰,让他重整旗鼓。这位经理深受感动,吸取教训,终于大盈其利,并把业务扩展到东北其他地方。① 如果这里涉及的是人们出于某种动机和利益等的主观因素有意为之,其产生的危机才是所谓"信任危机",即在一个单位体(个人、组织或者国家)的行动中,由于不能保证其交往或依赖的具体或抽象的对象一定可靠、可托付或可重复验证,甚至在一个过于世故和老道的社会,无孔不入的信任也会被利用而造成了最终的背叛。在中国历史上,管仲与齐桓公的一段对话很好地说明了这一点。春秋时期,齐桓公周围出现了三个宠臣,易牙、竖刁和卫公子开方。因为管仲辅助齐桓公成就了霸业,于是在管仲病危时齐桓公问其此三人哪个可以做国相,管仲认为这三个人作为朋友都可以,但不能承担国家大任。齐桓公问他为什么,管仲认为他们都在可信性上有问题。齐桓公听了大笑,自信地说他们三个都是有所考验的:易牙总是体贴入微,在他想吃什么的时候,把他要吃的端上来,甚至(揣摩出他想吃人肉时)把自己孩子杀了做成佳肴给他吃;竖刁为了能够服侍他竟然自宫,成了太监;而开方不做卫国的公子,15年

---

① 田玉川:《晋商》,中国工人出版社2007年版,第20页。

来追随他,连家都不回,怎么能说他们不可信?齐桓公依据自己的信任一致性,没有听从管仲的劝告。结果是,齐桓公在病危时,连吃的喝的都没有,当他从一冒死进入的侍女那儿得知这三个人已开始在宫中作乱时,哭着说自己无颜去见管仲。齐桓公去世后此三人专权,发生内讧,以至于连齐桓公的尸体在宫中摆放了两个多月(已经腐烂)都无人收拾,齐国也自此走向了衰败。① 以今日"宫斗剧"来看,这些已成为很常见的情节,可见中国人自古就在内心深处对信任抱有极大的疑虑。这点提醒我们,即使一个人以往时间上的一致性确保了其委托或互惠的对象值得信任,也不能对未发生的后果做出明确的判断,似乎这背后还有更为重要的文化内涵需要挖掘。

从空间上看,人口的流动性也使得互动中的经验或名声积累无法持续。我这里还是以吉登斯用来分析现代性后果中的货币信任为例。货币在交易中出现具有市场的拓展性及其由此带来的交易方式的改变。如果说人们的交易行为不在人口流动中进行,那么虽然货币也有携带方便的特点,但不是必需的,人们省略掉这种一般等价物一样可以以物换物。货币之所以能成为交易中的一般媒介,就在于人们交易中的品类众多以及跨地区时以货易货的不可能性,此时如果这种一般等价物能够充当媒介来交易任何一种产品,那么货币就不可缺了。但是由于货物消失了,一切要以货币结算,那么交易的双方所要信任的内容也扩展为:对物品质量、输送链、交货时间及地点等的信任,以及对货币本身的信任。而唯有当货币充当了不同地域人们的结算、换算和兑换(包括赊账或预付)的媒介时,货币信任(象征标志)才成为可能。齐美尔(G. Simmel)又敏锐地认识到,以货币进行商品交换不仅导

---

① 参见《史记·齐太公世家》。

致了其作为衡量"一切的公分母",同时也导致人们亲密关系的衰减,使人与人之间的可计算性及物质化关系成为可能。① 他指出:

> 这种在物物交换的经济中很典型的个性与物质的相互依存被经济消解了。每时每刻,货币经济都在人与特定物品之间插入完全客观的、没有内在性质的货币与货币价值。通过对人与物品之关系的思考,它在二者之间培育出一种距离,由此它将昔日的人与局部因素之间亲密联系变得如此相异,以至于今天我可以待在柏林,接受来自美国铁路、挪威抵押款和非洲金矿的收入。只有在货币挪走了占有者和占有物之间同时作为缔结和分离的因素之后,这种我们今天已习以为常的远距离占有权形式才有了实现的可能。②

在其另外一篇相关的论文中,他给出的一个更为明显的例子是男女婚姻关系原本应依附于情感,但也可以以金钱和物化来加以衡量。③

所以说,关系与信任究竟在从传统到现代化的生活中如何演化,需要我们建立起一种关于人与人之间的交往模式进行解读。虽说现有的社会学已经给出了许多种类似的理论模型,但从文化的立场出发,我们依然感觉到它们对于认清中国人的关系与信任特征尚有很大的距离。比如上述齐桓公对三人的信任是满足时间维度上的一致性的,因

---

① 齐美尔:《货币哲学》,陈戎女等译,华夏出版社2002年版,第103页。
② 齐美尔:《当代文化中的货币》,载《时尚的哲学》,费勇、吴蓓译,文化艺术出版社2001年版,第95页。
③ 齐美尔:《货币在性别关系中的作用》,载《金钱、性别、现代生活风格》,顾仁明译,学林出版社2000年版,第76页。

为他们都是数年如一日地伺服和追随他,而管仲则是根据中国文化所看重的人情认为他们不可信。也就是说,当时间上的一致性已经不成问题的时候,它依然还有其形成的内在文化性需要讨论。《史记·齐太公世家》所说的管仲原话综合起来是:易牙杀子以适君,非人情;竖刁自宫以适君,非人情;开方倍亲以适君,非人情。在这里,中国人所讲究的信任除了时空维度外,还有关系上的"谋略"或"心计"。① 我在这里所提炼出来的信任"谋略",不是威廉姆森(O. Williamson)划分出的三种信任之一的"计算信任"(calculative trust)——另外两种信任是制度信任(institutional trust)和个人信任(personal trust)。② 如果将此大而化之地归入计算信任,那么一个重要的本土理论议题又会随之消失。应该说,信任上的"谋略"是在时间一致性基础上产生的"权谋"或"使诈",这其实已经进入到了信任时空讨论的第二层。信任上的"谋略"对于中华古老文明来说很容易孕育出来,特别是当权力的巅峰状态极具诱惑力之际,会导致篡权夺位现象,统治者亦需要对接班人进行多方面的考验,也很容易发生奸臣当道的情形。这点尚为中国社会科学有待开垦的处女地。③

在空间上,中国人家人、亲人、友人及邻里之间的各种社会活动中,也对彼此以货币计算保持着本能的警觉,似乎他们在实践中意识到了齐美尔在理论上想论证的那些情况。所以,如果他们想维持亲情,就得在大多数场合排斥金钱或为金钱而斤斤计较的行为。正如费孝通在

---

① 翟学伟:《关系与谋略——中国人的日常计谋》,《社会学研究》2014年第1期。
② O. Williamson, *The Mechanisms of Governance*, New York: Oxford University Press, 1996.
③ 近来侯旭东的《宠:信-任型君臣关系与西汉历史的展开》一书可视为该方面研究的尝试。

《乡土中国》中所言:"在亲密的血缘社会中商业是不能存在的。这并不是说这种社会不发生交易,而是说他们的交易是以人情来维持的,是相互馈赠的方式。实质上馈赠和贸易都是有无相通,只在清算方式上有差别。"① 费孝通接着给我们举了一个例子:

> 在我们乡土社会中,有专门作贸易活动的街集。街集时常不在村子里,而在一片空场上,各地的人到这特定的地方,各以"无情"的身份出现。在这里大家把原来的关系暂时搁开,一切贸易都得当场算清。我常看见隔壁邻舍大家老远地走上十多里在街集上交换清楚后,又老远地背回来。他们何必到街集上去跑这一趟呢,在门前不是就可以交换的么?这一趟是有作用的,因为在门前是邻舍,到了街集上才是"陌生"人。当场算清是陌生人间的行为,不能牵涉其他社会关系的。②

又比如,如果现在有一个农民要在家乡盖房子,在请来的帮手中有亲朋好友和其他建筑工人,那么在完工时,他只同其他建筑工人结账,而不同亲朋好友结账。至于那些没有拿到报酬的人也都意识到,他们彼此之间的交换关系不是金钱的关系。如果主人和他们结清了账,那么其亲密关系也就消失了。这些例子,其实也透露了时间信任和空间信任的差异:如果一种以时间为基础的信任要得以维持,那么不清账乃至赊账都是可行的;如果一种以空间为基础的信任要得以实现,那么就得两不相欠,笔笔算清,而彼此的关系也随之结束,双方都可以自

---

① 费孝通:《乡土中国》,生活·读书·新知三联书店1985年版,第76页。
② 费孝通:《乡土中国》,生活·读书·新知三联书店1985年版,第77页。

由活动到其他地方去。另外,中国人在社交中还有一个常见的行为就是"请客"与"抢着付账",因为如果此时各付各的钱,那么其本身已经表明彼此之间没有紧密关系。即使在市场经济迅猛发展的今天,中国人依然会借此方式来实现其各种宏大的抱负(而非我们所理解的那种生日聚会),无论是政治的、经济的、文化的、教育的还是生活的等等,很多情况下也都需要从请客与送礼开始。

既然信任的发生对应的是关系,那么其发生的最小单位至少是两人,最大单位则是全社会,甚至扩展为全世界。罗纳德·英格尔哈特(L. Inglehart)认为:

> 人际信任是特定社会的一个相对持久的特征:它反映一个特定民族的全部历史传统,包括经济的、政治的、宗教的以及其他方面的因素。①

本着这样的思想,本书的立场在大方向上将倒向互动论一边。这点很像蒂利说的:

> 本书不是要一步一步地对系统论、素因论和互动论的阐释路径进行比较,而是相反——我简化了这项工作,只是锚定于互动论的阐释脉络,对导致信任增强或减损的社会过程做出解释;在这里,信任被视为人际关系的独特形式。②

---

① 罗纳德·英格尔哈特:《信任、幸福与民主》,载马克·沃伦编:《民主与信任》,吴辉译,华夏出版社 2004 年版,第 81 页。
② 查尔斯·蒂利:《信任与统治》,胡位钧译,上海人民出版社 2010 年版,第 30 页。

但因为现有理论上的局限性，本书所持的"关系"倒向已不能满足于对人际关系与信任网络的一般见解，我们仅通过上述"人情""帮工"与"请客"现象就会意识到，最好能有一种中国人关系构成上的解释框架。事实上，我长期以来一直从事对中国人的"关系构成"和"关系运行"的理论建构。我在本书中想表明的是，中国人的关系还不能作为一种普通教科书上的人际关系来看待，也不是目前流行的社会网络理论可以测量和解释的，因为这样做会忽略或者丧失很多文化中的内在机制，使得我们只满足于对角色互动、节点连接与资源交流之关注。

本书所要立足的基本点是如何以一种"关系"框架来构筑我们对中国人社会信任的理解。我这样做的理由是：我一方面要在"信"的连续体上游刃有余地返回到如何认识个体为何诚信的层面；另一方面又能延伸到最终为何建立制度信用的层面。可最为根本的原因还在于中国社会文化的本土根基不是从个人或者群体出发的，而是从"关系"出发的。[①] 长期以来，"关系"一直是学者们探讨中国社会性质的焦点。如果这一核心议题能够获得充分讨论，将对认识中国人的社会信任起到决定性的作用。于是，无论如何，从中国人的"关系"入手，我们不但可以深化现有的信任互动论，包括与其他理论进行对话，而且更加重要的是可以寻求到一种前后一贯的逻辑框架，以系统地阐释中国人的社会信任现象及其问题。

---

① 详见翟学伟：《儒家的社会理论建构——对偶生成理论及其命题》，《社会学研究》2020年第1期。

第二章 认识中国社会的起点:视角与框架

第一节 关系性的视角

一百多年前,美国公理会传教士明恩溥(A. Smith)在讨论中国人的信任时说过这样一段话:

> 没有一定程度上的互相信任,人类就不可能共存于一个有组织的社会,尤其是像中国这样一个高度组织化的、非常复杂的社会,这是一条不容置疑的真理。在承认这是一条公理的前提下,我们也同样很有必要对一系列现象予以直接的关注,无论这些现象与我们的理论多么的不相容,可它们对于那些了解中国的人来说却都是千真万确的。我们在下文将要谈及的中国人的互相猜疑,并不仅限于这个民族,而更像是所有东方人共有的一个特征,当然,这一特征的表现形式无疑经过了中国体制之精英们的改造。[①]

[①] 明恩溥:《中国人的气质》,刘文飞、刘晓旸译,上海三联书店2007年版,第185页。

信任作为一种人类社会的合作现象,当然会有一定的共性。这在大多数文明社会,尤其是在其现代化的过程中都会被关注到。可明恩溥这段话想说的是,在这一共性的前提下,东方文化自有其基本特征,这就是信任总是与猜疑相伴随①,而且这一特征被中国体制中的精英再次打造过了。如果我没理解错的话,这里的精英是指读儒家书并努力为官的一批人,他们按照儒家的教诲,在国家治理当中一方面践行着"信",另一方面也为"信"的局限性所困扰。

究竟如何看待这个问题,不同学者会给出不同的解释。但我既然打算从"关系"出发,就需要看到比思想层面的五常更为根本的社会基础性和实践性,并有望成为一种理论思考的起点,这一点已经为一些研究中国社会与文化的学者所重视。马克斯·韦伯(M. Weber)在比较儒教与清教时曾指出:

> 个人关系的原则无疑是通往非个人考虑的理性化——一般而言,非个人关系的实事求是——的一大障碍。它意图将个人历久弥新地与其氏族成员牢系在一起,并将他嵌入氏族的模式中,不管怎么说,他是被系于"人"(Personen),而非切事的职务("经营",Betriebe)。此一障碍,正如我们全文所揭露的,是密切地连接于中国宗教的本质。因为它是个宗教伦理理性化的障碍,是统治与教养阶层为了保障其地位的一座屏障。这一点对经济有相当重要的影响,因为作为一切商业关系之基础的"信赖"(Vertrauen),在中

---

① 马克斯·韦伯也论述了同样的观点。参见马克斯·韦伯:《中国的宗教·宗教与世界》,康乐、简惠美译,广西师范大学出版社2004年版,第315页。

国总是奠基于纯粹(家族或拟家族的)个人关系上。①

在此影响之下,帕森斯开始考虑将中国人的这种信任归结为其社会行动模式变量中的特殊主义了。他指出:

> 我们现代西方社会秩序的另一根本原则,是它在道德方面的"普世主义"。我们那些最重要的道德义务,在理论和实践上都"不分对象地"适用于一切人。适用于人的各种大范畴,而不管所涉及的具体个人关系。例如,同任何人做生意都应当诚实公道,不是只对亲戚朋友才讲诚实公道。确如韦伯反复指出的那样,如果没有这种普世主义,就很难理解现代经济制度是怎样才能运转的。因为,诸如信守合同、保证货物质量之类的商业联系,都必须基于最根本的信任,而这种信任就是以道德的普世主义为依据的。
>
> 在这方面,清教伦理强化了基督教的一般倾向。它同裙带关系和区分亲疏是水火不相容的。儒教伦理则与之正好相对立。儒家在道德上支持的是个人对于特定个人的私人关系——在道德上强调的只是这些个人关系。为儒教伦理所接受和支持的整个中国社会结构,是一个突出的"特殊主义"的关系结构。这样,凡私人关系范畴之外的各种关系,在道德上就都是无关紧要的,而且普遍不愿对这些关系承担道德义务。由于市场制度中的经济关系大都是非私人的关系,因而任何突破传统主义的倾向都采取摆脱道德限制的形式,采取"投机者的资本主义"的形式,而不是像理性的资产

---

① 马克斯·韦伯:《中国的宗教·宗教与世界》,康乐、简惠美译,广西师范大学出版社2004年版,第320页。

阶级的资本主义所典型特有的那样,在道德上有所节制地去牟利。①

美国学者高伟定(S. Redding)也在此思路下继续写道:

(华人社会)最主要的特征是完全相信自己的家庭,对朋友和熟人的信任取决于相互依赖的程度和投入到他们身上的"面子"。你不会对他人的信誉妄下结论,你有权希望别人友好并遵从社会规范,但除此之外你必须预料到,他们也和你一样认为自己和家庭的利益至上。能清楚知道自己的动机并将心比心,绝大多数人都将获益良多。

因此,人们会在所谓的安全范围内安排生活,并带着些许谨慎试探着扩大与外界的交往、与乡邻建立关系等。关系是谋生的关键。关系越密切,交际圈就越大,建立和维护关系网的过程解释了大量日常行为、大部分社会公共活动以及盛情待客的现象,但是还有很多重要特征可以将华人关系网与社会上其他众多交际圈区分开来。

华人交际圈与中国无处不在的关系密切相关,这主要是由增加和保护家庭资源的问题引发出来的……家庭与国家相比处于守势,鉴于社会上没有其他结构单位能为个人福利负责,所以家庭必须自我保全。在华人社会历史经验的冲击之下,上述态度对海外华人仍然保有弹性。一个必然的结果是所有家庭都受到相同政治

---

① 塔尔科特·帕森斯:《社会行动的结构》,张明德、夏翼南、彭刚译,译林出版社2003年版,第615—616页。

体制的限制,人们别无选择,只能将所处环境视为竞争环境。①

法国哲学家朱利安在思考"诚"和"信"时,认为"信"作为中国社会的根基或思想的开端,的确是关系性的。② 来华工作的一些外国企业顾问也有实践上的感受。比如唐锐涛(T. Doctoroff)就中国人的"焦虑的自我保护"这一特点说:

> 不会轻易信任不熟悉的人。这使得公司政治很残酷,智威汤逊(注:本书作者服务的公司)与国有企业保持着合理的稳定关系。但是我们知道如果有一个新的营销总监或是首席执行官上任我们就很可能失去部分业务,因为他会想要他自己熟悉的团队——忠诚度还未经过时间考验之前,任何人都不能信任。(内部斗争在大公司尤为激烈,大公司就是一个巨大的焦油坑,等级胜过才能,拉帮结伙到处都是。)被攻击不妥协是一种处世艺术。曾经有个外企的高管给人感觉难以理解,他游离于办公室的内部斗争,以致丧失了权力,最终被解雇。在飞机上人们很少主动和别人聊天,外国人必须走出第一步;对问题的回答不是非此即彼的(是或不是),他们通常言辞闪烁,留有余地,避免承诺。这不是说中国人对别人不关心,他们不是这样的,但是他们在公开场合对话时,总是很有试探性,除非他们确定这里是安全的。③

---

① 戈登·雷丁:《华人资本主义精神》,谢婉莹译,格致出版社2009年版,第65—66页。
② 朱利安:《从存有到生活:欧洲思想与中国思想的间距》,卓立译,东方出版中心2018年版,第37页。
③ 唐锐涛:《中国密码:解读中国人的12个行为特点》,东方出版中心2010年版,第18—19页。

这方面的讨论和实证研究不胜枚举。既然如此,那么在本书讨论信任问题之前,就先有必要考察一下中国社会的这一特征究竟意味着什么。

有关中国社会的关系性特征,似乎是一个传统话题,但持怀疑者会认为,由于中国在近代和现代化过程中所发生的种种革命和变革,使其从原先导向性比较明确的文化转化为一个复合体。也就是说,时至今日,有关传统与现代的各种元素都能在其中找到,尤为重要的一点是其中也大量融入了西方文明的要素,甚至在有些地方还有过之而无不及。许多人试图重新概括当下这一社会的特质[①],但似乎没有得到多少官方和民间的认可。其主要问题出在目前中国社会自身在政治、经济、法律和文化等方面发展得不相协调:有的方面很传统,有的方面变化惊人,有的方面又过于现代,却不能简单地定义为所谓的后工业或后现代。从另一个角度看,其传统也从未走远,古老的经书、算命、求仙拜佛、风水与家族系谱等依然占据着许多人的心灵。可见,在这一复合性的现代社会,无论我们如何表达这个社会的特质,虽总有一定的道理,却又很难说到位。

以上这一复杂的格局,其实可以通过一个简单的数据加以说明。从中国互联网络信息中心(CNNIC)2019年发布的数据来看,中国目前的网民人数已达到8.54亿人,其中手机上网人数占99.1%,网络普及率超过了60%。单此一点,就有理由认为中国社会已步入信息时代,而有关信息之内容,只要从淘宝网这一侧面就可以知道,从传统到现

[①] Cui Zhiyuan, "Liberal Socialism and the Future of China: A Petty Bourgeoisie Manifesto", in Tian Yucao (ed.), *The Chinese Model of Modern Development*, London: Routledge, 2005;甘阳:《通三统》,生活・读书・新知三联书店2007年版;何怀宏:《新纲常:探讨中国社会的道德根基》,四川人民出版社2013年版。

代的所有器物和商品在网上应有尽有,只有你想不到的,没有你买不到的。而从其购买渠道上看,单此一项又充满着多少西方市场也未必会有的商机,更不用说业已遍布全国的网络销售、快递业务以及支付宝或微信支付等付款方式等。但我们依然不能说现在中国已经发达到了脱离传统的地步,反倒是其所固有的那些特点为网络发达提供了保障。也就是说,互联网虽是从美国文化中产生的,但其在中国的运行特征并不怎么符合美国文化,诸如连接、隐私让渡、国家一体化或网络化。中国文化本身一直拥有涵化能力、模仿能力和接受能力,当中国人看到一种新型的网络世界后,人们便在此基础上进一步实现了虚拟化的、非个人化的或曰关系化的社会。

对于中国社会(包括儒家思想)的社会学方面的基础性认识,历经了梁启超、胡适、冯友兰、潘光旦、梁漱溟、费孝通、许烺光、金耀基、乔建、黄光国、何友晖等一批学者的努力[1],大致同一些西方学者得到的结论相似,可概括为"关系取向"或"关系本位"。这个概括在东南亚发生金融危机时又有了一种表述,叫作"裙带资本主义"或"关系资本主义"(crony capitalism),这个表述曾用来泛指亚洲经济发展的特点。但在资本主义前加上"关系",依然体现出东方文化传统(或者儒家文化

---

[1] 梁启超:《清代学术概论·儒家哲学》,天津古籍出版社2004年版;胡适:《中国哲学史大纲(卷上)》,载《中国哲学史》上册,中华书局1991年版;冯友兰:《中国之社会伦理》,载《三松堂全集》第11卷,河南人民出版社2001年版;潘光旦:《说"伦"字》《"伦"有二义》,均载《儒家的社会思想》,北京大学出版社2010年版;梁漱溟:《中国文化要义》,上海人民出版社2003年版;费孝通:《乡土中国》,生活·读书·新知三联书店1985年版;许烺光:《美国人与中国人》,沈彩艺译,浙江人民出版社2017年版;金耀基:《人际关系中的人情之分析》,载杨国枢主编:《中国人的心理》,桂冠图书公司1988年版;乔建:《关系刍议》,载杨国枢主编:《中国人的心理》,桂冠图书公司1988年版;黄光国:《人情与面子:中国人的权力游戏》,载黄光国等:《面子:中国人的权力游戏》,中国人民大学出版社2004年版;何友晖、陈淑娟、赵志裕:《关系取向:为中国社会心理方法论求答案》,载杨国枢、黄光国主编:《中国人的心理与行为(1989)》,桂冠图书公司1991年版。

圈)上比较重要的特征。尽管我们已一再强调中国社会正在发生前所未有的变化,或者说,看起来中国社会在工商、市场、贸易、通信技术乃至居住及生活方式等方面与传统社会相比,可谓面目全非,但回到"关系"上来认识这一社会特征,我们依然看到它没有脱离其原有的轨迹,甚至还有发扬光大的意思。这也是我本人多年来一直研究人情、面子与关系的主要原因,因为其解释力依然强大。看起来,互联网的发展和应用的确改变了整个中国社会,但它对传统亦有积极的推动作用,当然也出现了新的变化(关于这一点,我留待第九章讨论)。从正向上看,由于互联网技术的发展,过去中国人构造出来的"关系网"或"缘"字已不再虚幻,它们不过是由光纤加个人电脑或由基站加智能手机构成的一种新型的交往平台,中国古话说的"千里姻缘一线牵"或者"有缘千里来相会",被互联网真实化了。我们固然有理由说这是前所未有的,但也可以说它是传统的延伸。什么意思呢?就是说关系特征不会轻易地随工业化、城市化、市场化、信息化而消亡,反而因其实现的途径而更加重要。虽然说,中国建立的社会体制和相关制度或技术进步,会给中国社会文化价值带来新的方式,但关系也同时渗透其中。比如因为手机上网的便利,一方面是一家人相聚的方式改变了,即使相聚,也可能出现每个人只顾低头看手机而无视当面的交流;可另一方面却又因手机中的视频、音频及建群等功能,可以将暂时无法见面的一大家人或者过去的亲戚、同学、朋友更加广泛而紧密地联系在一起。

有关中国人"关系"(*guanxi*)性质的讨论,最好不要粗暴地简化为"互动""沟通""交往""交换""勾连"或"人际关系"等,虽然关系概念与这些概念相关,但既然我们在此需要讨论中国社会的特征,那么它在何种程度上可以和这些概念相连接及其本身是什么含义,就是我下面要讨论的关键。

从根源上看,我越发认识到,中国社会自身的构成方式既不带有群体性的特征,也不带有个体性的特征。而无论是群体还是个体,都是所有西方社会科学理论的基础。关于东西方社会的这种差异,我们可以借助费孝通对"差序格局"和"团体格局"①、许烺光的"情境中心"和"个人中心"②、梁漱溟的"伦理本位"和"个人本位"③及杨国枢的"社会取向"与"个人取向"④等的比较得到初步的认识。即使最近几十年来,西方社会学理论也提出了类似于"关系"的理论(社会资本和社会网络),但从其中产生关系的强弱划分或结构洞等概念来看,它们依然是沿着个体或群体的思路拓展开来的。个体与群体的关系可以理解成由个体组成群体进而发展到组织,最终会在宏观层面构成阶层、阶级、社会运动与社会结构的搭建等;在微观上也由此延伸出角色、互动、地位、交流及交换等议题,从而导致宏观与微观的关系及其结合与否,本身也成为一个需要探讨的理论问题。但即使搞清楚这类问题,依然没法解读中国社会的性质。因为中国社会的关系特征,导致该社会的构成方向在于一整套的关系运行,也就是说其偏向是在家族、地缘、会社、等差、纲常、大一统及由此而生发的微观与宏观之连续统方面,还包括由这些要素造成的动态平衡与社会变迁,诸如天与人、家与国、官与民、公与私、情与理、关系与权力、自家人与外人乃至各自派系及其斗争等方面,而所有这些又会在动态平衡中发生转化。显然,这样一种社会建构方式是无法通过现有的西方社会科学架构获得较好的理

---

① 费孝通:《乡土中国》,生活·读书·新知三联书店1985年版,第29—31页。
② 许烺光:《美国人与中国人》,沈彩艺译,浙江人民出版社2017年版,第32页。
③ 梁漱溟:《中国文化要义》,上海人民出版社2003年版,第92—94页。
④ 杨国枢:《中国人的社会取向:社会互动的观点》,载《中国人的心理与行为:本土化研究》,中国人民大学出版社2004年版。

解的。

由此,如果我们坚持从西方社会科学架构回看中国社会,我们得到的只是为西方理论框架及其概念所切割的中国社会。表面上看(从形式主义理论上看),切割下来或抽离出来的社会元素,各种文明都差不多,但再拼接起来解读中国人与中国社会就驴唇不对马嘴了。比如从关系的视角看中国人的社会流动,其特征就不是西方社会学讨论的垂直流动或水平流动,而是网络化的流动。也就是说,在中国,一个人的成败会影响到其共同体的流向及其所具有的带动性影响。再比如从人情的含义回看西方社会交换理论或人类学的礼物概念,它们的解释力也很局限。①

在西方,目前直接探讨关系方面的理论是社会网络理论。这个理论是在社会资本只能存在于社会网络的意义上提出来的,但其理论和实践都没有准确地体现出中国人的关系含义。② 何梦笔(Carsten Herrmann-Pillath)曾恳切地说道:

> 最近,经济学家试图借助于"社会资本"(social capital)概念来理解和解释这些现象。但问题在于:从分析方法的角度来讲,用"资本"这样一个经济学概念进行简单类比(simple analogy)是苍白无力的(anemic)。因为它容易误导(misguide)人们去对于现实生活中的非常复杂的社会结构和它们的具体形态方面的资源做出定量的分析(at quantifing the resources)。我认为更为合理可行的方法是建立一些结构确定的(not structurally neutral)中间性概念(in-

---

① 翟学伟:《人情、面子与权力的再生产——情理社会中的社会交换方式》,《社会学研究》2004 年第 5 期。
② 翟学伟:《是"关系",还是社会资本》,《社会》2009 年第 1 期。

termediate concepts)。①

中国人长期以来本着实用主义的原则一直实践着自己的"关系学",但随着他们的思想觉悟与中国社会现代化的进程,又认为这类现象是负面的,上不了台面且难登大雅之堂。幸运的是,社会资本研究给我们提了一个醒,发现关系其实也有正面的。还有一些海外学者为了让它登上大雅之堂,最多也就是将其回归于儒家伦理进行讨论。②以上这些学术动向,一方面让我们有了在理论上发展出一种关于关系的理论的冲动,但另一方面也很容易将其融入社会资本概念来解释如此复杂的中国现象。应该说,自20世纪80年代起,由于港台学者提倡的社会科学本土化以及费孝通的"差序格局"所产生的回响③,特别是近年来西方学者在社会资本理论上的一系列类似建树所带来的启发,我认为建立一种关系的理论是完全可能的。

第二节 关系向度理论的建构

当关系研究(包括社会资本概念的研究)积累到一定程度时,我们会在此基础上来构建一种关系理论。我们知道,在中国人之观念与对关系的理解中,如果两个人发生社会互动或交流,那不是"关系"的意

---

① 何梦笔:《〈关系共同体〉序言》,载胡必亮:《关系共同体》,人民出版社2005年版,第4页。
② 翟学伟:《关系研究的多重立场与理论重构》,《江苏社会科学》2007年第3期。
③ 翟学伟:《再论"差序格局"的贡献、局限与理论遗产》,《中国社会科学》2009年第3期。

思。我们每天都同各式各样的人打交道(交往、互动、沟通、联系等),有西方学者据此通过对社会科学不同分支学科的梳理,得到了四种关系存在的基本形式,它们是团体共享、权威分层、平等竞争和市场定价。① 但这种从四面八方研究汇总而来的划分方式,并无内在的逻辑,中国人不会用"关系"去统称它们。在中国人的观念和使用中,关系概念首先是从中国人的家庭和亲属特征,或者说是从血缘和地缘中发展出来的。可以肯定地说,"关系"概念首先可以完全用来指称家庭和亲属成员;然后可以大体上包括生活在同一个地域和共事过的那些人,比如同乡、同窗、同僚等;最后走进现代社会,发展出了同学、同门、同事、战友等。如果我们再把关系的含义扩大化,其内涵就不确定了,大概有社会认同方面的意味,比如"四海之内皆兄弟""祖国处处有亲人"等,而这些说法远不如"老乡见老乡,两眼泪汪汪"或"亲不亲,故乡人"来得肯定。

陌生人之间建立关系,往往需要桥梁,也就是牵线人、中间人。如果一个中间人同两个本不认识的人都有关系,那么这两个本不认识的人之间就存在着潜在的关系,至于他们之间最终是否可能建立起关系,很多情况下需要事件的激活。当然,如果没有这个中间人的存在,他们之间的联系则是西方社会学讨论的社会互动与交流。可见,究竟是交流还是关系,要看中国人见面时的问候是否发生进一步的延展,比如姓名、籍贯、学校、工作单位等。这些基本信息既可以是一般交流的前奏,也可能会发展出关系上的属性。所以中国人见面,先问对方是哪里人,或者了解对方的工作场所、哪个学校毕业等,都潜在地有攀

---

① 布莱尔·谢泼德:《微观组织行为与网络组织》,载罗德里克·克雷默、汤姆·泰勒编:《组织中的信任》,管兵、刘穗琴等译,中国城市出版社2003年版,第199页。

关系的意思。中国人还假定,在两个不认识的人之间,如果双方可以共同寻找到中间人,那么一定就有了关系,关键是用什么办法把这个人找出来。这一倾向始终让中国人相信,关系网络比同一团体中的人更重要。它应当优先于社会组织,或游离于社会组织之外。而在同一组织中,即使交流和互动是必需的,但没有关系,就说明该成员依然没有归属感。沿着这样的思路看待中国人的组织特征,我们可以发现,中国人在组织内部还需要继续发展关系。而组织内部的亲疏远近很容易导致拉帮结伙或不合作的现象。在市场行为当中,由于关系本身所具有的影响力,导致契约也不如关系重要。所谓契约,在中国人看来只是一种现代工商社会常见的必要手续,或者说中国人在实际行为中不会满足于契约或字面上的规定,许多环节或细节还是要靠关系来打理。从更加广泛的交流层面来看,这个社会倾向于认为,重要的信息是在关系中流通的,不是在沟通中流通的。

由于中国人的关系特征发源于家庭以及扩大的家庭,因此中国人很难产生超越于家庭之上的或者比家庭更为重要的价值观,宗教在这样的社会不容易建立起来,即使部分地建立起来,也是因为它们被假定为对家庭兴旺具有庇佑作用。比如中国人非常尊重自己的祖先,强调认祖归宗,善于编撰家谱,并伴有声势浩大的祭祖仪式。中国民间的大量信仰都同家庭的发达有直接的关系,诸如对生儿子的期盼(福),对家中有人做官的期待(禄),对长命百岁的向往(寿)等。而作为官方的儒家思想,其核心就在于它制定了家庭伦理体系,让中国人知道在家庭生活中如何彼此相处,其中最为重要的概念就是"孝"。①这就表明,儒家思想是一套以家为核心的关系规范的思想,这个思想

---

① 详见翟学伟:《"孝"之道的社会学探索》,《社会》2019年第5期。

对于家庭的长幼、男女以及朝廷的君臣秩序起到了很强的规范作用。也正因为此,有学者认为,家庭体现了中国社会的特点,可同时也限制了组织和市场的发育①,包括导致了社会信任度的降低②。

以上是关于中国人何以看重关系的来源问题,以至于许多学者将中国社会归纳为家庭本位、家族主义、家族取向,乃至依赖关系③、社会取向④等。但我个人不倾向于这样的表达。突出"家"的社会意义表达是文化性的或者功能性的,走的是文化解释的路径,进而发展出了用中国(或东方的)集体主义文化来对应西方的个人主义文化⑤,并伴随一系列实证研究的量表问世。但近来已有西方学者开始对此进行了重要的反省和质疑。⑥ 表面上看,这类表达同我上面所讨论的"关系"特征似乎有一定的因果关系,即家庭本位或集体主义乃至儒家伦理导致了中国人重视关系,但我认为由此发展出来的理论正如同上述列举的概念一样,很容易陷入文化功能主义的泥潭,从而导致其理论的解释力受到限制。若从社会学角度来看待这个特征,我们需要从结构意义上来认识这个问题。那么,结构性表达的好处在哪里呢?这就是在任何一种社会互动或交往当中,一种趋向于结构性的要素一旦被找到,

---

① 马克斯·韦伯:《中国的宗教·宗教与世界》,康乐、简惠美译,广西师范大学出版社 2004 年版,第 319—320 页。

② 弗兰西斯·福山:《信任:社会美德与创造经济繁荣》,彭志华译,海南出版社 2001 年版。

③ 许烺光:《宗族·种姓·俱乐部》,薛刚译,华夏出版社 1990 年版。

④ 杨国枢:《中国人的社会取向:社会互动的观点》,载《中国人的心理与行为:本土化研究》,中国人民大学出版社 2004 年版。

⑤ Uichol Kim, H. Triandes (eds.), *Individualism and Collectivism: Theory, Method, and Applications*, Thousand Oaks, CA.: Sage Press, 1994.

⑥ D. Oyserman, H. Coon, M. Kemmelmeier, "Rethinking Individualism and Collectivism: Evaluation of Theoretical Assumptions and Meta-Analyses", *Psychological Bulletin*, Vol.128, No.1, 2002, pp.3-72.

那么它就不仅存在于家庭取向或社会取向的社会当中,也会存在于同类要素所定义的交往或其他群体当中。反之,即使在中国,如果有些交往或群体不具有这类要素,那也可将某种交往类型归于其他社会特征。

吉登斯对帕森斯有过一段评论,可以作为我下面要建构的关系向度理论的起点:"按照帕森斯的观点,社会学的最高目标就是解决'秩序问题',秩序问题对理解社会体系的边界极为重要,因为它被定义为整合问题,即在面对导致人们'互为仇敌'的利益分配时,它仍然能使社会成为一个整体。"①可吉登斯紧接着指出:

> 我认为用这样一种方式来思考社会体系没有什么益处。我们应该把对秩序的探讨变为社会系统究竟是怎么把时间和空间"连接"起来的。在这里,秩序问题应该被看成是时间-空间伸延(time-space distanciation)的问题,即在什么条件下时间和空间被组织起来,并连接在场和缺场的? 必须从概念上区分这个问题与社会的"边界"(boundedness)问题。②

虽然吉登斯的这一番讨论是想为其后面引出的"脱域"概念做准备,但我的关系理论建构也试图从时空的划分开始。我认为,从社会交往的结构上来看,任何交往都存在时间和空间两个维度。时间上的维度是指人们预期交往时间的长程性或短程性,空间上的维度是指人们因流动或不流动而在交往中出现的选择性。由此,两个维度就可以

---

① 安东尼·吉登斯:《现代性的后果》,田禾译,译林出版社 2000 年版,第 12 页。
② 安东尼·吉登斯:《现代性的后果》,田禾译,译林出版社 2000 年版,第 12 页。

在逻辑上得到四个象限（图 2-1）。而从这四个象限中，我们可以得到四种关系构成的大致方向。

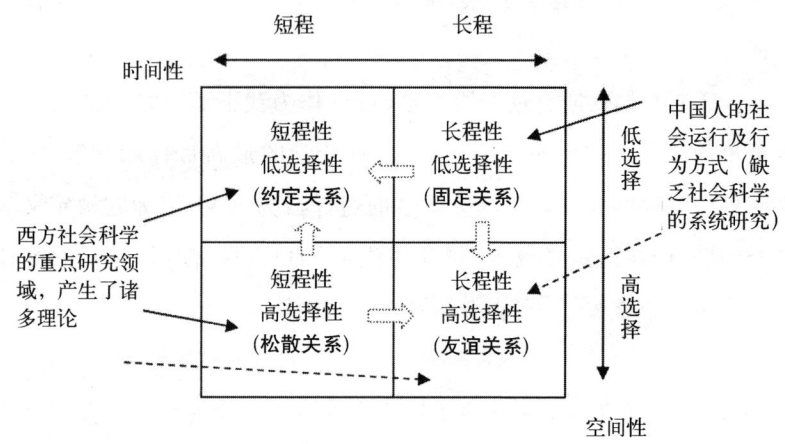

图 2-1　关系的向度及其关系特征

关系构成上的时间与空间看起来是两个维度，但它们其实是套嵌关系，即当人们选择时间的时候，空间会随之产生；反之，当人们选择空间的时候，时间也随之产生。比如"流浪"这个概念，似乎是空间概念，也就是行动者到处行走，但在时间上也表明了他与他人只能短暂接触；又如"定居"这个概念，看起来是时间概念，指长期住在一个地方，但空间上也表示这个人不再移动。可见，时空之间的联系是：当个体在社会空间中频繁地流动，那么其与他人交往时间的短暂性就会出现，而且个人的交往选择性就会提升；如果个体一生都处在同一社会空间，那么其与他人交往时间的长久性就会出现，而且个人的交往选择性也随之降低。当然，上述由关系构成而导致的关系特征只是一种研究上的理想型建构，它们和现实生活的复杂性还有一些差距，所以是方向性的思考路径。我们在这张图示中重点需要注意的是"松散关系"与"固定关系"。松散关系的实质同许多学者概括出来的个人本位、个人取向、个人主义或者俱乐部性社会等都是相通的,它表现了个体的独立性、个人意志、自由度及其理性等。所有这些特征都很容易将研究的视角放在个体在空间中的行动路线上,却不易放在时间上。由此一来,空间与个体的关系成为西方社会科学研究的主要内容,比如心理学中的拓扑心理学,勒温(K. Lewin)的场论,社会学中的符号互动论、戏剧理论、社会交换理论、布迪厄(P. Bourdieu)的场域论,经济学中的经济人假设、理性选择论等,或者说,大部分社会学、心理学、政治学及经济学等学科原理都是这一时空中的原理,只不过未被显现或被隐藏起来了而已。与它紧挨着的是"约定关系"和"友谊关系",也就是说,依照个人的交往意愿,它最有可能发展出这两种关系,却很难发展出"固定关系"。而固定关系也紧挨着"约定关系"和"友谊关系",它也一样可以从自身发展出这两种关系,只是进入的方向不同。由于进入的方向不同,发展出来的行为轨迹与模式自然也不同。比如中国人对朋友的理解要比西方人长久,又比如从固定关系进入约定关系的人们遇事不喜欢签协议,而从松散关系进入约定关系的人们特别重视双方的协议。另外,有了这四种向度的划分后,我认为,有些关系(relationship)词汇的用法,也是有所指的:通常,社会互动(social interaction)更多用于松散关系;沟通或交流(communication)更多用于约定关系;友情、恋情(friendship)表示友谊关系;关系(*guanxi*)则体现固定关系,而英文中最缺乏的词汇就是最后一种含义。

  从各方面来判断,中国人的交往模式属于"长程性"与"低选择性"的关系[①],所以中国人关系理论的逻辑起点也就由此产生。只可惜我

[①] 翟学伟:《关系研究的多重立场与理论重构》,《江苏社会科学》2007年第3期。

们以往不是借用其他的时空原理来解释这一向度的行为模式,就是只有实践而无任何理论建树。其实,发现了松散关系与固定关系后,我们大致可以寻求到两类特征明显的交往模式(图2-2):

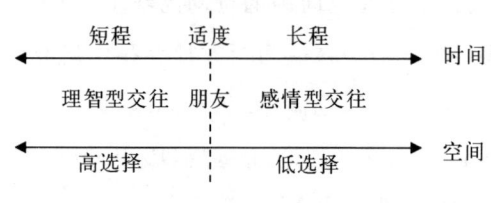

图 2-2　时空维度所引起的交往模式差异

上述图式想表明在时间与空间的维度上,两种主要类型的交往模式是通过什么要素构成的。显然,时间长短与空间选择是其主要特征,而朋友构成了一种中间的模糊地带。当我们区分出两种交往模式后,我想进一步说明选择性会导致个体可能做出连接(单箭头)、排斥(虚线单箭头)、相互性(双箭头)及不选择(没有连线)的各种可能;而低选择性的大部分箭头都是相互性的,里面几乎没有个体的选择余地,当然互相性也可以有排斥性(虚线双箭头)及想认识某人(虚线)而寻求中间人的倾向(图2-3)。

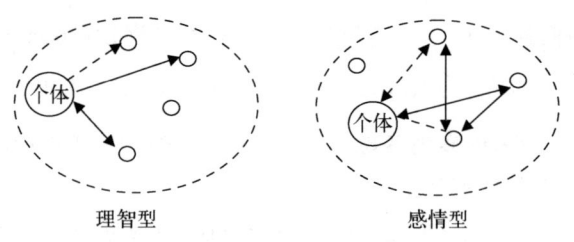

图 2-3　两种交往模式比较

理性式交往不单指人交往的理性化,它应当包含交往上的理性和非理性两种。其交往方式之一是对事物尽可能地加以分解、区分,比如工具性的、情感性的或理智的、非理智的等；而所谓的"感情式"亦不同于情感式或非理性的。有西方学者在做中国社会的人类学研究时用 ganqing 而不用 feeling、affection、sentiment 或 friendship 之类来表达中国人的关系，正是因为感情在中国同人情、关系都有近似的含义①，其中包含理智和情感的两个要素的混合，即所谓合情合理的、情理合一的或情理交融的。情理合一或者理智与情感的相互包含，使得它不同于理智型交往所区分出来的情感、情绪、冲动或非理性，这是研究中国人之人情的关键所在。至于特征不明显的交往模式，在任何社会都有所表现，约定关系在市场和组织中较为常见，友谊关系在各种文化中都有表现。由于友情可以长可以短，可以固定可以不固定，所以任何社会都有择友的问题。这里需要加以理论说明的是，所谓时间上的长程性和短程性，不是由时间刻度来划分的，我们无法在任何年、月、日、时、分、秒的标准中去寻求时间上的长短。这个理论模式的时间性要通过人为定义来划分，也就是说，凡可以定义的时间都在短程性中，凡不可以定义的时间都在长程性中。比如约定关系一定含有时间的定义，而友谊关系则无法给出时间定义。

第三节　固定关系的表现形态与走向

西方整个社会科学倾注了两个世纪的精力在短程性和高选择性交往模式的探索上，产生了大量的学术成果，可对于长程性和低选择性

---

① A. Kipnis, *Producing Guanxi: Sentiment, Self, and Subculture in A North China Village*, Durham: The Press of Duke University, 1997, p.8.

的交往模式,或许受其个人主义的预设,则几乎没有引起研究兴趣。而在中国社会文化学术领域,除了充斥着许多圣人语录、人生格言与谚语熟语之外,又由于我们对于社会与市场的解释来自西方社会科学的各种理论,自然也不会重视固定关系。再从学科产生的背景上看,由于社会科学主要指向的是城市生活、市场交易、组织构成、制度安排、社会流动和工商管理方面,而固定关系主要体现乡土社会;再加上从方法论上看,实证性的数据要求总希望在短期内做出成果,进而对那种长程性的交往研究也会有所忽视。当然,日本企业的终身制多少会让这个问题凸显出来,构成他们建立脱殖民地化理论的潜在可能。但中国学者尚没有对此产生足够的认识。现在,我只能以我个人多年的研究积累,大致阐明长程性且低选择性的交往模式具有什么样的特征,以及它们如何潜在而深刻地影响着我们的思维模式与行动轨迹。

首先,固定关系的含义造成了其他非固定关系不再被当作关系(guanxi)看待,中国人的日常用语称之为"没有交情"。对于固定关系中的人来说,不在固定关系中的人都是和自己没有交情的人,当然这不排除人们彼此依然可以交流、互动。比如一个陌生人来到一个村庄,他可以向人问路,或打探一些信息,但这不意味着他们之间有一种"关系"。从这一点上看,我们需要把关系与交流、交往、互动等概念区分开来。在松散关系中,我们可以把亲人间的交往看成人际关系,把陌生人间的交往也看成人际关系,因此人际关系的交往并不需要做类似的区分,此种研究把中心落到了人际吸引或人际冲突以及人际交往的技巧方面去了,这就是为什么此种关系(relationship)的意思只表示人与人之间建立起来的联系。在这一概念框架中,亲人、朋友、同事等,可以借助交往的频次看出其亲密度。但固定关系中的所谓"关系"或"没关系"不是指人们彼此之间有没有打过交道,而是表示不认识、不熟悉、不在一个共同体内。从这一角度来看,由固定关系构成的社会网络在理论上倾向于封闭性,并对陌生人具有排斥力,从而造成一个不属于该网络中的人理论上不是关系中人,如果需要有关系,只有借助内部人的引荐,才有可能为固定关系里的人们所接纳。

作为"长程性"的时间特征,又意味着关系连接上的无限延展性,因为就约会、开会、加入组织、参与活动、做生意、从事某项工作、职业生涯规划等事件而言,它们的共同特点是时间会被限定。这种有限性会导致人们的在社会交往时倾向确认时间的范围。但关系所要表达的时间是无限的,它指向没有尽头的未来,所以也就倾向于把有限的活动延伸至无限,比如开会或者上学念书是有时限的,但由此相互认识而成为老熟人、老同学、老朋友是无时限的。这类从有限转换为无限是中国人建立关系的重要手段,也构成了中国人运作关系的基础。从人生哲学上讲,中国人理解的时间无限性根本上在于对生命关系的假定,而所谓生命的关系即把生育看作生命的延续。所谓"世世代代""子子孙孙""香火不断""瓜迭绵绵""后继有人"以及"世交""世仇"等,都隐含了关系可以通过引入可持续性的接替者而得以长存。可是,低选择性却意味着封闭性,也就是中国人不接受无法构成关系特征的人,这类人主要指陌生人,或为正常工作、交易、交流而来往的人。从这两个时空维度的内涵上看,开放性与封闭性本是一对矛盾,但一旦合并起来运行却是中国人关系的发生、发展、持续、包容、转换、排斥、谋划、结盟等的动力所在。

关于交往的持久性问题,我们不能把它看成短程性的相加。虽然短时相加可以变成长久,但它的时间观念依然是短程;所谓长程性显然不是说交往时间上的实际长短,而是指人们对交往时间的预期。比如"人要过好每一天""每天进步一点点",是一个由短时叠加而来的长时概念;而"一生一世"或"怎么过都是一辈子""我这辈子认命"则是一个长时概念,意味着在一个总长度中的天数在递减。其不同点在于,时间预期的不同会导致人们行为模式上的巨大差异。试以婚姻为例,婚恋中所谓的"我爱你"是一种暂时性表达,它不指向长久,但可以每天如此直至长久,所以在行为方式上构成了婚姻模式的紧张、不断吸引及有所附丽;而所谓的"爱你一辈子""爱你一万年""白头偕老""地老天荒"以及"海枯石烂"等则是长程性表达。前者由于只表示当下感情,所以"不再爱"是一种未来的可能;后者由于指向人的一生,不但有了"两情若是久长时,又岂在朝朝暮暮"的观念,而且还涉及婚姻质量上的松弛、得过且过等特点,也产生出中途变卦会涉及道德和良知的问题。可见,不同的时间观念指向会引导婚姻的不同模式。[①] 中国人的这种时间预期倾向还导致了即使有的行为是短程的,人们对之也做长久的期待,比如"一日夫妻百日恩""一日为师终身为父""一失足成千古恨""君子报仇十年不晚"等。正由于这种长程性关系的影响,在中国做领导不是一个在不在任的问题,而是一个持久控制、影响力以及能否找到自己接班人或者排斥异己的问题,即所谓的"一脉相承"乃至"千秋万代"的问题;而西方领导则是竞争模式,因此只能在期限内完成自己的施政纲领,然后再看其后续乃至换届的可能。在生意方面也是一样,比如中国有"放长线钓大鱼"的说法,或有先赔后赚的经营策略,另外还有赊欠、欠债、父债子还等现象;而短期交易则可以发展出借贷、还贷制度。我们由此还可以假定,如果中国人一旦对社会交往不做长久预期的话,那么由于关系建立不起来,一系列反常于

[①] 详见翟学伟:《爱情与姻缘:两种亲密关系的模式比较——关系向度上的理想型解释》,《社会学研究》2017年第2期。

关系的行为就会发生。无礼、失范、缺德、自私、欺骗、不认账、隔岸观火等行为都由此发端。这些中国社会的众生相,也将会在互联网交往中被部分地看到。

可见,关系的长程性问题是探讨中国人行为模式的基础。中国人在传统社会建构上为了使得这样的关系成为可能,采取了大结构套小结构的做法,以防在局部发生危机的情况下依然有外部结构的强力支撑并对此进行修复。比如一小户人家往往内嵌于宗族中,小家庭套在大家庭中,夫妻关系陷于亲属结构的包围中等,因此,夫妻关系的稳定性不单由两人情感而定,还牵涉到双方家庭、婆媳关系及爷孙关系等;而就两人关系而言,为了保证制度性的长久关系成立,儒家设计的角色规范大都采取不对等关系,比如儒家的基本核心五伦——所谓父子、夫妻、兄弟、君臣、朋友——除了朋友一伦外,都是不对等关系①,因为对等关系最容易松动或断裂。

关系长久维持造成了对做人原则的强调,个体要试图把自己摆放到固定的关系中来理解,而不能我行我素。中国人在互动中喜欢强调行为表达的恰当与否(而非立场坚守),尤其是忍让及其相关策略问题,这点让西方人误以为中国人不讲真话。中国文化中有很多词语是用来表达时间如何影响识人和做人的,诸如"来日方长""日久生情""路遥知马力,日久见人心""从长计议""故交""故人""老相识"等等。这些词语都在说明中国人不在乎眼前的一时一刻,一个人会用其一生甚至几代来维持、改善、处理同固定对象的关系。正由于这些特点,中国人对短程交往是排斥的,或者说一切不利于长程性的行为模式都受到否定。由此一来,中国文化也就失掉了对短期且高选择

---

① 详见翟学伟:《伦:中国人之思想与社会的共同基础》,《社会》2016年第5期。

性行为模式的思考。失去了这样的思考意味着什么呢？它意味着中国文化没有对城市、市场、组织、流动等方面进行过理论思考和社会规范，也没有对人的理性进行过反思。即使有些类似思考也是从长程性关系中推出来的，诸如"老吾老及人之老，幼吾幼及人之幼"；遇到陌生人依然可以用家庭称谓，比如用爷、伯、叔、兄、娘、婶、嫂、姨、姐等来称呼对方，以便找到互动的方式。又比如在有了关系之后的花费上，中国人对AA制很排斥，因为他们坚信，AA制是一种疏远"关系"的制度，它暗含了对关系亲密性的抵制，进而不可能成为真正的朋友。反过来说，不同于AA制的"请客"行为在中国社会上大行其道，几乎成了中国人连接关系的代名词。根据中国2010年的一个统计，中国人的公款请客费用估计在5000亿元以上①，如果再加上私人请客的费用，那将是一个天文数字。中国人愿意如此花费，在于它有助于建立、维系和加固关系以及由此带来的潜在利益。同理，中国人对"对等性社会交换"也很排斥，因为对等性社会交换等于宣告交换是没有延续性的，这点非常有悖于中国人所需要的"人情"，更产生不了"报"的观念。②所谓欠人情、人情债等都是因为交换的不对等性才有可能。"人情"实际上可以理解成一种在长期性的不对等交换中建立起来的被绑架式的友谊。

处于这样一种关系中的人们自然会形成一种相应的价值体系，其核心就是"和为贵"。但在和睦的背后，个体的选择性意志也会被迫放弃，他的自我将受到压抑。压抑可能会向两个方面发展：一方面是缩

---

① 《法制日报》2007年3月18日第5版报道：1989年，我国公款吃喝金额为370亿元，1990年为400亿元，1992年超过800亿元，1994年突破1000亿元，2002年为2000亿元，2004年为3700亿元，2005年为6000亿元。

② 详见翟学伟：《报的运作方位》，《社会学研究》2007年第1期。

小或放弃自我去迎合他人的需要,这点对关系双方都是一样的,也为双方的互相融入与和谐提供了保障,所以中国人的自我同他人有重合的部分;另一方面是压抑自己的真实自我,给自己戴上一个面具来同他人交往,这时,在中国最容易发生的互动模式是表里不一和对面子问题的关注。这可以解释为什么中国人特别喜欢"我看人看我",而很难"自我审视或反省":前者产生了耻感的问题,后者产生了罪感的问题。①

低选择的特征一旦出现,人与人交往中的理性就会受到限制,感情因素获得增长。虽然感情培养对世界上所有家庭成员都是一样的,但中国人在更大的范围内重视这个问题。这样一来,理性与感情之间就需要一种平衡。中国人不喜欢没有感情的事物,也不喜欢辩论。人们对待制度设置也是如此,即不接受制度对人的刻板约束,而试图让制度自身很有弹性。处于制度下的成员经常希望对规则有一定的发挥,从而体现出"法无外乎人情"的一面;在关系当中,纯粹讲道理对中国人来说是行不通的,他们认为情理合一是处理关系的最佳方法,当然纯粹为了感情而放弃原则和规范在中国也被认为是错误的。总之,持中与平衡是情理社会的一个重要特点,是中国人处理关系的原则。它们同儒家的礼与中庸都有指导与被指导的关系,这同时也造成了情境对中国人来说比人格更显重要。

长程性且低选择性还会带来人们对义务性的关注,人与人之间有许多行为不来自责任、自我、意志及理性,而来自不得已。由此一来,关系的亲密性在很大程度上未必发自内心,而是出于"礼"与"面子上"的需要。上述的特征所体现的"人情"概念是一个含有亲情、义务、交

---

① 详见翟学伟:《耻感与面子:差之毫厘失之千里》,《社会学研究》2016年第1期。

换却又未必自愿的行为,它将依循着礼数而持续地进行下去。中国人之所以喜欢礼尚往来而不喜欢直接利益交换,是因为前者含有感情成分,后者只有理性成分;前者是工具性和情感性的混合,而后者只有工具性成分。为了实现前者,中国人采取了"欠"的策略。双方经常性地互欠对方的人情,最终实现了"感情债务"的无期限延长,而"不欠"就意味着双方关系的结束。

最后我想补充说明的是,固定关系模式会让自我和他人的界限含混不清,自我受到侵犯可以被当作关系亲密来理解,而此刻人际善意也未必来自"自愿",有时来自"不得不"。比如一个人(例如母亲)很辛苦地为另一个人(自己的孩子)的冷暖、卫生、安全、吃穿用而忙碌着,却完全可以不顾此人的自我感受或需求。尽管接受者此时已意识到这些行为给他带来的是打扰、逼迫或伴有被压迫感,但因为这种行为在此文化中被定义为善意,他(或她)只好以感激的方式接受,并被迫进行回报。反之,拒绝则意味着绝情、不懂事、不会做人、不知好歹、不通晓人情世故,至少是不理解他人的善意。总体上看,长程性且低选择性的交往模式不可能产生个人主义的行为模式,而个人主义的行为方式的建立,首先要打破的就是长程性与低选择性。我在此想引用一下在美国影响较大的著作《心灵的习性:美国人生活中的个人主义和公共责任》的描述来做一佐证。贝拉(R. Bellah)认为:

> 分离与个性化是整个人类必须面对的问题,但这并非美国意义上的走出家庭。在许多农民社会,问题是要留在家里——与父母生死相守,一生崇拜父母,崇拜祖先……但对美国人来说,走出家庭是正常的期望;儿童时代在许多方面仅是走出家庭的准备阶段。

许多跟我们交谈过的人都认为,家庭似乎增强了自立精神作为个人基本美德的重要性。矛盾的是,我们作为独立的个人观念,凡事自己争取,不接受别人的施舍馈赠,摆脱家庭束缚的观念,结果恰好是把我们联结在一起的观点之一。同美国文化其他核心因素一样,自立的个人走出家庭的理想,是通过玩,以爱的方式又以独处的方式把我们联结在一起的各种纽带,子承父志地在家庭内部培养起来的。①

美国人对自我自主性的认识,把对自我做出最深刻的认识的重担,扔到了自我选择的身上。对某些美国人来说,即使在爱默生写下《论自立》一百五十年后的今天,传统和作为传统载体的社会生活依然存在。然而,人们要在传统和社会生活中通过它们发现个人最隐秘的信念的观念,对于美国人来说并不是十分能够接受的。大多数美国人认为,自主的自我是独立存在的,它完全独立于任何传统、任何社会氛围,它是在独立的基础上对传统和社会生活做出的选择。

如果我们也用同样的方式选择家庭,就不那么容易了,因为我们投生到某个家庭完全是天意。然而,即使在家庭问题上,心理分析的方法也时常旨在把我们同父母隔离开来,以便我们能够自由地选择,或者貌似自由选择父母的哪些方面我们可以学,哪些方面可以不学。走出家庭从某种意义上说就是一次再生,是我们自己给自己的再生。如果对家庭是这样,对我们的终极界定性信念就更是

---

① 贝拉等:《心灵的习性:美国人生活中的个人主义和公共责任》,翟宏彪等译,生活·读书·新知三联书店1991年版,第82—90页。

如此了。不过这里的矛盾在于,就在我们认为最自由的地方,我们恰好受到了我们文化中主导信念的最大的压制。因为一个强大无比的文化神话告诉我们,我们不仅能够,而且必须通过隐秘的自我,在隔绝中确定我的最深刻的信念。①

从这一现象再回看西方社会科学的知识体系,我们便可以很清楚地理解松散关系的含义了。其社会科学之契合性内容也当然更多地会关注心灵、自我、交往、契约精神、规章制度、市场或社会竞争与合作、公司运营和企业管理、人际侵犯或攻击、社会资本与交换、爱情、偏好、兴趣、亲密关系及单身社会等方面。显然,中国社会文化的根基不在这里,自然也就不可能以此为假设前提来展开对中国人与中国社会的研究。如果我们寻求到了中国社会的根基在于固定关系,那么依然坚持在很多方面沿着西方理论来对中国人与中国社会做出解释,只能说是貌合神离了。比如,我们原本要回答为何中国人的社会生活如此重视家族、家谱、婚姻、生子、祭祖、聚集而居与宗庙祠堂等,以及为何会有一人得道鸡犬升天、连坐制度、江湖义气、靠山及保护伞等一系列社会现象,但却无意间把这些现象嫁接到西方理论的一些假设上去了,最终只能是全部打散,把这些原本具有逻辑框架的内容分别装进各自学科的各自理论中去,比如家庭是家庭社会学问题,生育是人口学问题,祭祖是民俗学或人类学问题,聚集而居是社区研究问题,靠山是社会资本问题,等等。当然亦有一些学者也在经验研究中证明西方的一些假设在中国社会中是不成立的,但是之后怎么办呢?或许我们只能

---

① 贝拉等:《心灵的习性:美国人生活中的个人主义和公共责任》,翟宏彪等译,生活·读书·新知三联书店1991年版,第90—95页。

在结论上轻描淡写地写上,因为文化、社会或是国情不同吧?我这里必须承认的是,传统不是僵化的,传统的含义本身就是积累和变化,所以我们在研究中国人社会构成与关系运作的同时还需要关注因西方文化的进入,或者因社会自身的现代化,原本的这种构造乃至整个社会是如何发生改变的。

第三章 从关系向度理论看信任类型

第一节 信任类型与数据描述

回顾以往有关中国人关系与信任的关联性研究,可以毫不夸张地说,都是在"差序格局"概念指导下展开的[①],几乎没有例外;如果说多少有点例外,那就是很自然地回归到特殊主义与普遍主义的框架中去检验中国人的社会信任的归属性及其变化[②]。所以,内含儒家思想的差序格局或者特殊主义与普遍主义业已成为研究中国人的社会信任的迷思。跳出这两种研究框架,以便对中国人的社会信任获得更好的解释,是本书需要实现的重要目标。而当我建立起关系向度理论后,我们首先需要意识到,不同社会中的信任是由不同的关系结构提供的。

[①] 罗家德、叶勇助:《中国人的信任游戏》,社会科学文献出版社2007年版,第63—64页;杨宜音:《自己人:信任建构过程的个案研究》,《社会学研究》1999年第2期;胡安宁、周怡:《再议儒家文化对一般信任的负效应》,《社会学研究》2013年第2期;王绍光、刘欣:《信任的基础——一种理性的解释》,《社会学研究》2002年第3期;阮荣平、王兵:《差序格局下的宗教信仰和信任》,《社会》2011年第4期。

[②] 李伟民、梁玉成:《特殊信任与普遍信任——中国人信任的结构与特征》,《社会学研究》2002年第3期。

也就是说,不同时空下的关系组合特征会产生不同的信任方式,同时也导致信任运行上的差异。如果以布迪厄的整体生成的实践逻辑来看[①],它就是施信者(可以是个人,也可以是其他抽象主体)将围绕自己所拥有的社会关系领域,反复寻求的各种信或者不信,直至达成一种高度确定的理想社会秩序,或者获得一种个人内在安心状态的全部过程与结果。

那么,从理论建构上来看,"时间性"和"空间性"这两个维度对于社会信任的意义又是什么呢?首先,时间维度是在人类社会信任中自然建立起来的维度,也就是说,初民的生活方式都是聚集而居的,其中每一个人从头至尾都和自己的家人或邻里生活在一起。看起来时间好像是停滞的、凝固的,但这点保障了人类的依赖性与互信。所以说,如果人与人的关系在时间维度上越呈现出长程性、无终结性,在空间维度上也就越具有稳定性与封闭性,相对应的,信任也就越含有天然性、对象性和前反思性(无意识性)等特征。人们彼此之间的信任程度也就越高,或越愿意滞留于发展人际信任的水平。反之,当人与人的关系在时间维度上的长程性被打破时,也就意味着空间维度的出现,人际关系随时会发生中断,即当社会流动性与交往开放性出现后,那么此时的信任更需要凭借经验的判断来面对对象的不确定性,其信任反思性结果也会走向寻求制度的保护。这就是"脱域"的产生,社会信任需要另寻他途重新构建。

依据这一基本认识,我认为信任分析框架可以根据关系向度相应地形成四种类别,并分别定义为"全知型信任""互助型信任""保障型信任"及"人格/道德型信任"(图3-1)。

---

① 皮埃尔·布迪厄:《实践感》,蒋梓骅译,译林出版社2003年版,第124—153页。

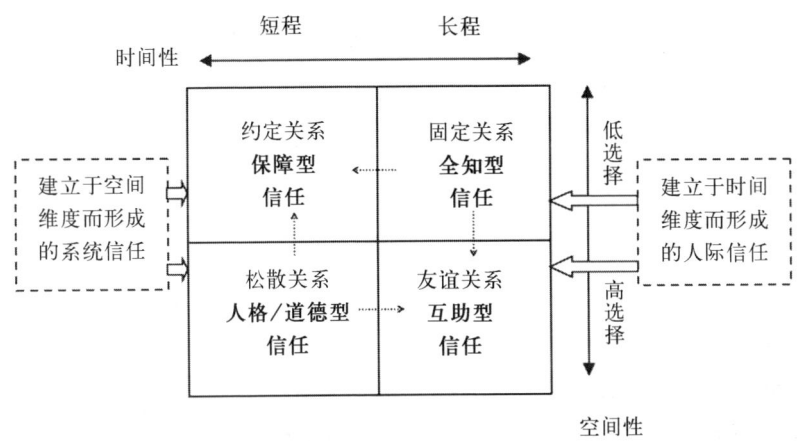

图 3-1　关系的向度及其信任分类

虽然这一信任分析框架隐含着从前现代到现代的转变,但由于它是从关系构成的角度出发的,因此同吉登斯对信任的类似划分便存在明显的差异。因为从出发点来看,吉登斯的划分是以"脱域"作为其思考路径的,而我的划分即使发生现代性,但依然是从关系出发的。只是,从关系的走向来看,当社会发展无法承载其信任总量时,会演化成制度。但这里涉及的模式差异还不限于此,因为这关乎各自的研究是从二元对立出发还是从连续性出发的问题。如果立足于前者,我们会认为要建立"现代",就必须打破"前现代";如果立足于后者,就会认为即使关系演化成制度,其中也有冲突,但关系依然会融入制度安排中去,或者制度本身就是从关系思维出发的。可见,从我的关系向度划分来看,我的这四种信任类型彼此不是封闭或者排他的,而会在具体情境或信任实践中出现相互转换。或者说,我这里给出的信任类型划分,更加偏重于关系的类型跨越路径,是一个动态的模型,也暗含了"前现代"如何走向"现代",而吉登斯所做的信任划分更倾向于在"前现代"与"现代"信任之间做出区别(表3-1)。

表 3-1　前现代与现代文化中的信任与风险环境①

前现代	现代
总情境：地域性信任的极端重要性	总情境：被脱域的抽象体系中的信任关系
信任环境：	信任环境：
1. 亲缘关系：为跨越时-空的稳固社会纽带的一种组织策略；	1. 友情或隐私的个人关系：稳固的社会纽带；
2. 作为地带的地域化社区：为人熟悉的环境；	2. 抽象体系：时-空无限制条件下的稳定的关系；
3. 宗教宇宙观：作为信仰和仪式性实践的模式,对人类生活和自然提供神灵的解释；	3. 未来取向的非实在论：作为连接过去与现代的模式。
4. 传统：作为联系现在和未来的手段,过去取向的时间维度。	
风险环境：	风险环境：
1. 来自自然的威胁和危险,诸如传染病的流行、气候的多变性、洪水或其他自然灾害；	1. 来自现代性的反思性的威胁和危险；
2. 来自诸如掠夺成性的军队、地方军阀、土匪或强盗等人类暴力的威胁；	2. 来自战争工业化的人类暴力的威胁；
3. 来自失去宗教的恩魅或受到邪恶巫术影响的风险。	3. 个人之无意义的威胁,其源于将对现代性的反思性运用于自身。

总之,单就我的信任分类而言,它原本也是一个超越于特定社会

---

①　安东尼·吉登斯:《现代性的后果》,田禾译,译林出版社2000年版,第88页。

文化背景的理论架构,可以针对不同社会的交往方式,也可以用于理解、解释、比较不同的信任形态与运行逻辑,甚至包容很多原有的信任划分及其相关理论,比如琳恩·祖克(L. Zucker)根据前人研究整理出三种信任的生成机制:基于过去经济交换的具体经历的过程信任(process-based trust),它与微观的社会网络或关系密切相关;基于内在品格的社会化和积淀而表现为人格品质的特征信任(characteristic-based trust),它符合传统的经济社会学的论点;基于交易双方所处的社会制度环境的制度信任(institutionally-based trust)。[①] 虽说我的信任框架中所体现的传统与现代,包括其中的时空观念与祖克的不同,但其划分与我的划分多少有相互印证的关系。只不过,我更倾向于从我划分出的全知型信任出发,而这点不是他的这一分类方式所能体现的。显然,我的框架不是简单地为信任分类而设计的,而是借助于各向度的关系构成,看出信任在一个具体社会中会从何处出发并延伸到哪里去,以此比较中西信任的不同点。

为了证明这一理论的有效性,我们先来看一组我本人于2009年主持的一项国家社科基金重大项目"我国社会信用制度研究"中的调查数据。这些数据是该课题组在全国范围内抽取南京、天津、重庆、深圳、兰州、银川六个城市的36个小区与24个村庄,在共计发放问卷5500份(其中城市问卷3300份,农村问卷2200份)的基础上得到的。这次调查最终获得有效样本为5296份,其中城市3138份,农村2158份。由于本项研究的重点是社会信用,故本研究的设计思路并不完全

[①] L. Zucker, "The Production of Trust: Institutional Sources of Economic Structure, 1840-1920", *Research in Organizational Behavior*, Vol. 8, 1986, pp. 53-111;罗德里克·克雷默、汤姆·泰勒编:《组织中的信任》,管兵、刘穗琴等译,中国城市出版社2003年版,第23—24页。

针对信任而展开,其中有多项内容涉及政治-政府信用、社会-市场信用以及个人-人际信任三大板块,意在全面、深入地了解当前中国社会信用的现状和走向。①

为了从关系角度来认识中国社会的信任,我这里只从其中的个人-人际信任这一部分来加以描述和讨论。此次调查的对象是18周岁以上的城乡居民,根据多阶段抽样方法,在确保信度与效度的基础上,我们此项内容是对被访者进行以下提问:"下列几种人,你认为在多大程度上值得信任? 1=完全不可信任,2=不可信任,3=无所谓信任与否,4=可以信任,5=完全可以信任。"选题项为对核心家庭成员、直系亲属、其他亲属、亲密朋友、一般朋友、邻居、生产商、销售商、陌生人等九类不同交往对象。结果发现,受测试者平均信用度达到合格线的有六类人:核心家庭成员、直系亲属、亲密朋友、其他亲属、一般朋友和邻居。这六类人的信用度状况可以分为三个层次:居于最高层次的是信用度得分高于80分的人际交往对象,包括核心家庭成员和直系亲属;居于第二层次的是信用度平均得分在70—79之间的交往对象,包括亲密朋友和其他亲属,平均信用度得分分别为71.78分和70.99分;居于第三层次的是信用度得分在60—69之间的交往对象,平均信用度得分分别为66.28分和62.79分。对其他交往对象的信用度评价均低于60分,未达合格线。同时,对以上六类对象不同信用水平的人数百分比的统计也可以发现:对核心家庭成员和直系亲属比较信任和非常信任的人数比例均超过90%,不信任的比例还不到4%;对亲密朋友和其他亲属比较信任和非常信任的人数比例超过70%,不信任的比例分别

---

① 翟学伟主编:《中国社会信用:理论、实证与对策研究》,中国社会科学出版社2017年版。

不到7%。这说明,虽然以市场化、城市化和信息化为主要内容的当代中国社会转型使当代中国居民的生活方式发生了很大的变化,人与人之间的交流范围和沟通渠道也因科学技术的发展而变得多元化,但维系人际纽带的依然是建立在传统中国社会血缘共同体和情感关系基础上的信任关系。对当代居民而言,血缘和情感距离的远近是他们是否信任他人最主要的标准,核心家庭成员和直系亲属由于其较强的血缘联系受到人们最大限度的信任,亲密朋友由于其情感上的亲近和交往关系的密切也受到较高程度的信任,甚至比具有较远血缘关系的其他亲属得到的信任程度都高。

表3-2　人际信任的总体状况

	核心家庭成员	直系亲属	其他亲属	亲密朋友	一般朋友	邻居	生产商	销售商	陌生人
平均分	88.39	83.72	70.99	71.78	62.79	66.28	59.03	49.36	43.35
百分数(%)	18.19	20.23	21.69	21.59	21.62	22.99	28.51	24.99	34.32
N	5292	5293	5283	5291	5290	5291	5289	5289	5292

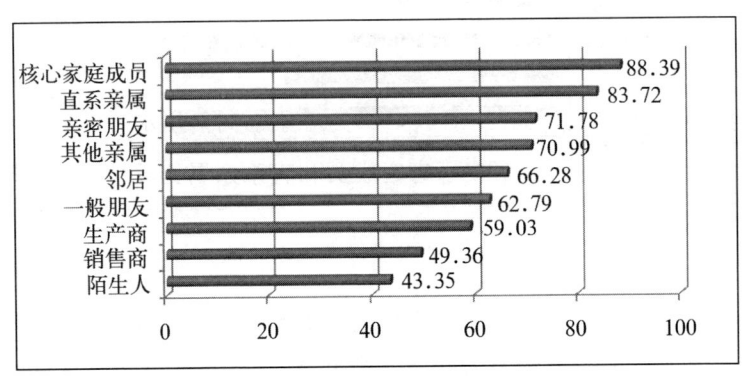

图3-2　人际信任平均得分状况

由图3-3可以看出,在最不信任的关系对象中,陌生人高居首位,信用得分仅为43分,排在第二位和第三位的是销售商和生产商,平均得分分别为49分和59分。同时,通过对以上交往对象不同信任水平的人数百分比的统计也可以发现,在调查的所有样本中,信任陌生人、销售商和生产商的人数比例分别为32%、28%和45%。值得注意的是,民众对除核心家庭成员、亲密朋友和陌生人之外的绝大多数交往对象并非表现出极度的信任和不信任,而是表现出难以做出信任与否的明确判断。包括对邻居、一般朋友、生产商和销售商的信用度评价判断,有高达30%—43%的受访者回答为"说不清"。其原因需要我们回到信任的内涵中去寻求其文化性差异,这一点有待我在下一章做专门的讨论。

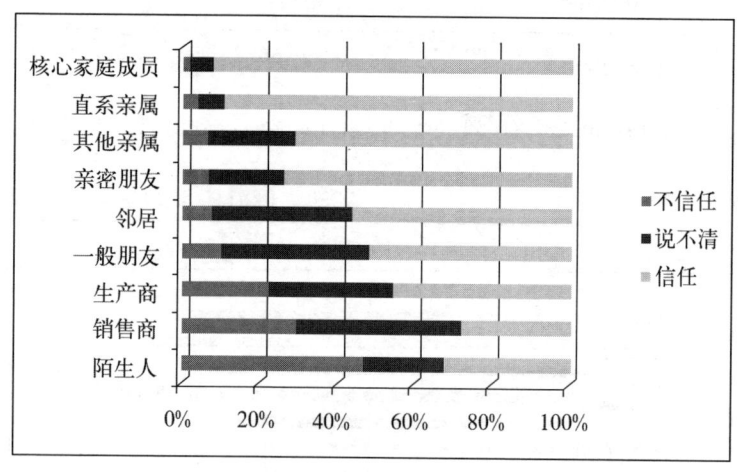

图3-3 人际信任的基本状况

当代居民对不同的交往对象有不同水平的信任度评价,这可能意味着他们将某些交往对象看作同一类群体,而将另外一些交往对象看作另一类群体。为探寻人际交往对象中可能存在的结构性关系,我们根据其信任度平均得分对这九类交往对象做因子分析(KMO=0.746),结果发现,当代居民的交往对象根据其血缘和情感的亲疏而包含两个不同的结构成分:第一个因子可称之为生人关系因子,它包含了与交往主体没有任何血缘关系且较少情感联系的交往对象,如生产商、陌生人、邻居、销售商及一般朋友;第二类因子可称之为亲友关系因子,包含了具有血缘关系的各类人员和具有亲密关系的朋友,如直系亲属、核心家庭成员、亲密朋友和其他亲属。这两类因子构成了人际信任的主要结构成分。从两类成分的重要性来看,生人关系因子和亲友关系因子对人际信任的贡献率分别为31%和29%,两个因子能够解释人际信任方差的60%,而且两者几乎具有相同的贡献率。也就是说,亲友关系和生人关系对于人际信任的形成及重建具有同等重要的意义。这点在理论上可以视为关系向度理论的内在变化。

表3-3 人际信任的因子分析结果

	一般人际关系	好友家人关系
生产商	0.837	
陌生人	0.767	
邻居	0.743	
销售商	0.682	
一般朋友	0.606	
直系亲属		0.820
核心家庭成员		0.757
亲密朋友		0.754
其他亲属		0.750
特征值	2.767	2.627
变异比(%)	30.740	29.189

从城乡差异来看(图 3-4),城乡居民对较为不同对象的信任度评价出现显著差异。城市居民对亲属和亲密朋友等亲朋关系的信任度要高于农民,但对邻居、生产商、销售商和陌生人等的信任度却低于农民,城市居民的人际信任状况表现出随血缘和情感的亲疏出现更加明显的两极化趋势,其人际信任曲线更为"陡峭",而农民的人际信任曲线则更为"平缓"。具体分析,城市化和市场化进程的加快使得城市居民比农民更早进入陌生人社会,城市居民比农民有更多的机会接触到销售商、生产商、陌生人等各种类型的交往对象,但这种交往机会的增加并未提高对这些人的信任程度,反而降低了对他们的信任评价。由于文化、制度等原因,对现代市场环境下各类生人的信用机制还未建立起来,当城市居民与不同人群交往时,容易比农民体会到更为强烈的两难困境:一方面,现实逼迫他们必须要和不同关系类型的人打交道;而另一方面,他们却需要时刻提高警惕以防上当受骗。或许正是由于对陌生人更多的不信任,城市居民利用关系来促进信任的需求可能更强烈一点。①

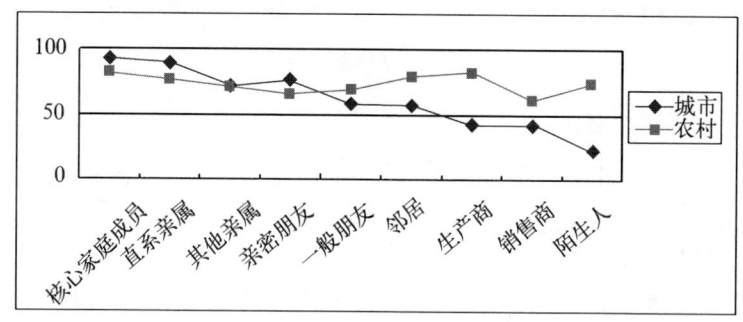

图 3-4 人际信任的城乡比较

---

① 有关人际信任的其他差异可详见翟学伟主编:《中国社会信用:理论、实证与对策研究》,中国社会科学出版社 2017 年版,第 246—257 页。

近些年来,我国流动人口出现了一些新的变化趋势。一是流动人口的数量规模持续扩大,2012年国家人口计生委发布的《中国流动人口发展报告》(以下简称《报告》)显示,2011年,我国流动人口总量已接近2.3亿,占全国总人口的17%。[①] 2012年我国流动人口数量达2.36亿,相当于每六个人中就有一个是流动人口。二是流动人口的结构日益复杂化:过去的流动人口基本上全部为农村人口,现在扩展到城市人口;过去流动的基本上是劳动力,现在扩展到未成年人、未就业人口和退休人员;过去基本是个体流动,现在举家流动的现象在增加;过去流动人口主要是壮年劳动力,现在主要是青年人,且农村青少年正在成为中国流动人口的主体。我国流动人口数量和结构的这些变化不仅影响了流动人口自身基本权益的保障,也深刻影响到他们对流入地的认同感和归属感,并对人与人之间的关系和信任水平产生了重要的影响。这种工作或生活环境的改变究竟有助于增强他们对新环境的适应,从而提高对人与人之间关系的良好期待和信任水平,还是能够降低他们对陌生环境的归属感,并进而产生对人与人关系的担忧,特别是对陌生人的不信任感?

我们首先对近五年生活或工作居住地是否有变化的受访者比例进行了统计,结果显示,在所有受访者中,有约三分之二的受访者近五年的生活或工作居住地发生了变化,而在这些流动人口中,农村流动人口的比例更高,达到90%,城市的流动人口比例为46%(城市流动人口可能包括很大一部分在近五年内从一个城市到另一个城市的农民工群体,限于我们的问卷设计,这只能是我们的一个推测)。

[①] 国家人口和计划生育委员会流动人口服务管理司编:《中国流动人口发展报告(2012)》,中国人口出版社2012年版。

进一步对流动人口和非流动人口人际信任状况的比较发现,社会流动与人际信任有非常密切的关系,与流动人口相比,非流动人口对陌生人更不信任。具体来看,流动人口对一般朋友、邻居、生产商、销售商和陌生人的信任程度显著高于非流动人口,特别是对陌生人的人际信任度评价远远高于非流动人口(流动人口对陌生人的信任度平均得分为52分,而非流动人口的平均得分仅为28分)。对亲属和朋友的信任状况出现了与生人关系信任相反的趋势:流动人口对核心家庭成员、直系亲属、亲密朋友和其他亲属的信任度都低于非流动人口,但这种差异较不显著。这一结果表明,社会流动性会增强生人社会中的交往信任水平,工作或生活环境的改变有助于增强人们对新环境的适应,从而提高了对人与人之间关系的良好期待和信任水平。与固守在同一地区的非流动人员相比,工作或生活环境的改变增加了个体与更多生人接触的机会。虽然这种接触可能会提高上当受骗的概率,但整体而言,仍然要比非流动人口对陌生环境下的信任期待高很多(图3-5)。

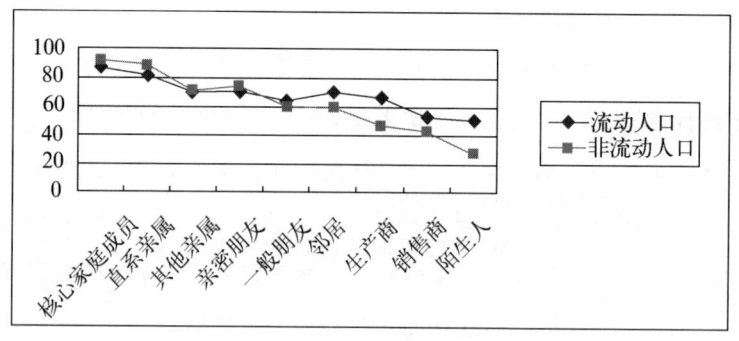

图3-5 流动人口和非流动人口的人际信任差异

在以上城市样本的人际信任的测量中,量表的α系数为0.841,说明量表具有较好的结构一致性,测量结果较为可靠。其测量所得的数据结果反映出城市居民对不同性质的人群信任的差异较大,对于自己人的信任感远远高于对于外人的信任感(表3-4)。

表3-4 人际信任(城市样本)的描述统计

	个案数	均值	标准差
陌生人	3135	1.93	0.901
网友	3134	2.30	0.867
销售商	3132	2.68	0.848
生产商	3133	2.72	0.848
老乡	3131	3.07	0.714
一般熟人	3136	3.12	0.704
邻居	3133	3.29	0.711
单位领导	3135	3.30	0.826
一般朋友	3133	3.35	0.719
单位同事	3132	3.36	0.746
其他亲属	3130	3.86	0.754
亲密朋友	3133	4.06	0.681
直系亲属	3137	4.55	0.609
核心家庭成员	3136	4.72	0.545

通过因子分析对变量进行降维(KMO=0.838)可以看出,在碎石图散点趋缓成直线状态前,能够提取的特征根是4个,换言之,14个指标最多能够提取4个公因子。因此,通过采用主成分法提取公因子,经过最大方差法的正交旋转后,最后的因子载荷状况可参见表3-5。经过降维后,14个指标共形成4个公因子,分别对应并验证了我在信任模式中命名的互助型信任、人格/道德型信任、全知型信任、保障型信

任。其中因子1涉及的大部分是家庭外人际的日常私人交往,在交往中,这种信任感的产生包含了对于对方人品、意愿和行为举止的综合评价,有认知和情感方面的内容,是一种内在的综合的反应过程。互助型信任用以说明这种信任是在家庭外人际接触中产生的,含有认知与情感方面的私人感情。因子2则在销售商、生产商、陌生人、网友信任四项上载荷较高,由于这些信任更多的是缺乏情感或私交的介入,体现出临时性或角色化的交往特点,可归于人格/道德型信任,其交往以理性及片面性、及时性为主。因子3归属全知型信任,其在直系亲属、核心家庭成员以及其他亲属信任三项上载荷较高,建立方式都涉及先赋的亲属关系或者说血缘关系,涉及包含情感、利益等在内的全面化交往。因子4包含两项,即单位领导和单位同事,载荷分别为0.832和0.786,很显然,这种信任因涉及职业或工作环境,即为保障型信任。

表 3-5 人际信任(城市样本):旋转后的因子载荷

	互助型信任	人格/道德型信任	全知型信任	保障型信任	共同度
一般熟人	0.787				0.690
一般朋友	0.768				0.681
邻居	0.743				0.620
老乡	0.699				0.609
亲密朋友	0.527				0.528
销售商		0.822			0.765
生产商		0.822			0.781
陌生人		0.707			0.603

续 表

	互助型信任	人格/道德型信任	全知型信任	保障型信任	共同度
网友		0.689			0.573
直系亲属			0.828		0.703
核心家庭成员			0.797		0.638
其他亲属			0.626		0.604
单位领导				0.832	0.780
单位同事				0.786	0.762
特征值(eigenvalue)	4.879	2.150	1.249	1.060	
累积公因子方差(%)	34.850	50.206	59.130	66.703	

因子提取方法:主成分分析;
旋转方法:基于最大方差法的正交旋转。

在农村样本中,我们采用同样的分析方法,通过描述统计和因子分析来对农村居民人际信任的基本状况进行分析。从表3-6的描述统计中可以看出,亲属的信任水平在农村居民的人际信任中最高,但是,农村居民对核心家庭成员的信任并没有城市居民的信任水平高,对邻居的信任(3.47)却远远高于城市居民的信任水平(3.29)。与此同时,农村居民表现出更不信任陌生人。就此来看,我们认为农村居民人际信任的差序性特征更为明显。

结合因子分析(KMO=0.810)的结果我们发现,农村人际信任中的最微妙变化在于他们对职业信任感受较弱,而在保障型信任中更多的信任体现在村干部、生产商与销售商方面。这种变化说明在农民眼中,村干部在农民的一些重要的生产与消费方面负有责任(比如耕种的品种及产品的来源等),相较于城市居民消费的各种商品,这类商品具有更大的契约性,一旦发生问题,则具毁灭性,所以可将之一并归入保障性信任,而村民对陌生人所表现出的不信任感则表现出了人格/道德型信任在中国社会的缺失。

表 3-6 人际信任(农村样本)的描述统计

	个案数	均值	标准差
核心家庭成员	2131	4.66	0.666
直系亲属	2131	4.60	0.656
无血缘的亲属	2131	3.68	0.938
远房亲戚	2131	3.45	0.942
亲密朋友	2131	3.87	0.842
一般朋友	2131	3.27	0.905
邻居	2131	3.47	0.897
村干部	2131	3.14	1.031
生产商	2131	2.73	0.909
销售商	2131	2.63	0.910
陌生人	2131	1.76	0.878

表 3-7 人际信任(农村样本):旋转后的因子载荷

	互助型信任	保障型信任	全知型信任	人格/道德型信任	共同度
一般朋友	0.764				0.664
远房亲戚	0.759				0.646
邻居	0.685				0.595

续　表

	互助型信任	保障型信任	全知型信任	人格/道德型信任	共同度
亲密朋友	0.676				0.523
无血缘的亲属	0.652				0.618
生产商		0.862			0.8
销售商		0.848			0.802
村干部		0.708			0.616
直系亲属			0.838		0.734
核心家庭成员			0.823		0.683
有血缘的亲属			0.642		0.624
陌生人				0.916	0.891
特征值（eigenvalue）	4.332	1.843	1.135	0.888	
累计公因子方差(%)	24.014	18.353	17.185	8.762	

以上图表显示出的中国人对生人信任的低分值基本都是在松散关系中表现出的，也说明中国人在其文化中体现出"这个社会好人多"和"自己无法相信陌生人"之间的矛盾（相关讨论见本书第五章），而这又恰好是西方信任理论讨论得较为充分的部分，其基本理论正建立于个体主义所要求的对个体的识别和区分上：

> 长久持续地与被信任者接触的情形只是例外，而不是惯例。更经常的是我们没有机会应用这种针对我们自己一贯的可信性的强烈的、超越性暗示。因此我们必须从起跑线开始，在第一次交往

的情况下做出先验的决定:是给予还是收回对以前从没有检验过的同伴的信任。这是我们为什么经常求助于声誉、表现、责任性和唤起的信任的情境来作为我们信任的赌博的理由。①

可是在中国社会,上述各表中所呈现的陌生人信任的极度下降,正说明了人们在这一区间会互为不信。明恩溥将此特点概括成"互相猜疑"。他给我们做过这样的生动描述:

> 如果有什么事情需要协商和调整,在任何一个西方国家,只要往相关人士的家里送封信,诸般事宜或许就能安排妥当了,可这在中国却行不通。在中国,当事人必须亲自出马,面见对方当事人。如果对方不在家,就得一趟一趟地前去拜访,直到见到要见的人为止,因为没有人能够断定,通过其他中介交办的事情不会被扭曲。
>
> 人们时常提到中国人的社会团结。在某些情况下,整个家庭或整个家族似乎全都介入了某个家庭成员的个人私事。但是,一个异姓人,如果他是个聪明人,最好连一根手指都不要伸到这些事情中去,免得被烫伤。有句俗话很有道理:"不同姓,勿相劝。"这家伙干嘛要来掺和我的事情呢?他肯定别有目的,而且还可以保证,他的目的一准不是善意的。对于一辈子的邻居和朋友都尚且如此,那么,对于局外人和与当事人没有特殊关系的人就更要提防了。②

---

① 彼得·什托姆普卡:《信任:一种社会学理论》,程胜利译,中华书局2005年版,第128—129页。
② 明恩溥:《中国人的气质》,刘文飞、刘晓旸译,上海三联书店2007年版,第191页。

这一番论述让我想到最近热播的电视剧《安家》中的一个故事：一对恩爱的老年夫妻，因为丈夫身患肝癌，决定把自己住的老洋房卖了，希望得到一大笔钱去国外看病，以延长生命。这个房子同样也在夫人家的两个侄子的名下，他们事前也同意卖房，于是夫人委托一家房屋中介店长帮助他们尽快寻求到买家。店长历经多方打听，终于找到了买家，可这两个侄子沆瀣一气，以无理要求阻止卖房。房屋中介店长为此一次次前往商量，并告知老先生已病危，要赶紧拿卖房钱换命，可他们还是躲着不见。最终老先生去世了。老夫人做了一个决定，把房产中属她的部分捐献给了国家，并在公证处做公证时将自己最心爱的戴了一辈子的翡翠胸针送给为此付出努力的店长。这一举措使那两个侄子及家属再也无法卖出整套房屋了，于是他们在公证处看完公证录像后气势汹汹地来到房屋中介门店打闹，认为是这个店长从中作梗。而实际上，店长对于老夫人的这一赠予行为压根就不知情，只能无辜挨打。整个事件中，店长所表现出的是对老夫妻俩的爱戴与怜悯，可这一切都被其家人理解成想占他们家的便宜。这就是局外人伸进的一根手指，插手他人家事，却被严重"烫伤"了。

按照明恩溥有关东方社会尤其是中国人在陌生人之间的互相猜疑特征描写，我们不能把它简单地斥之为一种负面的心理现象。本书在区分信任类型时强调社会背景与情境，就是想说明很多行为在不同的环境中会有不同的作用，即中国人常说的"此一时彼一时"。从这次抗击新冠疫情的情况来看，为何中国政府和民众可以齐心协力，而不是像西方国家那样，政府出台的一些措施常遭到民众的抵制和示威？这其中的文化心理机制就在于"相互猜疑"的背后有其所信奉的"未雨绸缪""有备无患""小心驶得万年船""宁可信其有，不可信其无""人无远虑，必有近忧"等观念。这种提防心理与中国各级政府的严防死守是一致的,因此很容易达成共识。回看明恩溥在书中的议论,没想到他明智指出这一特征竟然是从"围墙"开始的。他由于经常行走于中国大小城市以及乡村,乃至边远贫穷山区人家,发现中国人都很热衷于建"围墙",进而发出了这样的感慨:

> 在中国长期盛行的猜忌之风,引起一个陌生人关注的第一个表现,便是这个帝国无处不在的环城而建的高墙,"城"这个字在中文里的意思就是被墙围起来的城市,这个事实是意味深长的,就像拉丁文中的"军队"一词具有"训练"或"操练"的含义一样。帝国的法律要求每一座城市的四周都必须建起特定高度的城墙……无论何时,一旦出现危险的信号,第一件事情就是修复城墙。①

时至今日,这个传统依然牢固,人们只要有个生活、学习的固定场所,马上就会砌起围墙并增设门岗——自家院子、工作单位、大学校园、机关场所等等均是如此。尤其当西方一些建筑格局影响到中国设计理念时,很多建筑物表面上可以按西方的楼房样式盖,但盖好后一旦实施管理就会把四通八达的门都锁上,只留一个门进出,甚至还不放心,再在门口设一个门卫,设专人看管。日常情况下,门口牌子上写的是"闲杂人员免进",而到了关键的时候,这道关卡就成了盘查之处。显然,在这次疫情防范中,正是这些大大小小的关卡发挥了巨大的作用。而作为流动中的个人,看起来似乎没墙可砌,可难道戴上口罩不是给自己面部砌起了一堵墙吗?作为一层薄薄的"软墙",瞬间就能使每个

---

① 明恩溥:《中国人的气质》,刘文飞、刘晓旸译,上海三联书店2007年版,第185—186页。

人得到自我保护,并在这种文化中把那些不戴口罩的人当作害人者,由专门防控人员对其执行强制措施。即使我们在其他一些人多的地方免不了有所疏漏,但由于大家都实施了自我防护,几乎谁也害不到谁。而就这一如此简单的常识,对西方人来说,却是难上加难。因为在个人主义文化中,每一个人都要对自己的行为负责,如果一个人认为自己是健康的,那么他就不会戴上口罩。如果一个人知道自己不健康,为了对自己负责,同时也对别人负责,他应该或出门时戴上口罩,或者自己待在家里。可这种逻辑却只建立于其比较固执的文化理念之上。而实际情况是:假如一个疾病携带者外出时想表明自己没有病而不戴口罩,却又混进了人群中怎么办?甚至如果此病毒有潜伏期,而传染者自己尚不知情而不戴口罩又走入人群中怎么办?那么结果就是大面积传染,西方社会目前正面临着这样的困境。而在中国这边,这样的问题很自然地避免掉了,因为戴口罩的含义不是用来定义健康与否的,而是用来预防的。更为深刻的文化问题是:戴口罩对个人主义的文化而言,其最根本的含义是防止自己的疾病传染给别人;而对于关系导向的文化来说,戴口罩的目的则是防止别人把病毒传染给自己。只有明白这一点,才能领悟中国人常说的"不怕一万,就怕万一""害人之心不可有,防人之心不可无"。与城市居民相比,农村居民对陌生人的信任程度更低,这是因熟人社会习惯划定的信任边界而产生的排外现象。这次抗击疫情中,中国乡村的普遍行为就是到处封路,甚至从外面强行封店(不是从里面关门)。为何这次蔓延至全球的疫情,华人社群被感染者数量那么少?应该说,上述文化观念起了很大的作用。

在中国社会,虽然我们不否认我们所接触到的陌生人中有许多讲道德、有品格的人,但就因为他们属于时空关系维度上的松散关系,进而很难建立起彼此信任。那么,此种类型的信任如何可能?更多的理论解释寄希望于在人格/道德的研究框架内寻求信任的内在要素是什么,从而推论出更加广泛的信任基础在哪里。

无论如何,此项调查结果表明:中国人的社会信任存在以"固定关系"与"全知型信任"为起点而延展出去的不同类型信任。它们不但会在城乡之间有所差异,而且在不同社会情境中亦能发生相互转换。这一观点不仅(在程度上)可以深化"差序格局"所体现出来的信任差异[1],尤为重要的是还需要进一步看到这一格局的明确变动方向及其基本特点。

第二节　信任类型的变动方位

一、全知型信任

以长程性和低选择为基础而形成的全知型信任,其基本条件是处于其中的每一个人都能得到全方位的了解,而不是单方面的、侧面的、职业性的了解。那么什么样的真实环境可以达到这一要求呢?答案就是永久性地在一起生活。这一点显然与中国人所重视的家庭、家族、

---

[1] 参见王绍光、刘欣:《信任的基础——一种理性的解释》,《社会学研究》2002年第3期;李伟民、梁玉成:《特殊信任与普遍信任——中国人信任的结构与特征》,《社会学研究》2002年第3期;林聚任:《社会信任和社会资本重建:当前乡村社会关系研究》,山东人民出版社2007年版,第158—159页;陈介玄、高承恕:《台湾企业运作的社会秩序——人情关系与法律》,《东海学报》1991年第32卷;彭泗清:《关系与信任——中国人人际信任的一项本土研究》,载郑也夫、彭泗清等:《中国社会中的信任》,中国城市出版社2003年版;邹宇春、敖丹、李建栋:《中国城市居民的信任格局及社会资本影响——以广州为例》,《中国社会科学》2012年第5期。

亲属等成员关系是相吻合的,它们构成个人本身最为安定与安全的环境。马杰里·沃尔芙(M. Wolf)很敏锐地看到了这一点。她在台湾村落田野调查中指出:

> 没有固定亲属关系的人很难获得他人的信任,因为人们不能按惯常的方式与之交往;他有不当行为,人们不能找到他的父母要求赔偿;如果有人想就复杂事由与之打交道,也不能找到他的叔父作为中间人牵线搭桥。金钱没有过去,没有未来,没有责任,但是亲属则不然。①

作为人类社会一种最可靠的生活方式,人们彼此相处而无须设防,也没有安全性上的警觉,换句话说,如果一个人一生中没有外出的机会,他有可能这辈子都没有过"怀疑"的感受。此时,信任也还不只是阳光、雨露或者鸡汤,因为这些比喻只用来说明其所具有的美好感受,而一个更加可用的比喻是"空气"。空气的意义就在于我们不会意识到它,但它又关乎每一个人的生命。空气能够被人意识到,就在于一个人从原本的生活环境中来到了高原,或者原本空气新鲜的乡村突然成了化工基地。此时此刻,虽然空气对人类依然保持着必要性,但由于我们自身的环境发生了改变,才突然明白了空气多么重要。可见,用空气来比喻信任,其意义不在说明它不存在,而是想说明有的生活条件和生活环境让人们从来不用关心这个问题,甚至意识不到这个问题。这点也好比有学者在讨论文化时所言,鱼只有在离开水的时候才

---

① 转引自戈登·雷丁:《华人资本主义精神》,谢婉莹译,格致出版社2009年版,第52页。

知道水的存在。在中国社会,这种类型的信任与传统社会的环境最相契合。传统乡土社会的时空情境可以作为此种全知型信任的典型。①在此环境中,人们在信任自在的前提下,更多关注身份地位、民俗礼仪、婚丧嫁娶、出人头地等方面的内容。

当然这也不意味着固定关系内部都充满着信任——因为全知型信任所展示的是对一个人的全方位了解——而只能说具备了建立信任的基础条件。借用明恩溥的话来讲(他这话也是听别人讲的):"人们之所以相互不信任,原因有两个:其一,因为他们彼此不了解;其二,因为他们彼此了解。"②这就提醒我们,一个人因为有条件获得更多的信息,既可以有助于信任的稳固,也会导致信任的失去,所以全知本身既构成信任,也隐含全知意义上的不信任。这其实也预示着,全知型信任本身一样存在道德与人格的问题。只因为人们彼此太了解,难以出于人格/道德而断交,只能小心提防,而在很多情况下还会以亲情的优势来抑制其道德与人格的价值,中国古代所谓的"同姓同德"就是把"德"建立在了关系的基础上。由于人格/道德在任何时候都是存在的,所以我们会在进行全知型信任时依然会对人的能力与人品有所衡量。但相较于松散关系中纯粹的人格/道德型信任,两者之间所面临的约束机制是不一样的,关于这一点我将在下一章讨论。

另外,乡土社会是由熟人关系构成的,因此当被圈内人认定的圈外人进入时,屏蔽内部信息或者维护脸面,也是经常发生的,或者说,全知型所具备的信息完整性在很大程度上构成了内外有别,中国民谚所谓"家丑不可外扬",表明了全知型信任内在地会有意忽略负面信息。

---

① 费孝通:《乡土中国》,生活・读书・新知三联书店1985年版,第72页。
② 明恩溥:《中国人的气质》,刘文飞、刘晓旸译,上海三联书店2007年版,第188页。

如果将家的含义扩大,中国人从个人到家乡乃至国家在面对公众的时候,都会用各种手段来保全自己人的脸面和声誉。其实,这中间已经发生了信息失真、不公开,或者有意识地圆谎的可能。通常情况下,追究事件的真伪是没有必要的,有意识地追问也是无礼行为。"家和万事兴"是中国最有影响力的名言,而反过来讲,"家家有本难念的经"也不便对外人道来。只要一家、一村、一乡里的人们可以太太平平地过上和睦的生活,就是最好的结果。所以,这种生活中的人们哪怕知道事情并非如此,也会遵循"亲而信"①的原则,也就是中国人常说的"血浓于水"。虽然这一看似和谐的家庭成员并非真的不知详情,但人情、面子与权力的运行导致了彼此之间心知肚明却佯装不知。

配合全知型信任社会的处罚,往往不涉及法律,而更多的是认错。其实,认错也是人情与面子运行的一个重要组成部分,它假设了长期共事的人们不能借助于一种法律条文造成人们彼此之间的永久不和。人们倾向于通过一种柔和的方式让对方改正,所谓"过而能改,善莫大焉"。人情和面子的机制运行也会因全知型而带来相当的张力,其表现方式在于:一方面几乎每个人的信息全方位公开,一个人的人品也暴露无遗;另一方面人情、面子和关系又要掩盖一些部分,这就很容易产生全知型信任上的形式主义倾向。也就是说,为了维持表面上的家庭和谐、精诚团结、相互扶持,人们只能做到心中有数而不公开表达意见。信任的形式化本身有时会造成面和心不合或自欺欺人。

总之,难以分离的、相依为命的相处模式让处于其中的人群最容易获得透明和全息性认知,理智与情感相互交融最终构筑起一个十

---

① 陈介玄、高承恕:《台湾企业运作的社会秩序——人情关系与法律》,《东海学报》1991年第32卷;彭泗清:《信任的建立机制——关系运作与法制手段》,《社会学研究》1999年第2期。

分坚固的全知型信任堡垒,没有人会刻意瓦解这一堡垒,除非其内在的"社会暴风"来临。比如"家贼难防""监守自盗"以及"夫妻本是同林鸟,大难临头各自飞"或"父子成仇""夫妻反目""手足相残""抛妻弃子""六亲不认""众叛亲离"或"逐出家门""窝里斗"等。而一个更加现实的问题是,当中国家庭面临市场化、城市化与个体化的冲击以及大家庭正在分解为核心家庭之际,全知型信任也面临着同样的危机。

二、互助型信任

以友谊关系为基础的信任被称为互助型信任。它在阎云翔那里被看成是"可靠区域"与"有效区域"的结合①,也是中国人总体上认为仍然不需要有多少猜疑而可以直接信任的区域。所以,这是信任发挥重要影响的次级地带,或可称之为"保护带"。它介于固定关系与约定关系之间,是一个可宽可窄的信任范围,也是中国人走出家庭生活、面对陌生人社会之前的一个过渡。一方面这一地带在时间维度上依然维持着长程性,为较高的信任度提供保障;另一方面在空间维度上,关系上的选择性又为信任增加了一些不确定因素。友谊关系具体包含了朋友、熟人、老乡、战友、同窗、师徒等。这些关系即便没有家庭亲属那么牢靠,却是靠熟悉和感情维系的。

一些中国民谚"在家靠父母,出门靠朋友""老乡见老乡,两眼泪汪汪""远亲不如近邻""亲不亲,故乡人""他乡遇故知"等,都是互助型的民间说法。它们在特定社会历史情境中都含有"乡亲""情义"或者"情

---

① 阎云翔:《礼物的流动:一个中国村庄中的互惠原则与社会网络》,上海人民出版社 2000 年版,第 96 页。

分"的意思。可是当这样的信任在进入现代市场社会情境时,其情谊的实际维度会相对缩短,亦有趋近松散关系的可能,从而也相对弱化了互助型信任的实际水平。

从日常方法学上来看,互助型信任在实践逻辑中源于中国思想文化中的一个"推"字①,即由近及远、由己及人、由亲及疏、由熟及生、由家人及外人、从特定到一般、从关系到关系网等②,从而使不同关系类型在具体情境中产生很强的弹性与相互转换。随着整个固定关系网络的逐步扩展,人们最终可以搭建起伸缩自如的信任网络。在这个范围中,中国人即使面临局部信任危机,也可以通过中间人和熟人来置换普遍性准则与社会制度安排,以此化解私人关系与公事公办的矛盾,缓和制度信任不足或执行不力的困境。只是当这种机制被无限放大到不可控时,信任度也会被严重稀释,最终发展成为一种施信者对受信者(比如朋友之间)的表面恭维或敷衍。

从另一种角度看,由于此信任不再是全知型的,信息不对称会时有发生,其可靠性与风险性并存。从现实表现上看,"同舟共济""同甘共苦""报团取暖"都发生于此,但"忘恩负义""过河拆桥""背信弃义""翻脸不认人"乃至"杀熟"的情况也时常出现。这些都表明,时空上相对调整会导致这种信任变得十分敏感。因此,互助型信任在心理层面是一种介乎前反思和反思之间的信任状态,它需要个人不时根据已有的信息和经验加以理性判断,并做出下一步的信任决策。这点促使人们有意无意地对各种信息进行收集分析,并随着受信者的不同回馈而影响做后续的判定。信任问题在此慢慢复杂化了,初

---

① 费孝通:《乡土中国》,生活·读书·新知三联书店1985年版,第25—26页。
② 翟学伟:《关系特征:特殊主义抑或普遍主义》,载《中国人的关系原理》,北京大学出版社2011年版,第73页。

涉了个人特征、交往环境、制度规范等其他影响因素。因此,相较于其他因素而言,人情与面子的约束机制依然起主导作用。只要友谊状态是稳定的,那么互助型信任的维持就不会需要其他各种因素(诸如人格品质、正式制度与法律规范等)的外在保护。

三、保障型信任

以约定关系为基础的信任可以称为"保障型信任"。克劳斯·奥弗(C. Offe)认为:

> 在寻求结构性信任缺失解决方案时,一种具有欺骗性的简易办法就是依靠制度。因为我们不可能信任人们,我们可能尝试信赖作为信任中介和普及者的制度。例如,我们可能会相信,制度将不断地按照我已知它们将要运作的常规方式运作。从这一角度看,制度规则被看成是自我再生、自动实施、具有路径依赖和可以永久存在的,而且没有人能指望歪曲它们或干涉它们的预期运作,因此值得信赖。①

山岸俊男等学者曾经以日本社会为背景,深入探究过"保证关系"或"承诺关系"。② 他们将"保证"作为一种对信任风险化与问题化的认

---

① 克劳斯·奥弗:《我们怎样才能信任我们的同胞?》,载马克·沃伦编:《民主与信任》,吴辉译,华夏出版社 2004 年版,第 61 页。
② 山岸俊男、山岸绿:《美国与日本社会中的信任和承诺》,蔡鑫、柴勇杰译,载郑也夫、彭泗清等:《中国社会中的信任》,中国城市出版社 2003 年版; T. Yamagishi, K. Cook, M. Watabe, "Uncertainty, Trust, and Commitment in the United States and Japan", *American Journal of Sociology*, Vol. 104, No. 1, 1998, pp. 165-194; T. Yamagishi, *Trust: The Evolutionary Game of Mind and Society*, New York: Springer, 2011.

知和反思,强调其中以既有的人际(合作)关系或组织关系作为前提。但是,我这里定义的保障型信任比制度运行和保证信任复杂一些。因为从关系向度理论上看,这一类型信任是派生的,自然其中的运行方式会受到它的影响。只是从差异性上看,由于时间维度上的短程性是可以确定的,所以当一个人进入和退出保障信任的时间可以确认时,再加上空间上的流动性,信任通过制度保证便可以维持在较高的水平。于是,当某个体打算加入或者已经成为该团体的成员时,人们就共同拥有组织目标、章程以及群体边界,以及基于成员伙伴之间的团结使得合作得以顺利展开。[1] 在中国,由于受固定关系的影响,如果组织成员中的一部分人员来自家人、亲属和老乡等,也会产生两套交叉或混合的信任运行法则。也就是说,全知型和保障型之间的不同信任方式既可能相互促进,也可能发生冲突。我们在中国式的家族企业中经常看到它们的各种表现,至少,它们会在制度规定与人情面子之间产生一定的平衡或制衡。[2] 其具体表现为这里的信任在制度保证的同时,又会给私人交情留有余地,致使人情在很大程度上成为制度的内在组成部分。[3] 这些都会给规章制度的正常运行造成诸多深层次的矛盾与困境,比如暗箱操作、公平竞争背后的"内定"等现象。

---

[1] 山岸俊男、山岸绿:《美国与日本社会中的信任和承诺》,蔡鑫、柴勇杰译,载郑也夫、彭泗清等:《中国社会中的信任》,中国城市出版社2003年版;翟学伟:《中国人的关系向度及其在互联网中的可能性改变》,载《中国人的关系原理》,北京大学出版社2011年版,第297页。

[2] 翟学伟:《人情与制度:平衡还是制衡?》,《开放时代》2014年第4期。

[3] 沈毅:《从"权威人格"到"个人权威"》,《开放时代》2014年第5期;彭泗清:《信任的建立机制——关系运作与法制手段》,《社会学研究》1999年第2期;杨宜音:《自己人:信任建构过程的个案研究》,《社会学研究》1999年第2期;杨宜音:《自己人:一项有关中国人关系分类的个案研究》,《本土心理学研究》2000年第13期;杨慧宇:《在制度与关系之间——商业银行小企业信贷中的信任建构》,《社会》2010年第3期。

就保障型信任本身而言，如果单独作为一种信任类型，是同全知型信任脱钩的。此时，一个人的表现如何、过去的经历等都需要借助各种信息渠道进行拓展。在计划经济年代，单位制组织采取的个人信息储存方法是建立个人档案，每个人员在入职、调动和升迁时都有档案的记录来做凭据；现在由于有了互联网，一些相同的职业领域会用写入黑名单的方式来限制一些信誉不良者的调动。各组织设立的人力资源部也对更多影响信任的因素，比如个人能力、交往经验、信息资源、专业知识、从业经历、爱好特长、家庭背景等进行考察。但所有这一切由于受信息限制，组织成员也会面对其熟人社会接触不到的信任对象，比如新的同事、领导、商家、老板、服务人员等等。从约定本身的含义来看，每一个加入进来的成员，由于只有一段共事时间，甚至中途可能会不辞而别，其"保障"的含义也意味着对不信任的防范，而不是说只要建立了同事关系，就天然地具有了彼此的信任。这一点在当下中国企业组织中表现得更为明显，例如三角债及拖欠工人工资的情况时有发生，这显露出其间充满着风险和未知。它在很大程度上促进了契约精神的形成，也促成了相关法规的完善以及对个人权利的维护。

保障型信任与中国人的职业开展、公共生活以及各类抽象主体（群体、组织、制度、民族、国家、文化等）的常规运行越来越紧密相连，是在家人、朋友或私人生活领域之外形成的一个全新的信任联系。要想在复杂的人际关系中建立并维系保障型信任，既会涉及其中成员对其所属团体的认同，满足他们对平等的权利和公平的晋升机会的普遍诉求，又涉及各类组织本身对其成员之职业地位和责任的确认与照章办事[1]，从而使

---

[1] 埃米尔·涂尔干：《职业伦理与公民道德》，渠东、付德根译，上海人民出版社2001年版。

得这一类型的关系应该遵循公事公办原则,而不受人情、面子的干扰。克劳斯·奥弗说:

> 至少,正是制度的这一意义使得不合理分配信任的风险降到了一个可以接受的水平。
> 这是制度借以促进信任的两种机制中的第一种。制度借以促进信任的第二种机制是通过降低信任者的风险来促进信任,因此对他来说,对匿名的其他人给予信任比较容易或较少麻烦。跟宽泛意义的法院体系一样,保险公司、社会保障措施和工人保护都是第二种机制的例子。例如,如果我们知道银行加入一项银行间的保险基金,这一基金在银行破产的情况下,最低限度可以保证我的存款,我就有更好的理由信任我的银行。①

总体而言,保障型信任作为一种信任类型原本有自己的运行方式。但在中国社会,由于其逻辑路线来自全知型信任,因此往往会在组织内部继续产生"站队""拉帮结派""山头主义"及"裙带关系"等。概括地说,"由公及私""公私不分""公私兼顾"很容易在此中找到其适应的土壤。这也意味着不论面对多么宏大的抽象社会系统,中国人都一样有办法将其具体化为一种情理交融的行事逻辑。从宏观层面上看,虽然全球化时代的中国社会对制度信任建设需求更为急迫,但全知型信任与保障型信任的正反融合,展示了当代中国社会信用建设中的复杂性。

---

① 克劳斯·奥弗:《我们怎样才能信任我们的同胞?》,载马克·沃伦编:《民主与信任》,吴辉译,华夏出版社2004年版,第67页。

四、人格/道德型信任

以松散关系为基础的信任构成了现代社会交往的最常见形式,这也是心理学中的信任研究试图寻求哪些人格特征倾向于相信他人或哪些人值得信任。人格/道德型信任之所以能够在关系向度中被分离出来,并同其他信任有所区别,是因为其依赖性、持久性,或者说信任所需要的约束性消失了,也就是哈丁说的"在我们与他人的关系中,一个最有趣的问题是,当我们没有信任他人的理由时,我们会冒险信任他们"①。那么这种信任的理由究竟是什么呢?哈丁敏锐地看到了信任内涵中的一个细微差异:"信任"和"值得信任"(trustworthiness)不是一回事,即如果一个人值得信任的话是会产生信任的,可问题是这其中的逻辑是什么,哈丁没有讨论清楚,他只想表明信任的含义既非道德的,也非不道德的。②但我这里依然在人格与道德上框定这一象限中的信任,是因为我们在没有信息的基础上判断信任的时候,这里的信任往往是先验性(ascribed trust)的③,而这一先验性的归属就是人格或道德。我认为,人格与道德之间的关系存在着模糊性,比如儒家特别强调的"同情心"(仁),可以是人的性格,也可以是道德。所以我曾在其他地方指出,儒家中的一些道德品质来自人的性格。④

---

① 哈丁:《信任的概念与解释》,王兵译,载周怡主编:《我们信谁:关于信任模式与机制的社会科学探索》,社会科学文献出版社 2014 年版,第 199 页。
② 简·曼斯布里奇:《利他信任》,载马克·沃伦编:《民主与信任》,吴辉译,华夏出版社 2004 年版,第 270 页。
③ 罗姆·阿尔:《信任及其替代物——政治过程的心理基础》,载马克·沃伦编:《民主与信任》,吴辉译,华夏出版社 2004 年版,第 238 页。
④ 翟学伟:《"亲亲相隐"的再认识——关系向度理论的解释》,《江苏行政学院学报》2019 年第 1 期。

为此,我这里的信任类型想表明,当其他信任类型条件不具备或消失的时候,如果人与人之间还需要信任,那么其方法就只剩下了人们会假定人本身的特征上有哪些值得信任的地方。可是,什么样的人本身值得信任呢?我们最常见的说法是社会上总存在着很多"好人"。好人的存在体现了社会的文明程度、富裕程度[1]或者利他主义[2]等。即使此时我们没有关于信任对象的任何信息,也依然可以通过民风来推论个人[3],比如对农民群体淳朴性的预判,对某种宗教信仰国度国民的预判等。而本书在第一章中所提供的信任连续体框架,所谓先验性也就有了还原性倾向,也就是把关系视角上讨论的"信任"回归到个人的"诚信"上来。比如中央电视台制作的大型纪实片《记住乡愁》中有一个故事:同治年间湖北赤壁羊楼洞当时已经成为相当规模的茶贸市场。有一次晋商同该市场上的雷家做茶叶生意,在结完账离开时落下来50多两白银,雷家人发现后派人追到晋商,当面把白银还给了晋商。此种诚信行为不仅感动了晋商,而且使得后来雷家茶叶生意兴旺,更使得该市场本身也声名远播。其实,拾金不昧的行为无论在中国传统社会还是现代社会,都时有所见[4],比如经常有媒体报道城市中的环卫工人在清扫马路时会拾到钱包甚至装有贵重物品的包裹,他们或者会留守在原地等待失主,或者将此交给附近派出所让民警代为寻找失主。

---

[1] 罗纳德·英格尔哈特:《信任、幸福与民主》,载马克·沃伦编:《民主与信任》,吴辉译,华夏出版社2004年版,第84页。
[2] 简·曼斯布里奇:《利他信任》,载马克·沃伦编:《民主与信任》,吴辉译,华夏出版社2004年版,第270—271页。
[3] 详细讨论参见欧文·戈夫曼:《公共场所的行为》,何道宽译,北京大学出版社2017年版。
[4] A. Cohn, M. Maréchal, D. Tannenbaum, C. Zünd, "Civic Honesty Across the Globe", *Science*, No.365, 2019, pp.70-73.

巴特勒(J. Butler)与康垂尔(R. Cantrel)在巴伯(B. Barber)观点的基础上将好人的品质具体划分为能力、正直、一致、忠诚以及开放。① 与前三种信任类型相较，人格/道德型信任时常发生在高度流动的社会当中。高度的流动性从常理上讲会造成信任风险的增加，人与人之间几乎缺少任何的相知相识之机会，很多信任都是瞬间发生和完成的。如果从大环境和文化传统来看，高度流动性社会很难建立起中国人之间的信任，因为陌生人间的交往"既没有过去，多半也没有将来"②，此时人与人之间唯一可借助的信息往往是外在符号（穿着打扮、谈吐举止等），并在此基础上做高度角色化和抽象化识别。很多情况下，一些信任的建立也是因临时情境而生成的，比如发生重大事故需要救助、旅行需要结伴或游戏需要组建临时团队等。这些都可以使得不认识的人们之间获得一定的信任。

无论中国还是西方，尤其是对城市生活中的居民而言，与陌生人的交往已成为现代人交往的一个标志。人们在其间寻求信任，是其在现代生活中克服心理恐惧的必备功课，也是社会共同面对更大风险环境的重要环节，亦体现出西方社会学家所谓的现代性之深层转换。③ 有关人格/道德型信任，一方面是此种交往产生信任的基础，另一方面由于其基础的不稳固，也需要直接以"抽象社会"的程序技术与价值理性为前提。④ 也就是说，它既源于人们对人性的经验认识与道德假设，又

---

① J. Butler, R. Cantrell, "A Behavioral Decision Theory Approach to Modeling Dyadic Trust in Superiors and Subordinates", *Psychological Reports*, Vol. 55, 1984.

② 齐格蒙特·鲍曼:《流动的现代性》，欧阳景根译，生活·读书·新知三联书店2002年版，第148页。

③ 安东尼·吉登斯:《现代性的后果》，田禾译，译林出版社2000年版，第56—61页；U. Beck, *World Risk Society*, Cambridge: Polity, 1999。

④ 李猛:《论抽象社会》,《社会学研究》1999年第1期。

要落实在那些无法预测的陌生人交往之中。只不过,人格/道德型信任也受信任双方所处的社会环境左右,导致人们在不同文化中呈现出不同特点。看起来,人类对陌生人的不安和怀疑普遍存在,但因文化差异,其焦虑程度与应对方式并不相同。那些曾经习惯在熟人社会中生活的中国人在不断遭遇陌生人时,自然会从"集体意识"(conscience collective)与现实生活的既有框架中寻求对此种现象的定义。把各色"来路不明""身份可疑"的陌生人从符号化的人性判断中挪出,或借助中间人,才可能分别划入较为明确的社会关系与身份范围之内。又或者借助各种共同的社会文化想象,通过类型/类别化的办法进行关系过滤①,将那些无法确定的人简化为可归属的某类人,比如外国人、外族人、外省人,或者更具日常性的外乡人、外地人、外姓人、圈外人、局外人等,这些都与本国人、本族人、本省人、本乡人、本地人、本姓(家)人、圈内人、局内人等形成鲜明的关系对照,构成一种"自己/家人-外人"的识人框架。②

在这种可大可小、可伸可缩的对比框架中,中国人对陌生人的具体分类策略很多,最为常见的是以口音、籍贯或穿着打扮等作为划定依据。美国传教士何天爵(H. Chester)曾对此有过颇为生动的描写:

> 中国商人与他们西方的同行相比,有许多非常重要的不同之处。西方商人注意研究商品成本的高低和质量的优劣,以及市场

---

① 齐美尔:《陌生人》,载《时尚的哲学》,费勇、吴蓉译,文化艺术出版社2001年版,第112—114页;齐格蒙特·鲍曼:《后现代伦理学》,张成岗译,江苏人民出版社2003年版,第188—192页;许茨:《社会实在问题》,霍桂桓、索昕译,华夏出版社2001年版,第375页。

② 杨宜音:《自己人:信任建构过程的个案研究》,《社会学研究》1999年第2期。

上的行情。他们一般根据市场上对某一商品的需求情况而确定其具体价格。

中国商人除同样注意研究以上的所有内容之外,他们还非常注意琢磨判断顾客的身份和心态。顾客光临,他首先要将对方从头到尾打量审视一番。只这一下,通常他就能很快准确地判断出对方的身份特点,他就知道对方出手是否大方慷慨,他就知道对方是否了解流行的商品价格,等等。只有当完成了这一番前期研究工作之后,他才最后摊牌,告诉对方要买的东西需要花多少钱。因此,在这种情况下,价格总是依人而定、因人而异,而不是依商品的实际价值而定。外国人在中国买东西,他们所花的钱总是比中国人买同样的东西要多;而不会讲本地中国话的外国人在中国购买任何一件物品时,他为这种无知而付出的代价往往高于商品价的10%到100%。

有一次,一位满脸皱纹的老花匠在一处集市上卖紫罗兰,价格是两文钱一束。看来生意蛮不错,人们围着他,争先恐后地购买。我站在一边静静地观察了一会行情之后,费了好大的力气也挤到了老人面前,用手比划着,向他询问花的价格。"三十六文一把,"他毫不犹豫地脱口而出。"你这个强盗,"我说,"你向其他人卖的一直是两文钱一束,现在向我要价却是刚才的十八倍。""噢,"他答道,"您原来也会说中国话,对吗?刚才我不知道。那么也给您按两文钱一把吧,像中国人一样对待。"然后,作为想捞一把而没捞到的自我解嘲,他和周围其他的人开怀放声大笑起来。①

---

① 何天爵:《真正的中国佬:西方人眼中的中国》,鞠方安译,光明日报出版社1998年版,第212—213页。

我们可以说，在整个信任识别中，与其他三个信任类型差别最大的应该是人格/道德型信任。因为其特征与运行基本缺乏信息线索，这点对于中国人来说极难接受。比如上述的事例，如果跳出中国社会的情境来看，任何商品，只要事先定好价格，童叟无欺，一视同仁，此种买卖就完成了。但如此简单的商业行为在中国很容易因关系变化而复杂化。也就是说，我们在调查统计表中所看到的城乡居民对生产商和销售商的信任没有单看平均数来表示那么简单，其实它们也随着中国人的关系化倾向而关系化了。比如在中国，我们在熟人那里买货或在生人那里买货，这其中蕴含的信任是有差异的。同理，我们无论住在城市还是农村，是在居住的社区小店里买货，还是在人流量很大的车站、码头买货，商品质量的可信度也不一样。再比如当我们走进商场、地摊、菜场，尤其是收藏市场，很多交易方式都是先不定价或看人定价的。任何到来的客户，卖方往往按照对方衣着和谈吐上下打量一番，然后再开出价格，这点导致中国人在讨价还价方面精明无比。我有一次去日本讲学，在周末和一个东京大学的中国留学生结伴前往东京旧货市场闲逛（因为不会日语，需要边上有人帮我翻译），意外看中了一个晚清时期景德镇给日本茶道烧制的伊万里青花杯。我让那留学生问价后，卖者开出了一个价格，我按中国人的砍价方法当即回了一个半折的价格（也叫拦腰一刀）。可令我惊讶的是，那个留学生拒绝为我翻译。他用中文告诉我，在日本，没有这样谈价的。如果在八九折的范围内，他可以和对方商量看看。这时，我才知道，我身处国外，买卖双方已经不再拥有相同的文化了。大家此时都是在做实价交易，没有中国商品的那种知道你要砍价，我先报虚价，甚至成交后依然是虚价的情况。在中国，当人们处于彼此诚实守信状况时（也就是处于人格/道德类型的信任中），似乎预设了诚实性的缺乏，只好在交往中也体现着关系化的特征。也就是说，如果买卖双方僵持不下，找到一个认识双方的中间人，价格也是可以谈成的，包括如果由中间人告知买者这的确是实价，彼此才能成交。而更常见的情况是，中间人的作用并不在此，他其实不用多说，只要一句"看在我的面子上"，买卖双方就会按照此人面子的大小决定最终的价格。如果人们办事没有中间人，那么即使对方不断表现出大量的可信特征，也未必能够真正打消信任者的疑虑。反过来说，在一个假定先报虚价再报实价的交易行为中，如果一个人诚实地一开始就报出原价，我们还敢买这件商品吗？此时的实践逻辑是其中必定有诈。所谓"人心难测""人心隔肚皮""做事情多留个心眼""以防后患"等说法都说明这种状态下中国人的普遍心理。正因为此，如果一个人在中国参加旅游团去外地旅游，导游会在大巴车上一再强调下车后不要随便和围上来的小商贩们谈价，除非你真的想买，否则给自己带来的麻烦，导游是解决不了的。

通过与固定关系、友谊关系以及约定关系中那些范围的信任对象相比照，可以说中国人所认为的"陌生人"构成了"外人"的核心部分，是他们想象中的潜在的信任风险对象。这即是说，人格/道德型信任一开始就被置于全知型信任的对立面，而只能求助于其自身所具有的人性、价值观及信仰。据此，"陌生人"在交往初期先被假定为不了解的、不怀好意的、危险的、敌对的、坏的以及不可信的人。随着市场化的进程，即使一些制度已经开始完备，但制度的设计者依然是从猜疑和防范入手进行设计的（这一部分的讨论，详见本书第五章）。中国人所发出的"不要和陌生人说话"既是对这种高度风险和疑虑的表达，也是一种对不谙世事人的警告。

正因为不安与谨慎已被预设，中国人往往会避免深入这一领地，即使不得不面对，也要找各种办法及时化解。其中最习惯的方式并非主动寻求各种制度规范的保证,比如签订契约合同,或寻求官方庇护,更大的可能还是寻求关系上的帮助,也就是尽一切办法先让"陌生人"转变为"自己人"。因为对于中国人而言,前者往往只是走程序,后者则有实质性的安全感。只有通过对各种关系的关联想象(老百姓的话叫套近乎),使对方表现出更多与自己相似的身份特点,才有可能建立起部分的信任。当然,这种变化多端的关系生成与转化方式所体现的深层文化资源是由儒释道等思想孕育而来的各种缘分观念提供的。①"一见如故""五百年前是一家""相见是缘分"等观念是中国人拉近彼此距离的基本方式。

另外,中国人在松散关系中的交往也会以"不吃亏"为底线,由此双方形成的博弈在于或"占便宜""钻空子",或投机等行为。即便如此,在信息不透明的情况下,谁都不知道谁是最终的吃亏上当者。当然,中国人在此也还是做好了各种心理准备和自我安慰,比如"吃亏是福""贪小便宜吃大亏"或"花钱买教训"。我在泰国旅游时还体验过一个与中国情况相反的买卖方式:在泰国的很多旅游景点,游客可以看到不少当地人脖子上挂个相机,他们不属于中国人所理解的那种景点照相收费的工作人员,而是悄悄跟在一些游客身后。当游客玩得开心时,他们就举起相机给对方拍照,当然大多数游客也自带照相机,游伴之间也互相拍照。当在这个景点游玩结束后,就在这群游客赶往停车场的半道上,他们意外地发现自己刚才开心一刻的照片已被相当精美地制作在了一个个圆盘子上。这点让游客心动不已,因为他们自己互

---

① 徐欣萍:《华人关系互动中的缘分运作及其心理适应过程》,《本土心理学研究》2012年第37卷;杨国枢:《中国人之缘的观念与功能》,载杨国枢主编:《中国人的心理》,江苏教育出版社2006年版;翟学伟:《中国人际关系模式》,载《人情、面子与权力的再生产》,北京大学出版社2013年版,第106—108页。

相拍的照片大多数没有这么好看,也无法制成这么精致的工艺品。所以游客们此时不得不停下脚步上前询问价格。但当对方给出他们想要的价格时,中国游客都会立刻"拦腰一刀"。可是游客们忘了,这不是中国,对方对此完全不加理会,一口咬定他们开出的价。在这种情形下,精明的中国游客会装作很生气的样子,大声说道:"不要了,不要了!"佯装离开,因为他们知道既然盘子上是自己的照片,这些当地人留着也没用,一定会屈服于游客开出的低价。以一个中国游客所认知的买卖模式,此时不卖,一旦游客真走了,这个盘子会分文不值,只能丢进粉碎机里粉碎掉。在中国人看来,这种亏没人愿意吃,好歹挣到一点是一点。但令我惊讶的是,当地人竟然眼睁睁地看着游客上车,依然不松口。最终一些游客只好放弃,离开了这个景点(当然也有一些游客还是会买的)。我当时对当地人的这一做法百思不得其解,在大巴车上问导游为什么会这样,导游的回答是他们数学不好,不知道如何算出折扣价。但这样的解释没有说服力,难道买卖人为了挣钱,即使数学不好,就不能记住几种——哪怕是一种——事前算好并记诵下来的折扣价,或随身携带一个计算器?我后来想明白这不是数学问题,更大的可能是如此一群当地人站成一排,都在卖自己照的游客照片,如果其中一个人在大庭广众下松口,那么原本的市场信用瞬间就瓦解了,因为价格一旦松动就会导致一个比一个卖得便宜。看起来当地人会马上赚到钱,但人们彼此之间就会出现价格竞争,互相争斗,进而导致市场消亡。这样的情形其实在中国的地摊上经常发生,但没有人咬住价格不放,他们或者各卖各的,或者因同乡关系、人情面子等因素阻止了冲突,而将不满放在了心里。这时最常见的做法是,卖方或压低声音与买方沟通或将买方领到一边去谈价,并要求他不要声张。可在泰国人那里,在多挣一次钱和维持市场统一价格之间,他们选择了后者。

总之,松散关系中的信任是以复杂且悖论的方式凸显的:一方面,在内外有别的关系边界划定下,建立起了一种自我防御机制;另一方面,陌生人的理性措施又催生了制度信任的产生。但是,两相比较就会发现,让一个人对陌生人产生怀疑并放弃与其交往很容易,但以人格/道德为基础来建立(特别是重建)信任却很难。这涉及中国人对包括人格、关系、制度在内的各种信任因素认知的大幅度调整,而且更为深层次的问题是一种文化理念及其教育的实施相对缺失。在这两个方面,随着改革开放与市场经济的到来,中国人的心理与行为更多的是被动地随着时代发生着适应性改变,而没有找到主动应对的方法。

第三节 信任的实践及其困境

整体上,无论过去还是现在,城市还是农村,中国社会的这一整套信任实践逻辑一直在历史进程中复制、维持,并适应着各种情境的变化。它全面渗透到中国社会各个领域,在确保中国人的日常生活安全感的同时,也对中国社会的秩序稳定发挥着重要的作用。自秦汉以来,这种信任的格局伴随中华文化的日趋成型而逐渐加强,它不但内嵌在家国天下的常变模式中,不仅拥有一套根深蒂固的共同文化观念的支撑,而且内在地巩固了以华夏为中心的政治、经济、文化、社会、民族等的内聚力。① 在家国天下的划界与外推的双重变奏中,中国文化

---

① 杨联陞:《从历史看中国的世界秩序》,载费正清编:《中国的世界秩序:传统中国的对外关系》,杜继东译,中国社会科学出版社2010年版,第18—28页;邢义田主编:《中国文化源与流》,黄山书社2011年版。

塑造的信任模式既强调"非我族类,其心必异",又主张"有容乃大""天下大同",最终(至少在表面上)以"家"的信任体系为基础建立了地方、全国乃至全天下的信任体系,从根本上支持了中国社会的关系结构与权力体系的整体运行。① 这在理论层面也表明,中国人的信任体系尚不能放入二元对立的框架中去讨论,诸如开放性与封闭性、普遍性与特殊性、正式的与非正式的等。至于如何化解二元对立框架,我将在信任的文化比较一节及本书的最后一章中加以阐述。

在我对中国人的各种类型信任实践进行小结前,先来看一个学者对于如何建立医患信任的思考。他指出:

> 为什么中国医患矛盾这么多,而美国却很少呢?这主要是因为美国医师协会发达。实际上,医生跟患者之间有"知识壁垒",这鸿沟哪个国家都一样。病人无法判断,你究竟是基于专业知识做出的诊断,还是基于私心,想多开药物。
>
> 西方国家的解决方案是,有很多医师协会。病人跟医生之间,有很多知识差距,但是医生之间没有,医生之间知识都是透明的,都是懂行的。民间有很多协会自发成立,受认可的医生加入协会。如果医生违反职业道德,踢出协会。这样,人们不需要判断医生的专业水平,就看属于哪个协会就可以了。
>
> 这样就建立了信任机制,化解了医患矛盾,而加入协会的优质医生,也能够因为信任多赚钱。
>
> 这里有一点需要特别注意,这个协会必须是行业自治的,不能

---

① 翟学伟:《关系与权力:从共同体到国家之路》,载《中国人的关系原理》,北京大学出版社 2011 年版,第 239—260 页。

是官方的和政府主导的。因为一旦是政府主导，民众就会怀疑入会的医生，是否会有跟官员的私人关联存在，协会的公信力就大大下降。①

这一番议论想表达的立场是，医患信任之所以在中国社会缺失，是因为中国医生没有建立自治协会，或者说即使中国社会事实上有许多医生协会，可一旦为政府所主导，这点也会带来不信任。这一思考问题的方式显然没有考虑到本书一再强调的关系构成问题，也就是社会的逻辑起点从哪里开始的问题。且不说对政府的信任在中国社会是偏高的（即使这一点有争论也没有关系，相关数据见本书第九章），但中国各个协会拥有了自治力就能发挥那么大的作用吗？回到我的关系向度理论中去看，行业协会的作用机制来自个人主义的包括职业责任伦理的文化背景，也就是说这种社团自治是从松散关系进入约定关系中才会形成的；而中国目前的行业协会（传统时是同乡会、商会和帮会，这些统统都和固定关系有关）看起来是一种行业内部人士所建立的自治管理社团，但如果参与者均深谙关系的重要，即使模仿这些协会的组织构成，依然还是人情和面子在其运作中发挥作用（可以研究一下"莆田系"）。如果一种社会文化里的成员是从固定关系中学会了许多生存法则，他们怎么可能形成协会自律（一个颇为复杂的问题是，给父老乡亲和自己归属的正式单位丢脸，和给自己所在的协会丢脸，在中国文化中的含义也是大不相同的），会把不良的医生踢出该协会？从眼前发生的大量事实情况看，不少带有欺骗性的产品推销，恰恰是一

---

① 施展：《做好最坏的准备，艰难期至少还有 6 个月》，微信公众号"正和岛"2020 年 4 月 15 日。

些专业协会中具有很高职务的人领衔的。他们更关心的是学会负责人如何有本事找钱,带着其他成员发家致富。中国民众也不关注什么协会,他们在医患关系上所能相信的方向主要就是两种:一是"公立"(正规医院),好比我们在认知上只相信中国名牌大学的教授,而不考虑他在学会中的任职、地位和表现(一个显而易见的例子是,通常,学会颁发的学术奖,圈内人不把它当回事,而只认可政府奖);二是"关系",也就是病人不关心什么医生协会的内部情况,包括踢出了什么人,看病就是找"关系"。这两者的结合就成了:如果一个人生病了,就要尽最大可能通过"关系"去"公立"医院找有高级职称的医生。有了这样的"双保险",即使存在潜在的对专业知识的疑惑或者担忧自己的病情乃至对方可能的牟利行为等,但只要在关系中建立了信任,"医闹"纠纷也就很容易消失。

当然,由关系产生的信任体系与运行也有自身的局限和问题,也面临着现代化进程与中国社会结构的转型,我这里的意思是其实践方式不是因为在其他地方可行,在中国就可行。这时,我们再来小结中国人的信任实践,大致可以概括出以下几个方面:

第一,中国人的信任实践逻辑是以固定关系为起点来运行的,其总体目标在于整个关系网络的和谐与稳定。[1] 具体说,由于受形式与层次各异的"关系共同体"[2]或社会圈子的影响[3],信任不是由个体的信仰或人格特征确立,即它不是在松散关系中建立的,也不是由普遍的制

---

[1] 翟学伟:《中国人关系网络中的结构平衡模式》,载《人情、面子与权力的再生产》,北京大学出版社 2013 年版,第 126 页。
[2] 胡必亮:《关系共同体》,人民出版社 2005 年版,第 11—13 页。
[3] 张江华:《卡里斯玛、公共性与中国社会——有关"差序格局"的再思考》,《社会》2010 年第 5 期。

度规范标定的,自然也不可能从松散关系出发走入约定关系,而只能由固定关系所连接的网络伸缩与划分方式来确定。因此,关系的性质结构决定了信任的属性,关系的范围圈定了信任的边界,其稳固性也就较好地保障了地方社会网络内所发生的各种社会与经济生活。由此可见,虽然中国人的信任内部有亲疏远近的区别,也有自家人的伸缩,但其决定因素还是中国人对关系网络的认同与定义。也就是说,信任对中国人而言,是一种关系本身的模式,而不是从个人出发所建立的与他人交往的模式。对于前者,一旦关系明确,信任的性质、范围与程度等也就随之确定;而对于后者,一旦个人的认知和情感乃至信仰明确了,其信任的性质、范围与程度也随之确定。

第二,关系的类别化与关联化并行。从已有研究看,分类与关联似乎是人类普遍具有的两种基本思维模式。① 可从文化差异角度说,西方更偏重分类思维,中国人更依赖关联思维。② 这也部分地对应了早期由费孝通先生提出的"团体格局"与"差序格局"以及梁漱溟先生提出"集团生活"与"关系本位"的社会(关系)结构差别。近来,杨宜音进一步整合了这两种思维与关系模式,用以讨论现代中国社会不同情境中"我们"关系的形成问题(其中直接包含社会信任的社会心理生产逻辑)。③ 她强调中国人在边界坚固的团体格局中倾向于采用类别化

---

① E. Durkheim, M. Mauss, "De Quelques Formes Primitives De Classification", *L'Année Sociologique*, 1903, pp.1-72.
② 尼斯比特:《思维的版图》,李秀霞译,中信出版社 2006 年版;杨宜音:《关系化还是类别化——中国人"我们"概念形成的社会心理机制探讨》,《中国社会科学》2008 年第4期;翟学伟:《关系与谋略——中国人的日常计谋》,《社会学研究》2014 年第1期;H. Markus, S. Kitayama, "Culture and the Self: Implication for Cognition, Emotion and Motivation", *Psychological Review*, Vol.98, No.2, 1991, pp.224-253。
③ 杨宜音:《关系化还是类别化——中国人"我们"概念形成的社会心理机制探讨》,《中国社会科学》2008 年第4期。

思维，也就是普遍的制度信任取向；在边界通透的差序格局中倾向于采用关系化思维，也就是特殊的关系信任取向。但是从关系向度理论来看，中国人在现代社会中可能会同时遭遇以上两种情境（例如既是同事又是亲友或是在市场机制运行下的亲友），同时设置了类别与关联的双重机制。这导致人们不仅用关系化策略应对各种复杂的社会交往，也会用社会圈来运行团体格局。这点其实在传统文化中也是儒家的实践方式，因为儒家伦理不仅长期引导家庭生活，而且也渗透到政治、经济、文化与社会的各个领域，内法外儒或者中国法律的儒家化也印证了这一传统[①]，而非只表明为现代化的一个结果。

第三，中国人的信任实践始终包含对不同情境中的公私边界的弹性认定。[②] 从家庭亲属关系开始，人们倾向于把信任对象以各种方式纳入自己/家人的范围，所以在关系网络内部，这点很容易造成对公德的冲击，并对他人品行特征视而不见，由此造成人们在关系网络内部高度团结、相互信任，在外部则倾向于怀疑、彼此提防。而其信任在表达公共性的维度上依然是由关系圈子的大小及其权威结构（威信）决定的。比如，以国为家时，信任就与公德、国法相互一致，与公认的才能、品德与表现成正相关；当与特定的私人关系相联系时，就优先考虑私人道德与特殊伦理，导致其与上述两个方面（即西方信任范式强调的同等性的遵纪守法）大有不同。如此说来，中国人的信任运行既可以导向社会的公德、法律、制度以及个人的才能、人品、表现，也可以导向其反面；公心与私心既可以在国法与家规一致时互利互惠、共存共

[①] 瞿同祖：《中国法律之儒家化》，载《中国法律与中国社会》，中华书局2003年版。
[②] 张江华：《卡里斯玛、公共性与中国社会——有关"差序格局"的再思考》，《社会》2010年第5期；翟学伟：《中国人的大公平观及其运行模式》，载《中国人的关系原理》，北京大学出版社2011年版，第261—286页。

荣,也可以在国法与家规矛盾时彼此冲突、相互否定,既可能公私兼顾,也可能损公肥私。

第四,中国人一方面将类别关系化,即将信任的各种具体形式不断纳入整个关系网络之中;另一方面又将关系类别化,即在亲疏和等差原则下,对自己人和外人进行分类或划界,只是这样的划分带有很强的社会情境转换与关系认同的特征。[1] 这样,关系化与类别化所带来的张力会导致信任一方面停留于封闭、具体和私人之间,另一方面又显现出开放、包容的样貌,从而影响到社会整体信用体系的建立。中国人的信任虽然可以兼顾开放与封闭、特殊与普遍、正式与非正式,但却很难实现真正基于人格/道德化的信任,因为这种信任的基础在于个体化的价值观与责任感。如果说我们在城市化与市场化的进程中出现了个人化的倾向,也尚不能够简单地以为个人主义文化已经到来,尽管这方面出现了不少讨论。[2] 对中国人而言,抛弃无公德的个人主义[3],表面上看是希望开启一般意义上的自我独立意识,但这些都是无视文化传承的一厢情愿,因为后者的形成要建立于抽象社会所具有的外在强制化与职业道德的内化所形成的个人自觉[4]。

中国人的互相猜忌往往发生在陌生人关系中,那么这种关系中的

---

[1] 汪和建:《解读中国人的关系认同》,《探索与争鸣》2007年第12期;周建国:《关系强度、关系信任还是关系认同》,《社会科学研究》2010年第1期;杨宜音:《自己人:信任建构过程的个案研究》,《社会学研究》1999年第2期;杨宜音:《自己人:一项有关中国人关系分类的个案研究》,《本土心理学研究》2000年第13期;杨宜音:《关系化还是类别化——中国人"我们"概念形成的社会心理机制探讨》,《中国社会科学》2008年第4期。

[2] 参见《文化纵横》编辑部2019年第6期以"新青年与新个人主义"为主题组织的讨论文章。

[3] 阎云翔:《私人生活的变革:一个中国村庄里的爱情、家庭与亲密关系(1949—1999)》,龚小夏译,上海书店出版社2006年版,第250页。

[4] 李猛:《论抽象社会》,《社会学研究》1999年第1期。

防备倾向能否被攻破呢?从中国网络中出现的诈骗行为频频得手这一现象,就可以大体看出当我们在学术上研究中国人的社会信任及其实践时,骗子也在研究如何在陌生人中建立信任关系。或许他们不会关心学术问题,而完全是以如何能够骗到钱财为目的,但我们如果知道他们是如何从事行骗的实际操作的,就将对研究陌生人之间的信任建立大有裨益,因为有的时候我们过于沉浸于学术,至少在实践层面上是纸上谈兵,而忽略了真实生活中的一些方面。从当前大量研究信任的论文来看,我们似乎还没有意识到这一视角的存在,不得不说是研究上的一种缺憾。众所周知,诈骗的反面就是信任,所谓诈骗得手就等于取得了对方的信任。于是,研究骗子诈骗的方法就等于从反面看懂了在现代高度流动的社会中,中国人信任的实践逻辑在哪里,其间的可能途径在哪里,甚至还可以检验一下我的关系向度及其信任分类是否真的具有解释力。

在最近几十年中,电信诈骗方式有过几次变化。[①] 一开始骗子的最常见手法是从固定关系中开始突破,即首先从信息上可以准确(通常从中介机构那里购得信息,有时也是大概率的误打误撞)地问及对方的姓名等,然后告知家人出事了。比如打电话、发短信告知家长其孩子在学校、在放学路上出事了,而对已经在外地工作和学习的成年人则说成他在家乡的父母出事了,比如被撞了、住院了,或者发生了刑事案件、有公安和司法部门的传讯等。出于受骗方对家人情况的焦急与关切,骗子通常冒充与出事人有友谊关系(比如好朋友、同事、室友等),正在帮助出事人解决问题,这时急需用钱,比如住院费、赔偿费或

[①] 据《人民日报》等网络综合报道,2016年第二季度全国共接用户标记诈骗电话超4.6亿条;诈骗者一个季度拨出诈骗电话18.8亿次;采用的诈骗套路多达48种,其中电话类占63.3%,短信类占14.8%,网络类占19.6%。

者出事一方开出的价格等,造成被骗方急匆匆地去银行汇钱。随着人们对陌生人这类电话或短信的警觉,最新流行的诈骗方法几乎把我的关系向度及其信任分类完整地走了一遍。这个方法的名称叫"杀猪盘"。在杀猪盘的套路中,一个诈骗团伙如何能骗到一个陌生人呢?在他们的盘子或算盘中,被引诱上钩者叫"猪","猪"开始与诈骗团伙处于松散关系中。首先诈骗团伙为了寻"猪",通过网络到各大交友网站、婚恋网站及同城网站中去挖掘对感情有需求的对象(最多情况下,这里的性别特征是男方是杀方,女方是被宰方),添加"好友",也就是说他们需要把这些原本在松散关系中的"猪"圈进友情(爱情)关系中去,其中他们所使用的聊天工具就是"猪食槽"。那么如何能实现这一点呢?此时男方不露真相,只在网上贴出一张外表"高富帅"的照片,让一些想网上交友的女子一看就心动(信以为真),自然会愿意同这样的男子谈朋友。接着,该男子开始启动爱情剧本,也叫"猪饲料"(比如他们的日常培训手册《最新杀猪攻略》,第一章是学会个人信息包装,第二章是掌握聊天技术,第三章是如何钓到大鱼,第四章是附录,比如同性恋特点、大龄剩女特点、"饥渴男"特点等)。在对她进行了一段时间的关怀备至——也就是"养猪"——之后,女方以为自己和该男子网恋了,信任关系随之建立。此时还需多喂喂"猪",也就是男方教会女朋友如何在网上投资赚钱,其目的是将其拖入约定关系(与网络的对方玩投资游戏)。此时的女方大多数还是慎重、有警惕性的,所以诈骗者为了让其放松警觉,便介绍她进入投资微信群(其实是网络赌博)。通常情况下,女方在"男友"的一再劝说下,为了不让友情破裂,会有所保留地做点投资,但这点投资远达不到男方宰杀的标准,于是需要继续养下去。那么接下来如何能够让女方放心大胆地投资呢?最常见的骗术就是男方告诉女方这个投资程序有个漏洞(bug),他们可以利用漏洞稳赚不赔。女方开始时小心翼翼地尝试了几次,看到自己的确赚到了钱,相信了这种赚钱的方法(信任所需的经验积累及一致性已经完成),并确认这个赚钱方法是有保障的,于是开始大量投资,又进一步看到账面上钱数的增加。可当女方打算取钱时才发现取不出来,便去问男方怎么回事。男方让她问客服,客服回答这种情况(号码输入有错,锁死了)需要先押一笔保证金就可取出。为了拿到这笔钱,女方再凑够保证金入账,这一次对骗子而言,这头"猪"算是养肥了,可以杀了。此时,当女方再想联系男方时,他已消失得无影无踪。整个行骗流程,在我的理论模式中的线路图正是从陌生人的人格/道德型信任(也就是一种有轻信型人格特点的人,或善良的人及有感情需求的人)开始,将她们带入互助型信任(情感上和生活上的问寒问暖、呵护有加、让对方感到爱情的甜蜜等),在此种信任关系建立牢固后再将其带进保障型信任(稳赚不赔),对这层关系和这套应用软件深信不疑,最终骗子得手后销声匿迹。

那么,作为一种网上频发的诈骗事件,我们需要思考的是:它们给中国社会信任带来的影响是什么?当然就是再次强调一定要防范陌生人。此时,如果此种事情大面积发生,那么中国人对陌生人的猜忌心理就会加深加重。这点在某种广泛意义上将导致公共领域层面正常人际关系始终无法形成。如果一定要说"这也未必",那结果也是国家需要付出极大的监控成本来防范各式各样的陌生人陷阱,应该说,这的确是中国改革开放40年以来一直难以解决的现实问题。

无论如何,当前中国社会处于大规模的人口流动与社会变迁之际,社会关系结构已越发开放与多元。一方面,社会关系的格局变化与重心转移会大大冲击信任的传统基础,迫使其从固定关系和友谊关系向市场与组织领域中的约定关系和松散关系转变。这一转变从理论上讲,也就是从原本重视时间维度向重视空间维度的转变,这从根本上预示了信任文化与心理基础的深层断裂与重新整合。回到现实层面上看,多重信任网络的交叠、变换以及遍布其中的竞争与合作,始终为中国人的关系运作提供很大的空间[1],许多关系中的日常计谋不断拥有新的用武之地[2]。受市场目标置换与私人利益驱使,中国人也会让关系工具化,即运用各种计策挣脱传统与现代的两重约束,出现从"杀生"到"杀熟"的功利目标。另一方面,在现代性的笼罩下,更多的年轻一代也试图挣脱传统社会关系,在熟人圈外直接建立新的社会交往,特别是借助互联网和手机应用软件在陌生人中寻求更加广泛多元的身份认同与生活体验。但是,当人们突然大范围地面对这种(特别是互联网营造的)陌生社会情境时,原有的信任机制会出现"间歇性休克"。传统信任的骤然失效与系统信任的不完善,带来了社会信任的真空。如何重构中国人的社会信任研究框架,我将在本书第九章讨论。

---

[1] 帅满:《安全食品的信任建构机制——以 H 市"菜团"为例》,《社会学研究》2013 年第 3 期。
[2] 翟学伟:《关系与谋略——中国人的日常计谋》,《社会学研究》2014 年第 1 期。

第四章 信任的文化比较

第一节 约束机制与信任运行

讨论完四种类型的信任在中国的大致表现与运行,我们或许一方面可以认可固定关系的确是中国人信任的根基,但另一方面也可能会认为,其实我们所讨论的信任无论在哪种文化类型里,其本质上都具有依赖性,毕竟信任不是由个人来完成的,一定要指望他人,更何况,其他社会也一样会重视血缘关系。[①] 如何回答信任究竟是带有文化性的,还是人类社会共通的,也许见仁见智,也会有许多实验成果、调查数据及不同理论加以讨论和辩驳。但我这里想暂时撇开众多理论争议,仅从常识来进入这一话题。

我们都知道,一个人一旦离开他的群体,就无法生存;反之,如果人人都在群体中,就都有机会存活。群体之所以对生活的作用那么大,是因为其内部有一套动态化的相互依赖机制,简单地说,就是人与人

---

① 查尔斯·蒂利:《信任与统治》,胡位钧译,上海人民出版社2010年版,第10—12页。

之间的互相支撑和照料。所有文明社会所具有的基本关爱模式,都建立于一个人一生之两端,即童年和老年均需要他人照料;而中间一段,即从青年到中年,则是自己照顾他人。由于每一个体都要经历童年、青年、中年和老年,因此其一生就既有他人照顾自己的时候,也有自己照顾他人的时候。仅此一点就可以说明只要任何人有机会存活,就一定是已在彼此依赖的框架内了。依赖是人类生活的必然,构成了所谓社会生活。但不同的社会环境及其文化与制度所形成的依赖方式却有很大的分别,不同社会成员究竟是依赖家庭、同龄群体、朋友、团伙、帮会、宗教组织,还是企业组织、工作单位、国家福利保障体系等,都体现出其生存与发展道路的不同。依赖方式的多样性也导致了人们对可靠性的选择,比如在一种社会文化内部,是自己带孩子还是建立幼儿园托管孩子,是居家养老还是去养老院养老,或者是参与社会保险还是让一些特权阶层享受政府待遇等,也是不同的。一个人究竟选择什么样的依赖对象才能够保证自己的生命安全、衣食住行、日常活动和其他更高层次的需求,诸如社交、文娱、交易、教育及其他精神活动等,是受其自然环境、政治体制、经济条件和相应文化观念驱使的。

日常话语中的依赖性和可靠性之学术性的表达,大体上可归于信赖。信赖包含信任,但信任只是信赖中的一个部分。从广义上讲,在信任没有发生时,信赖已经出现了,比如当我们搬进一套房屋的时候,我们已经假定了房子不会倒,水电都没有问题,家具质量也有所保证,等等。所以,信赖可以在其对象没有任何表示的情况下发生,比如它不用告诉你它做好了经受考验的准备,而实际上它能在较长的时间内经受考验,或者当它哪一天自然老化禁不住考验时,你也不会抱怨它不守信用。但信任涉及人与人的关系,进而也可以把信赖纳入信任体系,比如房屋的交付是否偷工减料。可见,信赖的背后或许也有信任。

依赖、可靠、信赖和信任等虽然混在一起使用,并同信念、信仰、信誉、纽带、习俗、伦理、制度、法律等概念相互牵扯,但这并不意味着我们在讨论信任时,它们可以随意混淆,而需要以信任为中心来细细加以分辨。因为在上述各种概念的彼此交错中,有的让信任变得重要,有的让信任变得不重要;有的让信任增强,有的让信任减弱;有的让信任消失,有的让信任可有可无。

为了在常理意义上讨论依赖性与信任的关系,我先以人类最基本、最需要、最有依赖性的婚姻为例。婚姻作为人类生存的基本形式,是一种文明的体现,动物界只有交配而无婚姻。婚姻内在的依赖性也随着婚姻制度的改变而改变,假如人类的婚姻形式是群婚制,那么其依赖的含义中,也就是一个部落或族群通过整个血缘整体而延续,而不用考虑谁一定要相信谁,也不需要考虑交配对象的唯一性和持久性。由此一来,相较于后者,前者的婚制属于强依赖、少信任,即在较大范围内大家一起生活。可如果婚姻形式发展到了配偶制,比如一夫多妻、一妻多夫或者一夫一妻制等,那么其确定性、对象性和持久性就出现了。人们彼此间的信任要求也会越高,也就是对各小家庭的财富归属,包括其成员的专属都有要求。因为那时没有基因检测手段,归属性与专属性等只能建立在信任的基础上,比如夫妻间的忠不忠或者哪个孩子是不是自己的只能通过信任来实现。在许多文化中,贞洁、贞操或忠贞不渝等都是信任在婚姻中的极致性表达,是彼此间最高程度的信任。可当社会文明形态走到这一阶段时,信任概念在越发凸显其重要性的同时,也出现了一个悖论(吊诡),即当社会在不能确保夫妻之间诚心诚意地彼此信任时,会出现很多约束性的机制:道德约束、习俗约束、规制约束或者法律约束。无论哪种约束,都在指向一个含义,这就是夫妻之间的情感与忠贞被文明社会假定为坚守的不易,或者干脆说,大多数婚姻与家庭单凭发自内心的"相信"是做不到的。反之,如果文明社会假定了夫妻之间会一直保持内在的信任,那么附加于其上的任何约束机制都成为多余。正是透过这一点,我们意识到了作为约束机制以外的男女关系,比如因爱情而同居或因爱而形成的伴侣关系,可以定义为一种不需要约束机制的信任关系。例如本来的结婚保障约束是领结婚证,而林语堂婚后把结婚证烧了①,是想说明夫妻二人不需要通过一张证明来约束彼此的婚姻关系。这就意味着他们夫妇俩这一辈子都坚信不会有把它重新翻出来换成另一种证的可能。但无论世上有多少夫妻相爱终生、白头偕老,社会还是要求婚姻需要通过法律来约束,尤为严苛的是在其财产分割上所包含的惩罚机制,让许多人不能轻易离婚。而反过来说,我们也不能因为离婚率的低下就证明夫妻之间都是彼此信任的。

有了约束机制的视角,我们再来思考信任问题,就可以推广到社会的其他方面:比如一个人在陌生地方因故把随身行李托付给一个陌生人保管,而这个陌生人很可能就守着这个行李等此人来取,他既不走开也不打开;还有不少社会经常出现陌生人要求搭便车而并不被拒绝的现象;等等。这些情况均属于无约束机制的信任。无约束机制的信任正是我们上一章讨论的道德/人格型信任,甚至可以同信仰、信念挂钩。虽然这样的例子在人类生活中屡见不鲜,但社会依然不会放任这样的信任方式,是因为社会不保证它们在统计学意义上是可行的。大多数文明社会都预设了更多的人需要采取不信任的方式来处理彼此的关系,所以即使有人可以做到忠贞不渝,或者一些人的品德真的很纯

---

① 林语堂:《八十自叙》,载《林语堂名著全集》第10卷,东北师范大学出版社1994年版,第276页。

洁很高尚,但社会还是得启用相关的约束机制,比如要有婚誓、婚约、婚姻登记、离婚手续;在公共场所反复提醒不要把随身物品托付给陌生人看管;即使是熟人之间发生借款,也应该保留凭证或进行公证;一些社会更加强调不要同陌生人说话;等等。从此类事例中可以发现,真正的信任固然是在无约束中建立的,但人类社会采取的恰恰是有约束的、不完整的、不纯粹的,充其量是有条件、有限制的信任。而当这样的约束条件越来越苛刻,处罚手段也越来越严厉时,社会其实是在向其成员宣告,虽然社会信任度很低,但由于这样的社会已经建立起了一整套监督和处罚机制,大家依然可以放心地生活。

论证至此,信任研究中的悖论即为:由于社会缺乏信任,就得建立苛刻的处罚机制;人们不愿意受罚,或为了维持社会所要求的最低限度的依赖,只好遵循这样的控制,却又被定义成该社会信用良好,并美化为制度化的成功。在有的社会,处罚机制越完备,就越希望说明自己社会信任状况良好;而在有的社会,处罚机制越完备,却越希望说明自己社会缺少信任。就此命题来看目前的研究,许多研究者都把建立健全各项制度当成是建立社会信任的关键,比如一些社会由于对失信者处罚严厉,就证明了该社会信用运行良好。而我个人的立场偏向于信任状况的好与不好,要看在降低约束机制的前提下,人们彼此之间是否可以实现互相信任。但由于大多数现代社会(至少在很多社会领域)都没有这样的设定,所以大多数现代社会便采取了有约束机制的信任,致使我下面的讨论也将围绕约束机制本身来进行。当然,关于上面提及的相互信任的"人们"是特指的还是泛指的,是西方社会学划分特殊信任和普遍信任的一个标准,而有关中国信任的状况如何,我会在后面讨论。从"约束"的角度看,我们或许得到的结论是即使一个社会建立了一套发达的约束机制,也不能证明该社会的信任情况良好,而只能证明该社会不信任的情况很难发生。再者说,一个社会也不一定非得强调有信任才会出现可靠性。只要有约束机制存在,社会依赖性就在。而社会依赖性在,即使信任状况很差,也不必惊慌,只是其运行成本很高罢了,"失信"频发地区、高"犯罪率"的地区的状况均是如此。此点可以理解为,我们看一个地方的社会信任状况如何,可以随机看看该地区的夜不闭户的情况:如果该地方居民房屋的防盗措施很发达而让人有安全感,我们能说该地方的信任情况良好吗?反之,如果该地方没有防盗措施而让屋里人依然有安全感,却在实际上也偶尔发生偷窃事件,我们能说该地方信任情况不好吗?

如果人类在依赖性中需要建立信任,为了防范不信任,又需要借助于宗教、习俗、道德、契约、法律等来加以约束与制裁,再让人们回到信任,那么把社会一分为二地划分为有信任社会和没信任社会就不合适了。信任概念所展现的实际上是一个不确定却又想确定的状态。① 我这里想强调的是,信任概念在约束性框架内本身是带有对不信任的质疑性的,换句话说,"不确定"所构成的含义是社会在客观上存在着风险性,而"质疑"是人主观判断社会有风险。看起来客观上存在的风险会导致人们主观上的质疑,但也有一种可能是社会本没有风险,人们依然将信将疑。这种将信将疑的出现只来自人们对环境及当地人的陌生感而产生的警觉,而非真的出现了风险。可见,在中国文化意义上,信任概念本身隐含着对信任方面的疑虑状态,而不是对有或没有的肯

---

① 尼克拉斯·卢曼:《信任:一个社会复杂性的简化机制》,瞿铁鹏、李强译,上海人民出版社 2005 年版,第 85 页;安东尼·吉登斯:《现代性与自我认同》,赵旭东、方文译,生活·读书·新知三联书店 1998 年版,第 21 页;山岸俊男、山岸绿:《美国与日本社会中的信任和承诺》,蔡鑫、柴勇杰译,载郑也夫、彭泗清等:《中国社会中的信任》,中国城市出版社 2003 年版,第 108 页。

定。考察大多数西方学者的信任定义，可以看到他们中间的很多定义都充满了积极、肯定、健康、美德的意味。① 尤为值得注意的是，当前学术界所理解的信任，大都是同有约束机制挂钩的，一般不再讨论无约束机制的信任，后者只有在涉及信仰、信念、道德或人格层面时才会出现。

通过以上梳理，我个人的主张是，中国人所理解的信任内涵不在"保证"，而在"质疑"，是人类社会在彼此依赖的前提下，出现的一个客观上不确定而主观上想确定的中间地带，其两端均是"无信任"地带。其中一端的"无"是指"无须考虑"，也就是指这里的信任不需要使用信任的约束机制，却也未必涉及信仰、信念、道德，因为这里还涉及一个它是否被唤醒的问题。这好比一个幼童的纯真同一个有信仰、有修养之人的纯洁是不一样的，所以不被意识到不意味着"没有"，我称之为"自在"。由于这一部分的信任处于没有被唤起之状态，所以人们对此习而不察，而信任的出现也即质疑的开始。此时约束机制随之出现，中间地带形成。然后，随着约束机制逐渐加强，不信任的成分越来越大，最后进入另一种"无信任"的地带。在这一地带，人们的社会生活主要靠监督与处罚保证运行，一些相当严厉的手段控制了人们尽量避免触犯规章条例而只好循规蹈矩。由此一来，虽然在信任地带的两边都无信任，但这两个地带的内涵却正好相反。其中一边是人们毫无戒备的部分，人们在此表现出的是非常放松的、亲密的关系，是一个人生命或生存安全赖以寄托之地，这也正是前文所提到的全知型信任。但由于我这里更多强调它没有被唤醒的状态，故放弃使用"信任"概念，

---

① 翟学伟、薛天山主编：《社会信任：理论及其应用》，中国人民大学出版社2014年版。

而将其称为"放心"或"绝对放心"地带。另一边的无信任地带是指那种充满猜忌、欺诈或背信弃义的地带,社会如果不采取严厉的措施将导致大规模的恐慌乃至解体,于是为此建立起许多严厉的控制手段,形成了完备的社会制裁体系,最终让人即使在其中交往,也不担心会发生上当受骗的情况。我们不妨说,此时的社会的确也让人放心,但这样的放心是对社会处罚制度的放心,而非对人与人之间信任的放心(图4-1)。

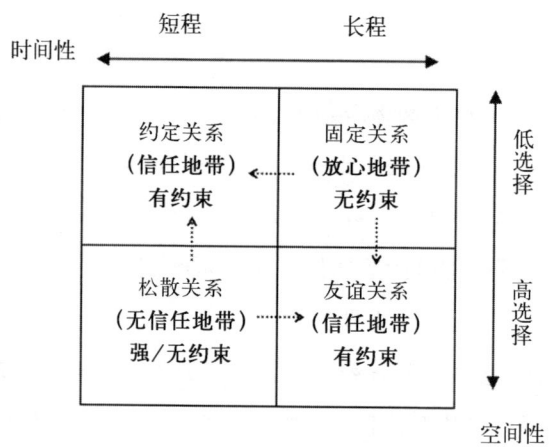

图4-1　中国人的信任地带

从此图中,我们可以看到,关系向度中的固定关系处于"放心地带";当其中的成员进入约定关系或友谊关系时,质疑会发生,信任也就被唤醒了,产生有约束的信任地带;而在松散关系中,几乎无信任可言,其社会信任要么假定先验性的道德/人格型信任,要么只能采取严厉的管控措施。但从另一个方向来看,如果从松散关系出发来建立信任,那么这样的社会便会产生乐观主义的或普遍主义的信任推论,而回到现实中又会形成强约束的生存环境,可在更多现实情况下,人们也期待从这种强/无信任地带进入有信任地带。

第二节 儒家文化中的信任

在我准备用上述观点同现有的一些信任研究对话之前,我打算从常理性讨论回到文化性讨论上来。上一节论述的重点是信任约束性问题,现在需要进一步探讨的是信任与自然环境及其相应文化之关系。众所周知,社会或者人群不可能生活在没有自然环境的地方,自然环境造就了人群的活法及其社会构成,而文化就是这种活法与构成之体现。显然,草原游牧的、沿海贸易的或乡土耕作的社会所表现出来的合作和依赖是不一样的。比如游牧具有流动性,贸易具有契约性,而农耕则是非流动性和非契约性的。一种属于非流动性、非契约性的社会之形成,是因为大多数人选择了安土重迁、聚居一地的生活方式。以常理而论,流动和契约的共同特点都容易导致不确定性因素的增加,风险随时可能出现,因此建立确定性关系或者降低贸易中的风险本身会让信任问题凸显出来。而就更为复杂的精神文化而言,宗教之间的排斥和斗争,还将影响团体内部的忠诚度和信任度。[1]

农耕文化的聚居特点促使了熟人社会的产生。人与人之间不是博弈论里讨论的一次或数次博弈,而是世代人之间的联系,或者从根源上说,一个聚居之地的人群亦可能是由一个共同的祖先繁衍而来的。在这样的人群中依赖性是必需的,其凸显的依赖程度已经不是一个社

---

[1] 查尔斯·蒂利:《信任与统治》,胡位钧译,上海人民出版社 2010 年版,第 2—5 页。

会学的话题,而是一种文化的特点。作为一种文化,这里的依赖并不需要靠交往、互动、博弈的频次来判断,而是通过牢不可破的血亲之远近来衡量,人们依凭的亲密度未必是走动的频次,而是可以记录和展示的五服关系与族谱。比如一个人在外面工作,有工作场地,每天与同事打交道,但他与同事的关系,却抵不上每年回家只见一次面的家人亲密。亲密性在农耕文化中是"关系",不是"交往"。有关系,未必频繁来往;频繁来往,未必有关系。从本书第二章所建立的关系向度理论来看,其"关系"(guanxi,而非 social interaction 或 social communication)的含义就在这里,而中国人关系实践中的外来人、外乡人、外地人现象,也是这个缘由。所以从比较文化的角度来看,在中国,大凡有"外"字含义的人和社群,才有考察信任的必要,而自己人或自家人如果不出现特殊情况,则较少涉及信任问题。

那么,熟人社会中的约束机制是否必要呢?我们知道,约束机制并不都是针对信任而建立的,只要一个家庭、一个地方、一个社会、一个国家需要正常运转,就需要有约束机制。关键问题在于约束机制在中国文化中留给信任的部分在哪里。研究儒家思想对人伦的规范可以发现,这一部分通常是用来对付固定关系以外的人的。这导致了固定关系以内的人不对信任产生怀疑,只对其以外之人产生信任悬念。当然,这其中还有一种社会结构造成的张力,即固定关系本身的延展性,导致其内外边界又不很明确,而需要情境性的及动态性的认定或认同。

为了便于论述,我这里先从儒家文化论述最多的人伦思想来阐发这一点。儒家认为人伦中的最重要关系共有五种,它们是父子、夫妇、兄弟、君臣、朋友。先以血缘关系来分割,这五伦既有血缘内的,也有血缘外的,故得到的分类是"父子"和"兄弟"属于血缘内,"夫妇""君臣""朋友"属于血缘外。这时再回到约束机制上来考察,就可以发现各自约束方向上的差别。按照孟子提出的一个非常有影响力的伦理限定:"契为司徒,教以人伦,父子有亲,君臣有义,夫妇有别,长幼有序,朋友有信。"(《孟子·滕文公上》)在这里,父子和兄弟遵循的是亲亲尊尊的规矩,而夫妇、君臣和朋友遵循的是信义的约束。

在可归于信任的约束关系中,我们先来看一下夫妻关系中的"别"。"别"通常做"区别""不同"来理解,更多的含义是因性别差异所导致的规范差异,即男女之间需要严格划分,各守各的规矩,比如男女授受不亲。但还有一种可以挖掘的含义是:夫妻婚前原本不是一家,而要把一个原先的外人转化成一个家里人,这一过程的重点究竟是侧重家内的规范、秩序,还是偏重家外的信任呢?其实妻子的角色意义因兼具两者,在理论意义上应该处在"放心地带"与"信任地带"的重叠之处。由于中国传统文化对婚姻的要求是女子结婚从夫居,民间的说法是"嫁出去的女儿泼出去的水",从而导致这种婚姻更容易把妻子归入放心关系。可现代化社会更强调夫妻单独生活,过不下去可以离婚,那么信任关系的重要性就凸显出来了。也就是说,如果妻子从一而终,那么她在家庭成员的关系中就是放心的;如果妻子不能从一而终,那么就有一个信任的问题。当然,回到传统社会中,即使妻子进入放心地带,但中国人在父子、兄弟和夫妻关系的选择性上,还是更倾向于把父子、兄弟看得更亲一些,也就是把前者归结为放心地带,而把妻归结为放心与信任的过渡带上。不过,这样的阐述尚属于社会伦理的原则部分,在具体生活中还要看妻子本人如何表现再做定义。

以上有关夫妇关系的讨论,在更大的范围内也正好符合常理上有关婚姻的讨论。也就是说,儒家文化强调的道德上的"从一而终""不离不弃"不但是一种文化理想,在很大程度上也会成为现实。价值理想能够顺利落地,夫妻均受教化从而白头偕老当然是再好不过的事,可在实际生活中,这种心甘情愿的行为是不能得到保证的,需要加入一定的乃至苛刻的约束机制。当然,文化不同,婚姻的约束机制也不同。比如西方人为此要把婚礼放在教堂里举行,相恋的男女要面对上帝,在神父面前宣誓忠于对方;而中国人需要通过盛大的婚礼,通过"拜天地"的仪式,摆上酒桌,邀请亲朋好友,在父老乡亲的见证下宣告其美好姻缘等,时至现代社会,这样的仪式则需要进入法律程序进行确认。无论借助宗教、礼俗还是法律,它们在功能上都具有实际的或想象中的文化制约。

现在我们再来讨论"朋友有信"。这里我们需要思考的是:孟子为何把"信"只放在朋友之间,而不放在其他关系上?这是随意的,还是有所考虑的?如果单以儒家思想的传承而论,所谓"朋友有信"更早来自《论语》。《论语》开篇就提到"吾日三省吾身:为人谋而不忠乎?与朋友交而不信乎?传不习乎?",又有"贤贤易色;事父母能竭其力;事君能致其身;与朋友交言有信。虽曰未学,吾谓之学矣"。从这里可以看出,朋友有"信"是孔子所确立的,后被孟子归纳为"朋友有信"。为何如此,首先可以看一看中西方对"人"之假定的差异。依照古希腊的思想传统,所谓"人"是一个体化的"个人",而儒家说的"人"则是一个"关系",即在儒家思想中,缺乏所谓的"个人"的理念,或者用社会学的角色理论来讲,人没有被个体化或实体化,而往往是一个角色,而角色的存在就是一种关系。角色各式各样,那么什么样的角色关系最重要呢?这就是五伦关系。五伦关系看起来忽略了其他关系,比如师生关系、婆媳关系、雇佣关系、同事关系等等,但如果我们理解了儒家认为其他诸如此类的社会关系都可以回到五伦中来讲,都可以在五伦关系中找到对应的位置,那么讨论五伦关系的基本原则,也就等于讨论了各种其他社会关系的原则。

回到五伦来看，君臣和朋友是家外的关系，由此得到的一个初步结论是，儒家没有把信任放在家人关系中来讨论。其次，在君臣和朋友两者中，儒家只对朋友说信任，对君臣没有说。这是为什么？以我的看法，这是因为"君臣有义"的要求比"朋友有信"要高。"义"涉及道义，它对"信"的正当性与指引性我在前面已经讨论过。而在中国文化的构词中，我们还发现"义"经常同两个字并用，一个是"信"（信义），一个是"忠"（忠义）。这表明"义"降低要求就是"信"，提高要求就是"忠"。在本书对信任的概念性讨论中，所谓信任内含"托付""委任"及"委托"的意思。通常情况下，委托或委任、嘱咐等总是对着一件事情而言的，办完了这件事，就表明信任活动结束了，下一次的信任活动就再由下一个任务开始。当然，随着一次次信任的积累，一致性和信誉就出现了。而"忠"涉及的是人的整个身心——从灵魂到身体的付出——当一种关系用"忠"来表述的时候，就等于说为了事业、信仰或者一个特定崇敬、爱戴的对象，在必要时可以献出他的一切。由此来看，在君臣之间只讲"信"是不够的，需要更高层次的道德。当然，"忠"还有等级性的含义，其明确指向是事实的或假定的下对上，而不可能是上对下；"信"没有等级性的含义，无论上下关系还是平等关系都适用。这样一来，"信"字无论如何都是做朋友的原则（见图 4-2）。

为什么"信"字不用在家人关系中？我认为这个问题是理解中国社会的关键。如果说，我们论证下来的中国社会的核心是"关系"，且固定关系成为所有关系的起点，那么显然，家人伦理就是其文化价值的核心。只是这个核心的范围又不确定，对家人关系也可以有不同的理解。比如，在小范围里，家人关系指父母及兄弟姐妹；在中范围里，家人关系可以指五服以内，或者也可以指家族或者宗族成员；在大范围里，可以是地缘，比如老乡等；从而造成放心关系与信任关系

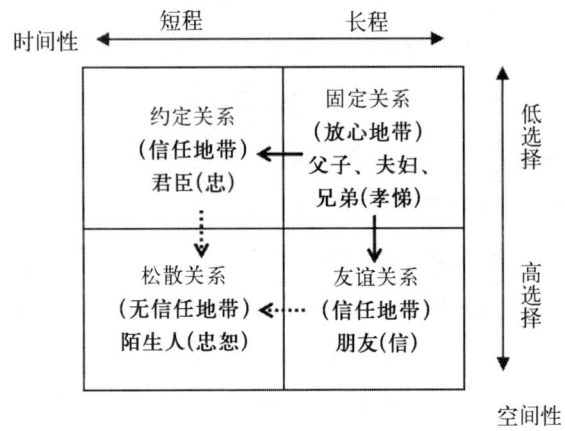

图 4-2　儒家人伦与关系向度的关系

的渐变。那么,在确定的家人关系中要不要谈信任呢?儒家认为不需要。通常,信任在中国百姓的日常口语中是一个"见外"的话题,这个话题不适合对家人讨论,如果讨论了,便是把家里人当外人看了。或者说,中国人的理解是,如果想把交往对象当家里人看,那就不要谈信任;如果当外人看,那就得谈信任。可见,儒家眼中的家人大体等于信任关系中人。如果这个"等于"还需要讨论,那就表明自在性消失了,信任被唤醒了。理解了这一层含义就会明白,在中国社会文化中,信任成为话题其实不是讨论一个人有信任还是没信任,而是讨论对某些人的紧密关系有没有疑问。以此观点比较西方传统中的个人含义,那么,他们的所谓"关系"一般指个人与所有他人,这层含义上的他人包括家里人和其他交往的人,所谓信任问题也就成了一个体和其他所有人的信任如何建立的问题。

当然,以上讨论偏重于儒家人伦所建立的伦理框架及对中国传统社会的现实影响,真实情况如何,会有不同的状况发生。比如在中国民间流传着一个非常极端的家人关系现实版推演,就是面对财富与人伦的抉择时,中国人在现实中会如何操作。故事的梗概是,发明洛阳铲之地的人在历史上也擅长盗墓,盗墓往往都以小团伙为单位,而中国人的盗墓团伙又以家庭为单位,这点足以证明他们想进入"放心地带",但是在放心地带内也未必真放心。当墓道洞口被打开后,谁进去,谁接应,谁望风,需要有所分工。通常我们可以在人伦价值层面认为谁下去都一样,但此故事的推演是:如果妻子下去,那么当宝藏被递出来的时候,不能保证父子看到宝藏会让她活着出来;如果父亲下去,儿子见宝眼开,也不保证父亲出得来;所以最保险的方式就是让儿子下去,因为只有儿子下去后递出宝藏,即使父母想发财也不会舍弃儿子。故最为稳妥的分工就是让儿子下去,父母接应。虽然这个故事表面上在阐述人在利益面前亲情信任是怎样的,并在放心关系上做了最坏的打算,但这个故事的最底层逻辑还是从关系框架上来推论的,依然没有回到个体意义上。个体意义上的盗墓逻辑不是放心逻辑,而是信任逻辑。比如从个人利益最大化来推论,一个盗墓团伙(不是一家人)在盗墓成功后如何分赃会彼此心怀鬼胎,最终发生见财起意杀掉同伙、一人独吞财宝的情况,当然团伙成员也会因此而各有防备,互相牵制。的确,西方人设计的"囚徒困境"[1],就明显是一个个人立场上的信任考量[2]。

根据上面的讨论,我这里需要回应目前信任研究中几个颇为重要

---

[1] 伯纳德·威廉姆斯:《形式结构与社会现实》,王琳予译,载郑也夫编:《信任:合作关系的建立与破坏》,中国城市出版社2003年版。

[2] 其他建立于个人立场上的信任研究可参见罗伊·刘易基:《工作中的信任的发展与维持》,载罗德里克·克雷默、汤姆·泰勒编:《组织中的信任》,管兵、刘穗琴等译,中国城市出版社2003年版。

的观点。

首先,西方学者将信任分为特殊信任和普遍信任。所谓普遍信任究竟意味着社会存在着广泛的无约束性的信任空间(信仰所致),还是因为社会约束机制苛刻而导致处于其间的人们彼此相信对方(法律所致),在此分类中不够清晰。但比较清晰的分界点是,依照西方学者的划分,所谓特殊信任是指有特定对象的信任,普遍信任是指无特定对象的信任。[1] 在西方学者的研究框架中,信任对象的有无标志着本处于人际关系中的信任能否走到更广阔的社会层面——社会制度、社会系统、社会环境——上去。不少研究发现,中国社会中的信任对象是明确的,而且关系化特征明显。一旦进入社会层面,中国人的信任度就会大大降低。福山即持这一观点,只是他寻求到的文化根源在于家庭主义限制了中国人只相信自己人和熟人,而不愿意相信社会。[2] 这一观点也出自本书前引的高伟定[3]乃至韦伯对中国儒家文化的研究[4]。虽然福山不是从特殊信任和普遍信任的维度上去分辨中国人信任的特点的,但得出的结论最终还是可以回到这一分类上来。将中国人的信任归属于特殊信任的观点,除了国内学者还有一点抵制外,几乎是学界的共识,而且国内学者抵制的理由并不充分。[5]

---

[1] 罗家德、叶勇助:《中国人的信任游戏》,社会科学文献出版社2007年版,第47页。

[2] 弗兰西斯·福山:《信任:社会美德与创造经济繁荣》,彭志华译,海南出版社2001年版,第74页。

[3] 戈登·雷丁:《华人资本主义精神》,谢婉莹译,格致出版社2009年版,第100页。

[4] 马克斯·韦伯:《中国的宗教·宗教与世界》,康乐、简惠美译,广西师范大学出版社2004年版,第315页。

[5] 彭泗清:《信任的建立机制——关系运作与法制手段》,《社会学研究》1999年第2期;李伟民、梁玉成:《特殊信任与普遍信任——中国人信任的结构与特征》,《社会学研究》2002年第3期。

我这里需要讨论的是：基于关系本身的信任是否就属于特殊信任呢？我在前面讨论关系向度理论时曾分辨过个人关系与人际关系的差异。这似乎给人的印象是个人关系隐含了特殊主义，而人际关系既可能是特殊主义的，也可能是普遍主义的。但我以为，仅将 guanxi 视为私交意义上的特殊性交往还是不够的，我们仍需要做更深入的思考。"关系"在中国人的使用中包含三层含义：认定的关系（家人、老乡、朋友、同事等）、可以搭建的关系（拉、套、扯、搞等）以及由前两者建立而形成的关系网。这三者的分类不是很严格，是一个连续的过程，即关系既然很重要，那么有则很好，没有就需要想办法建立，最终建成一种广泛的人脉圈。如果关系具有上述这几个层面，那么信任就可以再回到约束机制上来讨论了。我们知道，关系之所以能被看成是特殊信任，主要是因为信息越对称越好，中国的说法叫"知根知底"。可要再进一步追问的是：信息又为什么产生信任呢？一个看似正确的回答是信任必须建立于信息基础上。那么信任是否一定要建立于信息基础上呢？从我上面列举的托付陌生人看管行李的事例中，就可以发现人格/道德型信任有时得到的信息是少之又少的。这点足以说明信息知道的多既会产生信，也会产生不信。可见，中国社会中家人之间的全知性所发挥的作用不只要考虑信息量的多少方面，还要探讨信息量的多少无形中所带来的约束机制上形成的不同信任运行类型。也就是说，当信息量足够充沛的时候，那么即使其中有部分信息因故消失，也依然不影响其强大的约束功能。我们从这个角度分析一下所谓"跑得了和尚跑不了庙"这句话的含义就可以看出，作为个体和尚，哪一个和尚跑了都没关系，不知道他们去哪儿了也没关系，只要庙还在，那么或者他们要回来，或者其他和尚还在，或者庙的本身可以做抵押等，都说明足够的信息量可以保证约束机制的运转。这点足以说明"知根知底"不是信息量大,而是其控制方式和手段强大。

我们也不能简单地把凡是通过关系建立起来的信任都看作特殊信任。其实,关系上的信任的非对象性更多的是通过关系网展现的。我们不要一讨论关系就以为中国人的关系就是面对面的互动,比如"人情"或"面子",尽管这些方面的讨论可以把中国人的关系特征展示得淋漓尽致。① 从更加宏观的层面来考虑,在缺乏个人档案、征信记录和身份信息的社会,一个人的全知性约束其实也控制了他只能活在他的关系网中。关系网的特征在中国语义中不是指因交往产生的团体内部关系,也不是社会资本,它体现在天然的血缘和地缘上。由固定关系所建立的社会网络除了人口不流动性外,我们还不能忽略地方的风土文化。这里尤其需要说一下方言,中国社会因地域差异而导致的方言差别往往是识别当地人的最明显标志。这个标志意味着如果一个人离开家乡就会遇到沟通方面的问题,即使没有问题,也会因口音被当作外乡人看待,这点在安土重迁的传统中国人看来是要尽量避免的。因此方言(或口音)无形中发挥了一种识别和划界机制,而导致限制外流现象的产生。而只要一个人不出其所在的网络,那么他的行为就又受制于该网络的约束。这时,网络对个人的处罚并不是借助于正式的社会制裁程序,比如司法审判等,而在于对其名声的控制。关系网络中的人主要是靠名声来生活的,中国民间有一句常见的熟语是:"好事不出门,坏事传千里。"如果一个人在其网络中有了一个坏名声,他(或她)从动机上想离开家乡,但因方言问题又离不开家乡。这是一个背信弃义的人所面临的困境,并且一辈子为其所累。即使他(或她)不得

---

① 翟学伟:《人情、面子与权力的再生产——情理社会中的社会交换方式》,《社会学研究》2004年第5期。

已这么做了，但其最为重要的关系纽带也会因此而遭殃，并通过网络自身的特点迅速传遍整个网络，让此人成为笑料被反复议论，或让此人及相关人士遭受耻辱与惩罚，诸如"没脸见人"、被人"戳脊梁骨"或"背黑锅"等。近来有研究显示：

> 对于海外长途贸易而言，最关键的便是其信用结构的建立，否则与遥远陌生人的贸易关系是无法建立起来的。海外华人都是东南沿海的移民，他们漂洋过海时，随身携带着以宗族关系、方言群体等为依托的信用基础，跨越远距离的信用结构，通过宗族内部诸多个体的远距离迁徙而建立起来。在进入 20 世纪以前，闽南方言群体、潮汕方言群体、客家方言群体、珠三角的广东方言群体，是南洋最重要的几个华人方言群体，他们各自垄断了一些行业。以宗族为基础的信用体系带来了华人的商业能力，但是相应的，华人所能够想象的秩序也基本上是基于这种宗族（或拟宗族）的社会结构。①

社会现代化的特征之一就是把这种关系网破坏掉。网络制约机制一旦消失，以关系为基础的信任也就随之消失了。由此可见，以关系为基础的信任逻辑是：人在关系网中就得守信用；不守信用要么失去名声，要么逃离关系网，说不定还要把家人捎带上，显然这样的成本实在太高。由此，即使一个人的道德修养不够，人品也有问题，但只要想待在不流动的网络中，就得维持住彼此的信任关系。或者说，一个人因为跑不掉而守信，比一个人因为讲道德而守信更真实、更有效。现

---

① 施展：《枢纽：3000 年的中国》，广西师范大学出版社 2018 年版，第 107 页。

在我们回过头来看，如果关系网本身就构成了以关系为基础的信任的约束机制，那么重视关系的信任是特殊信任吗？我认为不是。因为关系网不是一个特定的对象，它同社会制度一样对信任起到了保护的作用。换句话说，如果一个人在交往或交易中不能确定是否相信另一个人，但只要他们拥有一个共同的网络，或者对此人所在的网络具有全知性的信息，那就没有什么可以担心的了。可见，中国人的信任特点不在于是特殊信任还是普遍信任，而在于是借助于网络化的方式制约，还是制度化的方式制约。

其次，我还需要讨论一下我所提出的放心关系和日本学者提出的保证关系是不是同一种含义。这里也许很容易混淆的地方是，日本学者有时也把保证关系说成放心关系，或者安心关系。但仔细阅读他们的观点，便可以发现他们所谓的保证关系是指因为有一套严厉的规范和处罚机制作为团体成立的前提，才会让团体成员不把彼此的关系建立在信任方面，而建立在保证或者承诺方面。① 保证或者承诺虽然也属于我所谓的无信任地带，但我同其观点非常不一致的地方是，我强调的这种无信任地带恰恰建立于无约束机制之上才让人放心，而信任解放理论中的无信任地带是需要制约机制才让人放心的。可见，这是两个相反的观点。我理解的强制性的制度形成是因为社会失去了信任，所以需要靠制度性监督与惩处来保证其成员的有机团结；而山岸俊男等的观点是因为有制度性制约在，所以团体成员之间可以达成保证关系。② 这两种理论中的共同之处是我们都放弃了使用"信任关

---

① 山岸俊男、山岸绿：《美国与日本社会中的信任和承诺》，蔡鑫、柴勇杰译，载郑也夫、彭泗清等：《中国社会中的信任》，中国城市出版社 2003 年版。

② 山岸俊男、山岸绿：《美国与日本社会中的信任和承诺》，蔡鑫、柴勇杰译，载郑也夫、彭泗清等：《中国社会中的信任》，中国城市出版社 2003 年版。

系",但我划分出来的无信任地带比解放理论更进一层。根据我上面的反复论证,我认为进一步区分无信任地带中的差异(放心还是保证)是必要的,否则很多社会现象不好解释,至少不符合中国文化中的很多特点。在一个家族主义很发达的社会,放心关系不以约束为前提,而是以假设为前提的。中国文化假定了亲人与信任之间具有极高的同质性,即使没有处罚机制的介入,这样的信任度本身也是极高的。

最后,当特殊信任或者普遍信任不再成为一种考察中国人信任方式的框架时,所谓许多研究中提到的儒家文化与普遍信任之间是负效应的观点[1],也就不成立了(有关这一问题,我们在本书的最后一章详细讨论)。如果一定要问儒家文化究竟同什么样的信任是正效应或者负效应的,那么儒家文化同以关系为基础的信任有正效应,同以制度为基础的文化有负效应;儒家文化与重视名声的社会相契合,与法制化的社会不够契合。

第三节 信任文化的比较

讨论至此,我的观点是:人类生活中的依赖性是必需的,但作为依赖形式之一的信任,则带有更多的社会构成和文化观念之特点,并造成理解上的部分差异。虽然我们可以认为,所有的社会生活中都普遍存在着信任现象,但信任的内涵却因文化不同而发生一定的调整。不仅如此,即使是学科方面的讨论也体现出这样的偏向,比如卢曼评论

---

[1] 胡安宁、周怡:《再议儒家文化对一般信任的负效应》,《社会学研究》2013年第2期。

心理学关于信任的研究时就指出"完全不同的根据促使人们给予或拒绝信任",这时他引用了一个学者的观点:

> 一种信任的选择也许是基于"失望、附和、冲动、清白、美德、信念、受虐狂或者自信,尽管这种多样性的概念是相当粗糙的。社会心理学事实上总在试图把社会范围还原为个人心理变量"。[①]

表面上看,虽然我们可以坚持在抽象层面对其内涵进行思考,但实际上已经展示出来的研究,因文化或学科的不同而在无形中影响到其内涵与外延。就现有的信任含义来看,信任研究更多的还是带有西方文化的影子,其思考方向是个人主义式的。从个人主义视角来讨论信任,往往挖掘出来的根源是其背后的人之自由。[②] 虽然西方哲学有关"自由"的概念也有争议,但它似乎构成了信任产生的一个假定。这个假定后来深藏于经济自由主义学说之父亚当·斯密(A. Smith)有关生产、贸易、分工等方面的论述中,也就是说,如果个人的自由与自利不能作为推论的前提,那么由那只看不见的手控制的市场也就不可能成立。[③]

从生产、贸易、市场的角度回溯信任的产生,我们或许看不到各文化中的信任有什么不同,因为文化再有差异,信任还是处于人们交

[①] 尼克拉斯·卢曼:《信任:一个社会复杂性的简化机制》,瞿铁鹏、李强译,上海人民出版社2005年版,第6—7页。

[②] 阿兰·佩雷菲特:《信任社会:论发展之缘起》,邱海婴译,商务印书馆2005年版,第379—391页;尼克拉斯·卢曼:《信任:一个社会复杂性的简化机制》,瞿铁鹏、李强译,上海人民出版社2005年版,第53页。

[③] A. Smith, *The Wealth of Nations*, A. Skinner (ed.), Baltimore: Penguin Press, 1979.

往和交易之中，基本含义还是可以确定的。可是，我们一旦从假设来推论社会的构成，便可以发现其实信任的背后各有其自身文化的假定。这些假定将导致信任在其含义、指向性及运用上都有自己的偏向。比如自由主义背景下的市场交易所带来的契约与相关法律就是信任的保证，而中国人走出的信任路线却从亲人关系走向陌生人关系，或者以固定关系为起点，分别向友谊关系和约定关系延伸，但延伸不到陌生人关系。为了更加清晰地说明这一点，我这里借助于蒂利的一段议论：

> 通过对马格里布①两类商人——"个人主义"的热那亚商人和"集体主义"的犹太商人——的比较研究，格雷夫提出了一个委托-代理（principal-agent）的比较议题：在何种情况下，委托商把重要的事务和货物委托给远方的代理商？在个人主义模式下，委托商为预防欺诈——即代理商通过欺诈一次性牟利而非基于长期的诚信获取应得的利益——通常给予代理商充分的代理权，并支付丰厚的佣金；而集体主义模式则与之相反，委托商依赖网络关系可以确保欺诈者为所有的网络成员所拒斥。②

为了论述西方个人主义下的信任特点，我们需要先来解读一下西方学者关于信任的主要定义。根据目前西方文献中有关各式各样的信任定义，我大致把它们归结为以下五个不同的方向：1. 对他人善良所抱有的信念或一种健康的心理特质；2. 对他人特点的反应；3. 对他人

---

① 马格里布（Maghreb），泛指地中海沿岸的阿特拉斯山地以及摩洛哥、阿尔及利亚、突尼斯、利比亚等国的沿海平原地带。
② 查尔斯·蒂利：《信任与统治》，胡位钧译，上海人民出版社2010年版，第11页。

行为的期待;4.一种有待证实的冒险行为;5.对社会系统正常运作的某种期待。[①] 在以上这些五花八门的定义中,我可以从中挑选出来的关键词语有善意、诚意、德行、利益、信心、信念、承诺、动机、认知、能力、行动、理性与非理性等,然后配套以信息、预期、风险乃至赌博等来给出自己的定义。那么这些词语的文化价值在哪里呢?其实背后的价值体系就是个人主义。作为个人主义的价值体系,西方学者想搞清楚的问题是:群体(或环境、社会、市场)中的个体如何?个体组成的群体(或环境、社会、市场)又如何?由此思考框架,他们对个人的社会性基础假定是:自我与他人的各种关系。而信任就是在这一框架中对行动者面对其社会环境时在预期性和风险性方面的研究。沿着这样的思考路径,西方学者特别关注于个体的信仰、信念、信心及健康的心态(乐观主义)等,也以此延伸到关注组织中的信任[②]、作为社会资本的信任[③]以及信任与民主的关系等[④]。

可是,中国文化关于信任的假设不在这里。有关这一方面的区分,我很赞同许烺光在其文化比较中所得到的基本假设:美国人是自我依赖,中国人是相互依赖。[⑤] 前者同个人主义相联系,后者同情境主义相联系。个人主义的自我与情境主义的自我也不相同:前者是独立的,即相对于自我,其他人都是他人;后者不独立,当自我面对其他人时,

---

① 众多英文参考文献可参见翟学伟:《信任的本质及其文化》,《社会》2014年第1期。
② 罗德里克·克雷默、汤姆·泰勒编:《组织中的信任》,管兵、刘穗琴等译,中国城市出版社2003年版。
③ 罗伯特·帕特南:《使民主运转起来:现代意大利的公民传统》,王列、赖海榕译,江西人民出版社2001年版,第195页;弗兰西斯·福山:《信任:社会美德与创造经济繁荣》,彭志华译,海南出版社2001年版,第74—75页。
④ 马克·沃伦编:《民主与信任》,吴辉译,华夏出版社2004年版。
⑤ 许烺光:《宗族、种姓与社团》,黄光国译,南天书局2002年版,第12页。

自我既可以包容他人，让其成为自我的一部分①，也可以把他人只看作他人。这样的不确定就是情境主义的，也表明自我可以扩大，可以让自我进入关系中来寻求不分彼此的自己人。② 对于以上这些研究，作为我们中国人自己，是感同身受的。个体性特征或人格/道德型信任导致个人的善意、诚意、德行、利益、信心、信念、承诺、动机、认知、能力、行动、理性与非理性等显得并不那样必不可少，当然这绝不意味着这些要素在信任中不起作用。我的意思是，对于重视关系的社会来说，以上这些要素不是个人必须坚守的部分。当任何一种要素缺乏的时候，关系都可以弥补。以关系为基础的信任似乎更加符合信任的本意，因为信任的本意就是要求在自己有需要的时候可以信赖别人。只要一个人建立起来的关系网络中有这些要素在游动，那么乐于搞关系的人的生活重点就是在其间寻求到它们。

在关系中建立自我是建立信任的前提。这个前提使得西方人划归为信任的部分往往不是中国人的信任部分，因为中国人的信任地带比较西方人而言要更加外围一点。也就是说，在西方，当自我成为一个独立的个体时，信任就开始了；在中国，当自我成为一个有"自己人"的关系时，那么自己人中不讨论信任，信任就被推到了自己人以外的范围中去了。这个地带属于一种模糊的、值得怀疑的地带，表示信不信的问题开始出现了、被唤醒了，构成了社会交往中的警觉状态。这一警觉的出现是防范意识的开始，意味着研究者研究这一部分很容易把其中的警觉和防范当作"低信任"来定义，从而造成了中国人低信任的

---

① H. Markus, S. Kitayama, "Cultural Variation in the Self-Concept", in Jaine Strauss, George Goethals (eds.), *The Self: Interdisciplinary Approaches*, New York: Springer, 1991.

② 杨宜音：《自己人：信任建构过程的个案研究》，《社会学研究》1999年第2期。

结论。其实这不是一个简单的结论，而属于文化理解上的不同。我们固然同意，在信任的要素中有信息、期望乃至赌博的成分，这些成分总体上显现为社会的不确定性，可家族主义文化中所建立的血脉、血亲、家人、亲缘、亲情等观念，是在不确定性的社会寻求到的确定性。这种确定性在很大程度上排斥了风险和赌博的成分。不理解这一点，就很难理解中国人对"亲生"的重视（对收养的不重视，这点构成了中日信任方式的不同），很难理解何谓"手足情"（这点依然构成了中日信任方式的不同），也很难理解为什么中国人对生育如此看重。也正是因为亲生、血缘问题被一再强化，区分了中国人与日本人在信任问题上的差异。福山指出：

> 日本人的家通常是生理基础上的家庭，比较像是家庭成员共同使用的家庭财产的信托机构。户主就是主要受托人。重要的是家的代代延续，它是一个组织，其中的各个位置可能暂时被实实在在的家庭成员所占据，但是这些角色不一定必须由有血缘关系的亲戚担任。
>
> 例如，户主的位置一般从父亲传给长子，但是长子的角色可以由任何外人担任，只要他履行了正当的收养法律程序。与中国形成鲜明对比的是，在日本，过继无血缘关系的外人既普遍又比较容易进行。一个家庭如果没有男性继承人或儿子不中用，他们常用的方法是让女儿与某人结婚，然后女婿改姓妻子家的姓。这样他将继承这个家产，受到的待遇与这个家庭亲生的儿子没有两样。即使后来，这个家庭又生了一个儿子，情况也不会改变。在古代，日本家庭不像中国家庭那样有严重的父系观念。一些王室家庭也存在入赘婚姻（继承权和居住资格传给女方）。偶尔还会发生佣人

被收养进家庭的事情。对于许多家庭来说，住在同一屋檐下的佣人比不住在一起的亲戚更亲近，可以作为亲戚一同拜祭祖先，而且死后被埋葬在家族墓地中。

　　日本文化不仅允许过继儿子，而且对任人唯亲有一定的提防，这反映在一些警示懒惰和无能儿子的危险的俗语上。许多事例表明，日本人不把继承权传给注定不适合接受家的领导权的儿子，而是传给生人。这种情况在明治维新之前更加普遍，尤其在商人和武士家庭（他们有更多的财产要传给后代）。这样的家庭将继承权传给养子而不传给亲生儿子的比例高达25%—34%。中国的这种情况远没有日本普遍。①

　　信任的含义在高度抽象的、模糊的以及社会事实的方面均可以得到确认，可是进一步的确认则体现出了文化的差异。可以抽象出来的比较广泛的部分是，信任只是人类相互依赖的重要方式之一，它昭示出一个人无法离群独居。但依赖性同信任之间不构成正相关关系，而体现出一定的复杂性。例如同"不信任"意思相近的猜忌、怀疑、背叛依然是在依赖性中发生的，严酷的律法与监视也是在依赖性中发生的。究竟信任如何表现，还是要回到文化特点及其对人的假定上来。在个人主义价值的影响下，一个人越依赖于自我，一方面其人格与能力就越重要，另一方面他对社会系统——这种社会系统借用吉登斯的说法是"抽离化机制"（disembedding mechanism），分为符号标志与专家

---

① 弗兰西斯·福山：《信任：社会美德与创造经济繁荣》，彭志华译，海南出版社2001年版，第174—175页。

系统①——的依赖也会随之增加,因为这其中的生活方式更强调个人与社会的关系,更期望于社会设施、社会安全和社会保障。

而在家族主义价值的影响下,正如我们前面所看到的由固定关系发展而来的全知型信任,一个人越依赖家人和亲人,那么其人格与能力虽然在发挥作用,却不受重视,甚至受到压抑;个人也不考虑社会层面的保护,他所依赖的主要是他的关系和人脉。关系和人脉之重要,足以构成人的全部生活。他不需要关注社会建设的问题,只需要培养他对其网络的融入,并从中寻找可以被他利用的社会资源在哪里。社会资源作为议题,在抽象而模糊的意义上当然是构成信任的重要条件,它启发了西方学者在社会资本的概念下来重新认识信任。但中国人的观点是,社会资源的使用不是制度化的、团体化的及资格的问题,说到底还是一个关系本身的问题。也就是说,社会资源不需要借助于制度化、团体化与成员资格的方式来运作,完全可以根据关系自身的特点来运作。那么关系自身的特点是什么呢?简单说就是人情与权力。② 由此一来,一个人生活中的风险防范,未必需要社会系统来完善,而可以通过关系网中的权力来控制。当然,中国现代社会所推进的市场化到一定程度,会让吉登斯的议题凸显出来。在信任的另一个抽象层面上,我们也一样可以看到信息的重要性。在通常情况下,信任能否建立,会有信息量在起作用,信息掌握的越多,信任建立的可能性也越大。的确,中国文化也强调完全的信任是建立在全知性的基础上的。但是,信息与信任之间的关系在中国文化中也有互为因果的可

---

① 安东尼·吉登斯:《现代性与自我认同》,赵旭东、方文译,生活·读书·新知三联书店1998年版,第21、154—164页。
② 翟学伟:《人情、面子与权力的再生产——情理社会中的社会交换方式》,《社会学研究》2004年第5期。

能，比如只有人与人之间建立了信任，传达的信息才可以判断为真；没有信任关系，信息真假本身不能判定（关于这一点我放在本书的第九章讨论）；还有一种可能是信任和信息的指向性有差异。比如以关系作为社会基础的中国人偏重由关系或交情建立的信任，而轻视对办事能力的信任。大量的中国事例告诉我们，中国人托人办事、借钱给人是因为对此人有信任，但结果办不成事与借钱不还却是由于没有考察此人的能力，致使信任发生问题。最近中国社会上出现的"杀熟"现象则隐含着中国人自以为知根知底，实际上却把全知型信任建立在了一个关系网处罚机制已经失效的社会之上。

可见，超越于文化之上来定义信任的几个要素是成立的，即所谓信任是在社会不确定性增大之际所启用的一种对他者的依赖方式。其基本含义是在某一个体单位有了特定要求后，通过求助他者来实现自己对未来的预期并由此发生的相应行为。其社会功能就在于简化社会运作的复杂性和降低交往中的社会成本。前者是卢曼信任理论的重点。后者则表现为社会成本越低，信任的纯度越高；成本越高，不信任的浓度越高。那么就此层面看，信任最重要的特征究竟在哪里呢？虽然卢曼对信任的时间性有所批判[1]，但时间在信任中的意义正是关系向度理论中所强调的，尤其对中国社会而言，是时间维度保证了信任沿着关系脉络去发展，而缺乏沿着空间维度去发展。或者说，空间上的人口流动最大的问题就是与过去告别而进入新的领地，这导致一切空间上的关系要重新建立。这点对看重时间信任的中国人来说是很不适应的。唯一的解决办法就是用时间来换空间，即带着关系网络一起出

---

[1] 尼克拉斯·卢曼：《信任：一个社会复杂性的简化机制》，瞿铁鹏、李强译，上海人民出版社2005年版，第14页。

发,而不是把关系永远滞留于家乡。现在我们进一步扩充一下对时间含义的理解。虽说信任可分为时间和空间两个维度,前者指向未来,后者指向相关他人,但从物理和社会两个方面的原理来看,人们身处的时空始终处于变动之中,而所谓信任的本质就是人们想在时空变动时维系自己想依赖的对象不发生时空变动,简单地说,即"不与时俱进":它指向未来却保留过去,它依托他者却维持信心。从信任的这一时间本质再来认识它为什么可以简化社会的复杂性,我以为其根本在于它自身所具有的保留与维持的特点。保留与维持是说人在变动的关系中对"不变"关系的追求。当生活环境一切依旧或者停滞不前时,社会的复杂性将大大降低,信任所发挥的约束机制也成为多余;而当生活环境开始变幻莫测时,社会复杂性越提升,信任的简化机制就越发必不可少了。换句话说,当生活环境中复杂性因素越来越增多时,借助于信任不但可以维持旧有的生活,而且可以模拟简单社会的运行。从文化的角度上来看,如何确保不确定中的可确定性,借助什么方式来建立和维持信任,自然是有差异的,因为处于关系取向假定中的社会与处于个体取向假定中的社会,其孕育出来的信任含义、委托方式和相应的处罚机制都十分不同。

通过以上的讨论,我认为随着信任研究成果数量的增加,是时候回到常理上来对其进行重新梳理了。否则我们除了实证研究、不断地提供最新的数据统计结果之外,已经迷失在了繁复而五花八门的观点之中。①

---

① 哈丁虽然对各种观点做了批驳,但他自己对此问题的认识依然说不清楚,只希望在信任和值得信任方面进行区分,详见哈丁:《信任的概念与解释》,王兵译,载周怡主编:《我们信谁:关于信任模式与机制的社会科学探索》,社会科学文献出版社2014年版,第193—223页。

讨论至此，我们可以得到如下结论：信任关系位于何处体现出了各自社会的文化假设，中国社会假定了人的生活具有相互依赖的倾向，而不同于西方社会假定人的生活具有自我依赖的倾向。前者的社会预设导致了生活于其中的人们对于关系及社会网络的需求很强烈。再加上中国人的关系网在传统社会具有不流动的特点，因此其处罚机制主要体现在一个人及其相关者在其社会网络中的名声以及能否继续留在其网络中的问题上。而自我依赖的假设导致了个人社会流动性的增加，也就是处于松散关系之中。这时一个人所属的团体及其规范变得更加重要，同时相应的社会制度与社会系统也担当了重要的约束功能。通常情况下，前者的信任机制被看作是特殊主义的，后者被看作是普遍主义的，其实两者的特征中都有特殊性与普遍性的成分，只是表现方式有所不同而已。以上信任研究框架可见图4-3。

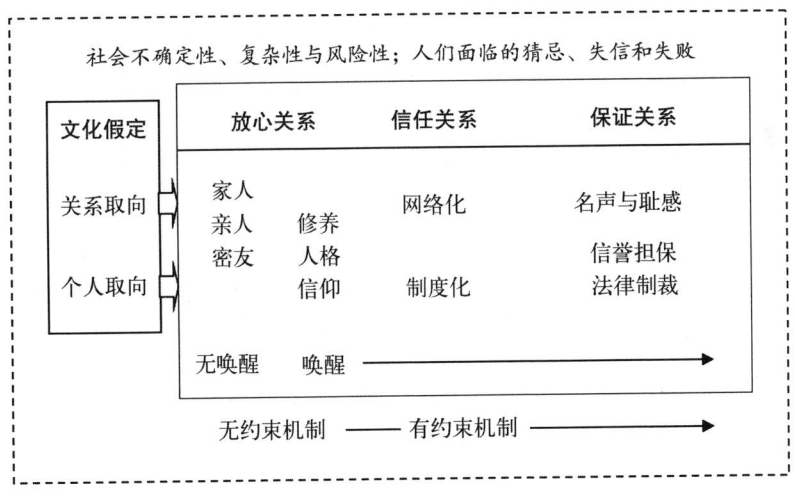

图4-3 信任关系及其文化模式

此时，我们发现，作为社会事实的信任，其根本意义在于一个人在面对社会复杂性增大或社会自身的变化之际,所表现出来的对既往时空中依赖对象的控制倾向,以便可以照常应对未来的不确定性和各种风险。我们知道,对于社会系统中各个部分的控制需要付出极大的成本,而信任的建立和维持将能确保运行成本的最小化,并简化复杂社会的运行。那么,为什么可以实现这一可能性呢?关键点就在于信任的核心是用熟悉的或者少有改变的部分来指向和应付可变的、不可测的部分。只是熟悉也好,不变也好,其保证和承诺系统究竟在哪里,各个社会都有自己的文化设计和偏向。文化不同,那么信任中所包含的不确定性、期待与赌博特征以及作为基础的信息也都有自己的不同方向和运作模式。

第五章 人性假设与制度安排

第一节 人类社会关于"信"的基本假定

当信任拥有了各自社会构成上的特点后,我们进一步的讨论就涉及了人性假设的问题。虽然人性假设是无解的,但从上述信任的文化预设中还是可以看到每一种文化都在这点上坚持不懈地讨论着。通常,人性假设的讨论在文化中有三个层面的阐述:第一是本体论层面(哲学沉思);第二是社会层面(透过社会现象来认识);第三是价值层面(借助文化比较)。这三个层面所面对的,都不是什么样的社会事实反映什么样的人性,诸如某一特定时期发生的社会真善美或假丑恶现象体现了什么样的人性(文学描写性的),因为后者的讨论一会儿让人们感受到人性的光辉,一会儿又感受到人性的丑恶,以至于人性始终被定义成"一半天使,一半恶魔"。我下面想探讨的是勾连上述三个层面并引申出不同文化中人性假设会产生什么样的制度化特征问题。

我们知道,关于社会事实层面的探讨,我们需要通过实证资料的描述和分析来获得局部的或整体的认识;可是人性被假定成什么样子,则是一个理论问题,需要通过对一系列文化本身的预设来理解,即研究一系列制度为什么要这样设立而不那样设立。表面上看,设立一种什么样的制度同一个社会生活的环境、运行及面对什么样的实际问题有很大的关系,比如农业文明与工业文明形成的制度是不一样的,计划经济和市场经济建立的体制也不一样,儒家思想和共和思想构筑的社会蓝图更加不同,等等,而且在大多数人的眼里,制度也表现为一个社会出现了什么样的社会问题,人们就增设什么样的规定等等,但在这些显而易见的现象背后,还深藏着一个社会成员对人与社会所达成的基本共识,也就是某一特定社会成员对人性的集体想象和推论,即荣格(C. Jung)所谓的"集体无意识"。

通过上一章的讨论,我们可以比较清楚地看出,当大多数中国人生活于家乡共同体时,这种文化就会发生社会信任假定是"自在的";而当人口发生流动时,这个假定就消失了,它促使流动中的人们需要做出新的假定。倘若人们假定了社会信任是自在性的,那么共同体中一旦发生失信行为,则所能启动的是道德舆论攻势,造成相关成员名誉扫地,从而使信任危机得到修复;可一旦自在性假定消失了,那么继续采用相同的方法,其所面临的风险就会很大,直至新的信任规范的建立,比如契约、监管、法制等。至于从社会事实到文化价值层面的讨论,中西方学者亦有不少论述。[①] 而在信任研究领域,相对缺乏的就是连接到哲学内部的人性讨论以及亚当·斯密在经济学领域和弗洛伊德(S. Freud)在心理学领域中遗留的一种传统,即从人性的假定推演制度的安排。

那么,为何其他社会科学很少讨论人性问题?因为受实证主义的

---

① 埃里克·尤斯拉纳:《信任的道德基础》,张敦敏译,中国社会科学出版社2006年版;陈绪新:《信用伦理及其道德哲学传统研究》,中国社会科学出版社2008年版;陈平编著:《新中国诚信变迁:现象与思辨》,中山大学出版社2010年版。

影响,其他社会科学倾向从外部寻求人类行为特征(经济学例外),或者说,由于人性讨论无法检验,进而讨论下去没有意义。从学术史上看,有关人性的探讨更多的来自人文学科,比如哲学、伦理学乃至文学。而从制度安排上来反推人性假设的学科主要是管理学,因为管理学研究者在讨论制度时发现制度不是由管理者随心所欲地设计出来的,也非只针对组织目标而确立,其背后总带有制度制定者对人性自觉或不自觉的假定。管理学之所以能从制度安排中看到人性,基本上又得益于哲学、经济学、早期社会学、心理学理论及管理学本身的一些研究成果,尽管有的人性讨论在其学科内部早已边缘化了,但管理学科自身已经对此有了发展和壮大。比如,经济学中关于"经济人"的假定被管理学之父泰勒(F. Taylor)等古典管理理论学者接纳和转化后,产生了一套科学的管理模式,其中包括任务管理、奖惩制度、监督制度等;社会心理学家梅奥(G. Mayo)通过霍桑实验提出的"社会人"假定,开创了管理学中的人际关系学派,该学派更加重视团队精神、集体荣誉感、人际沟通等;而在心理学中,由于人本主义心理学的领军人物马斯洛(A. Maslow)提出了需求层次理论,并将"自我实现的人"当作人的最高需求,促使管理学家以此作为一种人性假设,形成了人道主义的管理模式。其中,"经济人"与"自我实现的人"的人性假定所带来的管理模式,也被麦克雷格(D. McGregor)分别概括为 X 理论和 Y 理论。① 随着美国管理学家对日本企业管理模式的研究,他们接着又提出了 Z 理论,以表明管理模式背后的人性存在多元化之可能,即所谓

---

① 参见丹尼尔·雷恩:《管理思想的演变》,孙耀君等译,中国社会科学出版社 1986 年版;迈克尔·波顿:《大话管理 100 年》,文岗译,中国纺织出版社 2003 年版。

"复杂人"假设。① 在这一系列的人性假设的一再变化中,我们清楚地看到人性与制度安排之间的联动关系。这点足以说明在很多情况下,讨论制度安排,最终是要回到人性假设上去的。

以往讨论制度本身的学者对此多有疏忽,是因为他们认为任何制度安排都是依照一社会或组织的特定目标、任务、效率、激励及分配等要求来规定的。而实际情况是,如果我们没有确立人性假定,有些制度的设置则是无效的。比如一个领导者采取弹性坐班制需要假定其企业员工具有成就动机,如果该制度实施的效果不明显,则说明该领导假定上有偏差。一个更为通俗的例子是,一个母亲每天晚上坐在她孩子边上监督他做功课,是建立于这个年龄段的孩子缺少学习自觉性之假定,如果她假定这个年龄段的孩子有学习自觉性,那么她就会放弃监督。另一个尤为显著的例子是高等院校对于老师的科研要求是采取算工分的激励甚至动不动就处罚、警告,还是只提供研究的机会、经费、环境,而不去过问其每年的生产量是多少,也在于高校领导对知识人的人性假定是什么。采用前者的管理者认为,如果不采取措施,科研是没有积极性的(即假定了人之惰性);而采用后者的管理者认为,不断催促科研成果并给予一定的奖惩,人的创造力会衰减,只能疲于应付任务,所以需要给出更加宽松的制度来激发人的潜能(即假定了人有自我实现的愿望)。结果,如果高校坚持以前者安排制度,那么最懒的人被管住了,但最好的学者消失了;如果坚持以后者安排制度,那么最好的科研成果出现了,但懒惰的人也许增多了。至此,如何对科研教学人员进行管理,我们至今也没有认真反思过,但眼下为了高校

---

① 参见威廉·大内:《Z理论:美国企业界怎样迎接日本的挑战》,孙耀君等译校,中国社会科学出版社1984年版。

排名,现行制度的设立导向了每年考核,而要花几年或更长时间从事的研究也在此考核下自然消失。正因为管理者对知识分子的人性假定很随意,所以很多高校发文量上去了,却失去了创新机制。总之,我倾向于认为,很多制度问题被停留在事实层面上来寻求解决方案,是社会或组织得不到治理和改进的深层次原因,也是许多社会措施达不到预期效果的主要原因。比如市场化的社会倾向认为,任何事情有钱就好办,结果是搞创新就是投资;而一种相反的观点是,再多的钱也买不来创造力,发明来自智慧与钻研,否则给再多的钱也出不了发明家。

为了比较完整地讨论信任所牵涉的人性问题,我还是先回到本书前面已经提及的人类生活需要分工协作和彼此依赖开始。我们先做这样一个设想:假如某个体是"全知全能"的,他的生活是否需要信任呢?答案是"不需要",因为该个体自己拥有得到一切信息并完成一切任务之能力。反之,假如某个体是"无知无能"的,比如婴幼儿或病人、残疾人等,他是否需要信任呢?答案是"绝对需要",因为片刻间的无人相助,都将导致他无法生存。比较这两个极端,我们看到人类文明的进化过程,或者一个婴儿的成长过程,就是一个从绝对需要到尽可能不需要的过程。这是文化习得与技术创新的动力所在。进而在任何社会,提升知识和技能一直是文化对每一个成员的基本要求。当然,目前人类在自我知识和技能的增进方面已经有了大幅度的提高,但即便如此,只要人类还不能做到全知全能,包括我们期待让机器人来帮助我们解决很多复杂问题,且在人机互动(只要机器不出故障或不是伪劣产品,机器不存在动机上的欺骗问题)出现之前,就会不断反复地有对英雄、神话或上帝的敬仰或崇拜,因为正是他们的无私帮助才一再地拯救了我们。在世界很多地方,几乎毫无例外地存在着各种各样的神话或者宗教信仰,也广泛流传着有关巫师的民间故事。信仰和信任可以相连,即是表明在个人或社会感到无助的时候,有神可以帮助信仰者,此即人世间的信任难题最终上升为宗教信仰。其主要内容大都在于神灵会保佑人们,答应满足人的各种愿望。当然,也有一些民间故事告诫人类不能太贪婪,无休止的贪婪会导致他们的愿望要么最终被剥夺,要么为自己埋下祸根,最终回归到以往无助的生活状态中去。其教化意义是,人要知足,要守信用并且对神要虔诚。

英雄、神仙、上帝及巫师等之伟大使得他们同人类有了差距。这个差距令人类自己面对种种无助选择过集体生活,以抵御自然或异族之侵袭以及内部的冲突。从生物学到社会学的研究表明,群体成员之所以能够彼此依靠,首先是通过信息的交流与货物的共享实现的(动物学家观察到鸟类有序地排列成一定方阵飞翔或者蚂蚁可以职责分明地分工协作,主要是由信息传递引起的,这对机器人的开发有新的思路)。在社会学中,人类所构成的协作关系可以统称为"社会交换"。依照社会资源理论,人们互相交换的内容虽然很丰富,但大体不超过货物、信息、金钱、服务、地位和情感等六大种类。[①] 无论发生哪一种交换,其前提都离不开信任,否则社会交换将无以为继。社会交换可以分封闭性和开放性两种。如果双方的交换关系是封闭的,那么信任就无论如何必须存在,否则交换双方都无法生存;如果双方的关系是开放的,那么虽然两者之间没有信任,但他们都可以放弃对方去重新寻求信任对象。比如中国奶粉一度出了问题,导致许多中国母亲求助于进口奶粉,尽管价格会高出许多。在此问题的研究上,西方学者更多考虑的是处于社会交换中的个人应当具备理性(判断和选择)和道德

---

① E. Foa, U. Foa, "Resource Theory of Social Exchange", in J. Thibaut, T. Spence, R. Carxon (eds.), *Contemporary Topics in Social Psychology*, Morriestown, NJ.: General Learning, 1976.

(良心和诚信)两个要素,也就是他们倾向在人格/道德型信任中寻找可信任的对象,并伴随严苛的法律制裁;而中国学者则倾向于整体性的、顾全大局式的系统维护,包括追加更大的监督成本。

一个人要拥有的理性或道德要素首先来自其信息的获取。假如社会中流通的信息没有办法被确定为真,那么理性判断与选择就会发生根本性的偏离。于是,理性是个体性的,而信息既是个体性的也是社会性的。流通信息的保真所要建立的道德不单是信息的真伪,还关于要为做人划出底线,进而最终涉及对人性的设定。作为一种社会或组织的人性设定,我们其实没有什么事实依据来证明一种人性假设为真或者为假,而只凭一个社会的集体共识。不同的社会各有自己的文明源头,这点造成人性的假设纷繁复杂,甚至一个文明内部也可以为此发生一场又一场的争论,形成很多种学派。倘若回到民众可接纳和认同层面来考察,我想人性假设更多的是从文化(而非思想流派层面)上看到的。比如在西方社会,人性假定问题是被放到宗教信仰中来认识的。西方人将伦理道德底线交给宗教,体现了他们想在神与人之间建立一种推演关系。而在中国文化传统中,人性的假设不是一个宗教问题(当然,佛教的进入也曾给中国人带来类似的观念,并对中国文化有深远的影响)。中国本土思想家对道德的设定与坚守,来自天人关系的类推。伴随着中国人的这一实践性思考,天人关系在儒家那里最终落实到了人的内在性上。或者说,中国文化对人性的思考是想找到人的内在性超越,即试图从人的天性(天地良心)上来论证人的本性是"善"的还是"恶"的。

第二节 中国人的"善"与"恶"

孟子讲"善人也,信人也",又接着说:"可欲之谓善,有诸己之谓信,充实之谓美,充实而有光辉之谓大,大而化之之谓圣,圣而不可知之之谓神。"(《孟子·尽心下》)意思是说足以引起人们的喜好叫作善,善存在于自己本身叫作信,充实在身上就叫作美,既充实又有光辉就叫作大,既大又能感化万物就叫作圣,圣到妙不可知就叫作神。这是说,信要以善为前提,信是建立在诚的基础之上的。假如一个人为了单纯地守信而明知道事情本身是错的也要守,那就不是真正的"信"。可什么又是"善"呢?孟子说的"可欲之谓善"中的"可欲"在宋儒张栻的《癸巳孟子说》卷七中的解释是:"可欲者,动之端也。盖人具天地之性,仁义礼智之所存。"由此可知,善因包含仁义礼智的品德,那么"信"也就与其共同构成了所谓"五常"。

以上是儒家思想内部的论述,但中国思想史上不但有儒释道,还有儒法斗争,又有民间信仰及农业文明自身的现实特征,从过去到如今,我们都不能忽略如此复杂的价值系统。近来,包括我自己课题在内的一些调查研究发现,中国人在问卷中所表现出来的"人性本善",即善意倾向同中国人的低信任之间是相互矛盾的。[①] 单从一种逻辑推论上看,如果某个体相信人的本性中存在着善意,那么社会的信任度就应该高,防范度也就低;反之,如果人性被普遍看作是恶的,那么社会的

[①] 王雪飞、山岸俊男:《信任的中日美比较研究》,载郑也夫、彭泗清等:《中国社会中的信任》,中国城市出版社2003年版,第179页。

信任度就低，防范度也就高。这点在逻辑关系上没有问题，由此逻辑框架，我们可以根据民众对人性的不同假定判断一特定社会信任的高低。即使我们单凭这一假设区分不了信任的复杂性，还需要更多方面的测量，但起码善意与信任、恶意与不信任之间应该保持一致。可实际情况是，这一看似合理的分析框架在研究中国人的社会信任时，出现了较为混乱的局面。原先曾有一项运用人性假设的题目来测量民众信任情况的研究，其结论是，被调查者均明显地相信人性中应有善良、友好、合作和乐于助人的特质。他们不同意人性自私、不关心他人、人与人只是交换关系的观点。可见，中国人的信任包含了以儒家信念为基础而建立起的信任观念。[1] 而在我主持的关于我国社会信用制度研究课题的调查中却发现，当下中国人的社会信任呈现多元、复杂和矛盾的特点，尚未建立起一种普遍认可的价值体系。相较于上一项调查，本研究反映出人们既有对"仁爱之心"的期盼，又有物质主义和利益至上的动机。人们一方面在很大程度上相信人性的善良、友好、合作和乐于助人，另一方面又相信人性的自私、不关心他人、人与人之间是利益关系；他们既有牺牲自己、帮助他人的意愿，也会在更大程度上保护自己和家人的利益不受损害。具体统计描述见表5-1：

表5-1 社会信任基本状况的描述统计

社会信任	回答人数	平均数	标准差
四海之内皆兄弟	5237	3.68	0.988
防人之心不可无	5237	3.87	1.097
好心有好报	5237	3.73	1.061

---

[1] 李伟民、梁玉成：《特殊信任与普遍信任——中国人信任的结构与特征》，《社会学研究》2002年第3期。

续 表

社会信任	回答人数	平均数	标准差
如果社会发生重大事故,我无论如何都要先保护我的家人不受伤害,然后考虑其他人	5237	3.61	1.185
现在,为了自身利益而不讲信用,这是可以理解的	5237	3.14	1.252
社会上大多数人都是诚实可信的	5237	3.56	1.075
绝大多数人是助人为乐的	5237	3.52	1.071
在社会上,没有人真正关心他人	5237	2.52	1.072
无论怎样,看到有人需要帮助,我都会尽力而为	5237	3.94	0.839
我愿意牺牲自己,为他人谋福利	5237	3.04	1.046
帮助他人是不需要回报的	5237	3.74	0.986
即使能得到好处,也不能不守信用	5237	3.58	1.283
人们把个人利益置于其他利益之上	5237	3.80	1.033
人都是自私的	5237	3.72	1.047

从中国民众社会信任的多元化中,我们发现利己倾向对当前社会信任的解释力较大。为了更清晰直观地了解中国居民信任的不同结构或维度,我们对所有关于个人信任的问题根据其得分进行了因子分析(KMO=0.746,Bartlett检验结果显著),通过主成分分析方法,得到了四个因子,分别命名为"性善观""性恶观""利他倾向"和"利己倾向"。这四个因子能够解释个人所测变量方差的57.3%。每一因子包含的题目及系数见表5-2。

表 5-2　社会信任的因子分析结果

题项	利己倾向	性善观	利他倾向	性恶观
如果社会发生重大事故,我无论如何都要先保护我的家人不受伤害,然后考虑其他人	0.818			
防人之心不可无	0.811			
即使能得到好处,也不能不守信用	0.809			
社会上大多数人都是诚实可信的		0.730		
绝大多数人是助人为乐的		0.659		
好心有好报		0.607		
四海之内皆兄弟		0.587		
帮助他人是不需要回报的			0.778	
无论怎样,看到有人需要帮助,我都会尽力而为			0.748	
我愿意牺牲自己,为他人谋福利			0.741	
人们把个人利益置于其他利益之上				0.782
人都是自私的				0.703
现在,为了自身利益而不讲信用,这是可以理解的				0.596
在社会上,没有人真正关心他人				0.491
特征值	2.413	1.960	1.8431	1.802
变异值(%)	17.236	14.003	13.167	12.872

性善观假设人性是向善的和积极的,相信社会上大多数人是善良的和友好的,真诚是人与人交往最基本的原则;性恶观假设人性是自

私的和自利的,人与人之间的关系首先是利益关系;利他倾向反映的是个体在现实或可能的情境下有利他行为的意愿或倾向;而利己倾向反映的是个体在现实或可能的情境下有利己行为的意愿或倾向。它们各自都包含三四个题项。由各因子的特征值和方差贡献率来看,各因子对社会信任均有不同程度的解释力,但它们之间的区别并不大,相对而言,利己倾向的解释力更大。这表明,虽说当代居民持有的人性善恶之观念与现实或可能的交往情境中的利己或利他行为倾向共同决定了其个人信任的水平,但利己倾向对一个人的信任水平的高低起着更为重要的作用。

由调查结果来看,虽然受测者在个人信用所有四个因子上的得分均高于平均数,但比较下来,各因子得分由高到低依次为:利己倾向—性善观—利他倾向—性恶观。这说明,现代人对人与人之间信任关系和未来的社会风险均表现出更大的担忧。尽管人们在对人性的假设上同时持有性善和性恶的观念,也未对人的本性失去信心,但在其现实或可能的选择上,无论是当个体遇到一般生活事件还是重大社会事件,人们首先都做好了"防人之心"的准备,并优先考虑自我保护。这一结果和明恩溥一百多年前对中国人特征的观察是一致的。特别是近年来在全国引发较大影响的制假售假事件、"小悦悦事件"等,都引发了人们对人性的深刻思考。可从另一方面看,儒家的"仁爱之心"又从来不缺乐于助人且勇于助人的好人好事,这点让当代中国人深感困惑,也让人们看到需要面对现实,担心做完"善"事后会带来不"善"的后果。因此,当一个人真的面临具体情境时,他更倾向于做出自保和观望。

儒家所假定的人性本善如何与一个人的自利相衔接,有一系列需要思考的问题。第一,作为善而体现的仁,是儒家重点讨论的概念,可研究发现,仁是情境主义的,不是一成不变的。[①] 不同的学生向孔子问仁,孔子的回答都不一样。情形不同,语境不同,问法不同,学生不同,仁的含义就会不同。另外,善意充其量是人的动机,中国人都认为"好心可以办坏事",那就等于说善意可以导致恶果。这不是简单的逻辑问题,而是经验和事实的问题。由此可见,同意性善并不意味着要同表现于外的行动及其结果保持一致。第二,人性本善,有一个"本"字,"本"可以做"根本"讲,也可以做"本来"讲。做"根本"讲,其意思是无论如何人性都是善的;做"本来"讲,意思是人性本来是善的,后来因其他情况的发生就不一定了。比如《三字经》中的"性相近,习相远",意指人可以学坏,但学坏的人本性还是善的,所以人只要被教化就会改邪归正。如果人性本恶,那么任何教化都归不了正。所以善意与恶习之间并不矛盾。第三,善从来不是一视同仁的,而是有等差的。一个人对自己家人善,不能推出对其他人也善;反之,一个人对其他人恶,也推不出对家人也恶。这就是说,一个人在固定关系中所拥有的善,即可以定义为人性本善,其理由是每一个人都有自己的亲人(固定关系)。反倒是一种一贯到底的、态度与行为相统一的善或恶,为中国人所不能理解,这是墨子的兼爱思想和荀子的性恶思想在中国没有流行开来的原因。中国人一句"虎毒不食子"似乎更能说得通,而其他远离这一思想的学派需要有常人难以理解的论证。

总体来讲,为什么中国人同意每个人都有善意呢?因为坚持情境主义的中国人认为,每个人都有自己的家人和亲人,所以人人都可能在其中表现出善意。为什么中国人倾向认为他人不可轻信呢?因为每

[①] 郝大维、安乐哲:《通过孔子而思》,何金俐译,北京大学出版社2005年版,第111页。

一个人都有可能遇到坏人,所以不能轻信别人。如果一个人面对坏人还用善去对待他,那就是"农夫和蛇"的故事了。这个故事的中国版本是"东郭先生与狼",而中国的这个版本除了想表达人性或兽性的本质外,还有一层意思是(用来挖苦墨家的"兼爱"思想),做人的关键要分清同类或敌我,而不是对任何对象都可以发善心。

现在我想具体探讨一下中国先哲是如何进行人性假定并引领中国文化走向的。中国的人性假设有儒家和道家之分,后来也加进了佛家的观点。相较而言,道家对人性的看法是人应返璞归真。老庄认为,所谓道德是人性恶的产物,这一思想首先来自"道法自然"(《道德经》第25章),即所谓人之道最终不在于人自身,而在自然。自然是无所求、无所欲的。如果道法自然,那么人也跟着不应有所求。人类社会之所以津津乐道于道德,其根源就在于道的丧失,所以老子说:"故失道而后德,失德而后仁,失仁而后义,失义而后礼。夫礼者,忠信之薄,而乱之首。"(《道德经》第38章)老子的这一番推论,其实在思辨层面体现了他们对人性与制度关系的根本性思考。只是这个思考太过消极,因为其推论方式是反方向的,也就是说,他们的思考不但对于社会制度设立作用不大,反而希望人类退回到无知无欲、不争不夺的境地。可事实是,这一反向的推论无论正确与否,都改变不了人类的欲望、纷争以及贪婪。所以道家学说最终会走向退隐,他们只关注一个人的定力、修炼以及成道,以至于不论老庄对社会制度本身的批判有多么深刻,但只要绝大多数人的这些欲望还在,道德和礼制就必须存在,后者成为儒家思考的重点。

在孔子看来,建立社会制度(礼制)是必需的。但礼制的最大问题在于它只规范人的行为,却制约不了人心,所以应当在礼制的背后增加一种心灵上的约束。这样,人才可以发自内心地去按照礼制的要求去做，而不是害怕惩罚，或者只为功利行事。正是在这一点上，孔子提出了两个重要的概念，一个是"仁"，一个是"君子"。"仁"同"礼"对应，一内一外，表明制度和规范的背后应该有道德来支撑，所谓"克己复礼为仁"（《论语·颜渊》）、"人而不仁，如礼何？人而不仁，如乐何？"（《论语·八佾》），而君子就是那些实行仁的人，或者是具有仁之品格的人。义同小人对立，表明君子行事以义为原则，而非以利为原则，"君子喻于义，小人喻于利"（《论语·里仁》）。从这里可以看到，以孔子为代表的儒家所关心的主要议题就是对仁之含义的阐述以及对人何以有仁心的论证。《论语》开篇就认为，人之所以有仁，来自他有父母和兄弟，如果一个人能对他们行孝悌，那就是仁的开始。这样一种论证方式有一个重要的特点，即仁是人人都可以做的事情，以至于圣人之德其实也是人人都可以实现的（"人皆可以为尧舜"）。这也隐含了小人虽然心中有私利，但依然有机会通过修养而成为君子。另外，在实现路径方面，关系越亲密，这样的品德就越容易体现。如果一个人在亲人关系上做到了，便可以推广出去，所谓"老吾老以及人之老，幼吾幼以及人之幼"，以此推己及人，天下便可以归仁矣。若用君子的品德衡量小人，那么小人的最大特点就是他有一己之私利。如果一个人把自己的利益放在首位，他便不会去想到别人，关心别人，爱护别人。

论证至此，我们似乎发现孔子思想中存在着一种根源性上的焦虑，那就是：有什么办法来证明在人的本性里，至少在亲密关系中存有这样一种天然的爱呢？孔子语焉不详，他甚至认为"唯仁者能爱人，能恶人"（《论语·里仁》）。这说明孔子所说的爱含有爱憎分明之意，而不要求人总是怀有一颗爱心，或者说，爱是因人而异的。孔子的这个焦虑传到孟子那里，成为孟子必须解决的关键问题，后者要力图证明的是人的本心本来就有爱的存在。这样的论证所带来的一个微妙变化，是孟子努力想将"仁"的基本特性确定下来,也就是要在人的根性上加以讨论。结果孟子提出了人皆有"不忍人之心"的人性假设。孟子的论证是举了一个例子:"所以谓人皆有不忍人之心者,今人乍见孺子将入于井,皆有怵惕恻隐之心,非所以内交于孺子之父母也,非所以要誉于乡党朋友也,非恶其声而然也。"(《孟子·公孙丑上》)借助于这个例子,孟子认为人与生俱来有"四端":"恻隐之心,仁之端也;羞恶之心,义之端也;辞让之心,礼之端也;是非之心,智之端也。"(《孟子·公孙丑上》)四端共同成为守候人伦的基础。

我们不应当把儒家思想看作一种冥思苦想的玄学,儒家思想如此看重人性的假设,是因为其产生背景就是一个礼崩乐坏的社会或社会大变动的时代。儒者不但是思想家,也是社会改革家,他们的思考隐含着他们想找到修复社会秩序的关键在哪里,而找来找去,这个关键落到了人性的假设上。的确如此,在孟子的时代,关于人性问题发生了很多次激烈的争论,有关人性的假说也很多。可以说,现今我们遇到很多对于人性的讨论,几乎在那个年代都出现过:什么人性无所谓善与恶,不过是生理(本能)的体现,或者人的本性是恶的,抑或是可善可不善的,等等。[①]修正了儒家思想的孟子,成为性善论的捍卫者,也奠定了后来儒家思想的基调。当儒家思想在中国历史上占据上风之后,"人之初,性本善"最终成为中国传统文化的基本预设,受它引导的制度安排则有了亲亲制度与社会教化机制等。前者表现为以孝治天下的各项措施,这点在汉代就是举孝廉制;后者表现为儒家非常重视教育与榜样的力量,以至于中国的法律体系也是沿着君权系统与族权系统下来的。[②]

[①] 潘光旦:《孔门社会哲学的又一方面》,载《儒家的社会思想》,北京大学出版社2010年版。

[②] 刘广安:《中华法系的再认识》,法律出版社2002年版,第4页。

以人性本善为假定的中国先哲们认为,人生下来本拥有一颗善良的心,只是因出生后很容易受到人世间的污染,而道德教化的目的就是要去除这些污染,回归到人的本性上来,即修身以正心。此时,中国学术市场上会有一种观点:人人都善,哪来恶的环境?我个人的看法是,社会不是做加法,比如西方假定人人都恶,也可以逼出一个善的社会;反之,中国人假定人人都善,也未必形成一个善的环境。我们这里先撇开善的情境性,仅就其内在的实践逻辑而言也会导致坏的结果。例如有一个家庭处于饥饿的状态,家庭成员都吃不饱,后来终于得到了一个馒头,那么给谁吃呢?一种恶的行为是其中的那个自利者抢过来吃,一种善的行为是互相谦让,而互相谦让的结果其实会导致每一个人都不能先吃。从逻辑上推论,这个馒头最后是完整的,但是人人都会饿死。还有一种善意的行为就是大家分着吃,此中的美德就是互相谦让。这时,我们看到谦让是有度的,只是这个度的把握会导致名实分离的可能,也就是心里想的和实际做的有差距或者相反。这时,虽然人人都可以分得粮食,但其中有心安的,有忖度对方的,有认为分配不均的,或者有等待其他人先表态的。可见:一方面,一种彻底的善会带来饿死也不吃的恶果,而不是有人饿死,有人得救;另一方面,一种最符合人心的善意会带来复杂的局面,比如中国谚语"好人吃亏""人善被人欺,马善被人骑"等就是从中得出的。在孟子的思想中,并不存在善所带来的恶之可能,他一心想着给仁的背后植入更加本源性的内容,这就是"诚"字。孟子说:"诚身有道,不明乎善,不诚其身矣。是故诚者,天之道也;思诚者,人之道也。至诚而不动者,未之有也;不诚,未有能动者也。"(《孟子·离娄上》)这是在说,人之所以通过修养可以回到本性,是因为人心中有诚。这个诚之所以在人心中天然地拥有,是因为有天的授予。天道自身的运行产生了诚,人如果按照天道来行事，就会有诚的表现。儒家有关这方面的论证，更多的集中于《大学》和《中庸》之中。如《大学》开篇就提道："古之欲明明德于天下者，先治其国。欲治其国者，先齐其家。欲齐其家者，先修其身。欲修其身者，先正其心。欲正其心者，先诚其意。欲诚其意者，先致其知。致知在格物。"关于"格物致知"，历史上有不同的理解①，我认为这里的格物致知并非指单纯地穷究事物之理，而是说，只有认识天的自然特性，才会知道"诚"是哪里来的。总之，在儒家思想看来，天自有道，但只有通过人来体现，所谓"人能弘道，非道弘人"（《论语·卫灵公》）。一个人如果将其德性发挥得淋漓尽致，即达到至善便是天，所谓"尽其心者，知其性也；知其性，则知天也"，以及所谓"天命之谓性"（《孟子·尽心上》），或者浓缩为"德配天地"。

从儒家对于人性假设的讨论中我们发现，这个思想体系是发展不出刚性制度的，即使中国有自己的法系，也渗透着儒家的仁义精神。②当然，要想确保这个假设的贯彻，还是需要刚性制度做保证，比如对徇私舞弊、死不悔改、恶贯满盈之人的严厉处罚等。但不论如何，中国法律总是希望体现着人情。③ 可在人性本善的假设上，儒家思想者内却也有不同观点，比如荀子就坚持"性恶论"。④ 而性恶论之成立，需要在逻辑上解决两个问题：一个是天与人的关系，一个是本能（性）与习得

---

① 刘俊田等译注：《四书全译》，贵州人民出版社1988年版，第4页。
② 瞿同祖：《中国法律之儒家化》，载《中国法律与中国社会》，中华书局2003年版，第356页。
③ 范忠信：《中国法律传统的基本精神》，山东人民出版社2001年版，第359页；梁治平：《法意与人情》，中国法制出版社2004年版，第233页。
④ 荀子的思想体系中究竟是否明确提出"性恶论"，在学界有争论，参见颜世安：《荀子、韩非子、庄子性恶意识初议》，《南京大学学报（哲学·人文科学·社会科学版）》2010年第2期。我这里的说法只是按照《荀子》一书中的篇章来确认的，不在此参与争论。

(伪)的关系。对于前者,荀子持"天人相分"的观点,他认为天同人没有关系,天的运行有自己的规律,人的活动有自己的规则。如果说人事就是天事,那么为什么禹的时候天下太平,而桀的时候天下大乱,我们能说这是因为天有变化吗?再者,星辰、阳光、雨露等变化也不因为人的祈求或不祈求而改变(参见《荀子·天论》)。对于后者,荀子认为,人性本有饥饿、驱寒、嫉妒、情欲的,放纵它们,就有争夺,顺从它们,礼义廉耻就会消失(参见《荀子·性恶》)。也就是说,从通俗意义上讲,要想论证人性本恶,实际上要从每一个人开始都是"小人"论证起:

> 人之生固小人,无师无法则唯利之见耳。人之生固小人,又以遇乱世,得乱俗,是以小重小也,以乱得乱也。君子非得势以临之,则无由得开内焉。(《荀子·荣辱》)

荀子的思路是,一个社会之所以需要建立礼法,就是因为它们可以引导、规制和控制人性中的恶。所以,不但礼制是外在于控制人私欲的制度,而且仁义也是教化的结果。荀子的这一观点影响了韩非子,从而出现了法家思想。韩非子将荀子的人性假设提炼成:人的本性中都存在着欲利之心,即所谓人"是以不免于欲利之心"(《韩非子·解老》)。面对这样的人性,一个国家要想得到治理,就得"远仁义,去智能,服之以法"(《韩非子·说疑》)。而转向对信任的思考,他有这样的论述:

> 人主之患在于信人,信人,则制于人。人臣之于其君,非有骨肉之亲也,缚于势而不得不事也。故为人臣者,窥觇其君心也,无须臾之休,而人主怠傲处上,此世所以有劫君杀主也。为人主而大

信其子,则奸臣得乘于子以成其私,故李兑传赵王而饿主父。为人主而大信其妻,则奸臣得乘于妻以成其私,故优施传丽姬杀申生而立奚齐。夫以妻之近与子之亲而犹不可信,则其余无可信者矣。(《韩非子·备内》)

论说到这里,法家走到了儒家的对立面上,并在秦统一中国的实践中发挥了重要作用,但秦朝的短命又使得后来的统治者重新接纳儒家学说。可见,中国历史的制度设立本身就是在儒法之间穿梭前行的,儒法互补似乎成为许多史学家对中国制度史的总结。而在我看来,儒法在人性方面出现的性善论和性恶论及其混合,致使中国社会在制度设计上要么随之混合使用,要么被悬置起来,最终将重点落实在了究竟是采用教化来改造人,还是采取奖惩来改造人上。也就是说,单纯地讨论中国思想史,包括人性的假设在内,很容易忽略严酷的社会现实。许多学者不自觉地倾向于认为,一旦社会发生问题便要回到儒家思想中来寻求灵丹妙药,所谓人心不古、世风日下、道德滑坡等,都想说明这是由于今人不按儒家思想来行事导致的,否则社会现状不至于此。这里且不说儒家思想与社会现实之间的巨大落差,即使在儒家思想本身也有唱高调的嫌疑,造成礼教下的中国人在形式上和内容上以及内在的和外在的不一致等。比如,儒家所追求的仁本来就是为了同礼仪之间保持一致性的,但儒家思想在其内在逻辑上则有一个核心问题没有解决,即"孝道"与"品德"之间的关系,进而也就无法解决内在性与外在性之间的关系。比如,儒家一方面想说明"尊重长辈"是仁的首要原则(亲亲为大),另一方面又强调个人修养是仁的基础。由此一来,这里面很容易出现一个悖论:一个人要以一种什么样的品格(正直的或顺从的)来对待他的父母及其他亲人呢?这个问题不解决,实行起"推己及人"就会出现更大的问题。① 的确,"亲亲相隐"也就成为儒家思想争论的一个焦点。② 其实,这个矛盾在《论语》中也有所展示。比如我们都知道"道德"与"长辈"是两个不同的概念,前者关乎是非曲直,后者只在于年纪与辈分,我们得不出"凡是长辈,其道德就是好"的结论。由此延伸到"亲"和"尊"的关系上,我们究竟应如何对待品德不端的长者?儒家在这一点上似乎期待逻辑上的统一,但又被一些学习者追问:如果不统一时怎么做?那么,儒家这个时候的选择就是倾向于放弃对品德的追问,而要求晚辈尊重长辈。在儒家看来,对于犯有过失的长辈,晚辈尽量劝阻,如果长辈不听,那只能大哭,但不能不尊重长辈,此种论述逻辑便倒向了不尊重长辈就是最大的不善。现实中人性的善,最重要的表现就是孝道,所谓"百善孝为先"。或许我们在这里能够理解孔子为何没有给仁做一个根本性的判断,因为道德与长辈之间的统一性不解决,这个仁的定义就是无法确定与坚持的。因为,如果明确了仁的含义,那么,人们在遵守道德的时候就预示了对长辈的不敬,或者在尊敬长辈的时候隐瞒了长辈的过错。从孟子开始,人性本善的观点与其所赞赏的"窃负而逃"之间就有了难以化解的矛盾(这一故事设计的本身就是给孟子出难题)。直至宋明理学时期,一个人真诚、正直、守道里面开始包含着温情、友情和同情心。其直接结果便导致人们不倾向于走逻辑路线,而倾向于走中庸路线,进而也造成人们处理这一矛盾的办法就是单向地追求一个情理交融以及只顾及一个人的好名声。可一旦走向这条道路的人们再回过头来认识人性问题,我们便可以发现追求实际的中国人已经不再纠缠于人性的善恶,

---

① 翟学伟:《个人地位:一个概念及其分析框架》,《中国社会科学》1999年第4期。
② 翟学伟:《"亲亲相隐"的再认识——关系向度理论的解释》,《江苏行政学院学报》2019年第1期;翟学伟:《"孝"之道的社会学探索》,《社会》2019年第5期。

而是开始追求其更为现实的情境和权宜。他们最后也会倒向一方面在思想和言语上高调宣扬善,另一方面在实践和行动上重点防恶。

第三节 人性假设下的制度偏向

于是,现实中的中国人还是回到了"等差性"或"情境性"上来化解上述矛盾。几乎所有的中国人都同意将善、诚与信等品德用于熟人之间,但不保证用在生人之间。换句话说,生人之间的冷漠与自私并不否定儒家道德观,一切取决于人与人的关系能推出去多远。由此,儒家的"仁"同中国家族制度原则相配套,却不可能成为一套独自运行的普遍原则(没有社会超越性),且时刻夹杂着对现实利益的考量。此时,人性向善的价值与口号始终高扬,但高调之下的制度设计指向了人心险恶。我下面试举几个生活中的事例,看一看防人之心与不防人之心的制度性差异。

如果我们想下馆子,饭店会有两种付账方法:一种是坐下吃完再付账;另一种方法是先在收银台点菜付账,然后再坐下来吃。

我们住宾馆退房时,一种方法是需要等待服务员查房,看看有没有瞒报用了什么消费品或顺走了什么东西;另一种方法是服务员直接询问消费了什么,如果回答没有,即可确认,而无需查房环节。

人们在消费时都喜欢挑挑拣拣,有的商场为了防止这一点,采取柜台售货;或有的商场顺应消费者的这一爱好,开架售货。后者催生出超市。

中国人进入地铁站,都需要把随身背包放在安检仪器中检查,如果手上有饮料,也需要当着检查人员的面喝一口才可以进入。也就是说,机场的登机安检制度已被移植到对日常出行者的检查。或有的国家无论乘地铁还是公交车,从进到出都无人看守,售票也是机器打卡的,当然逃票行为也时有发生。

一个人刚来到某个城市的车站、码头,会看到许多叫卖旅游地图的小贩;或者一个人来到某个城市的机场、车站、码头,会看到在旅客出站路过的地方摆放地图,游客自取。

一个人上公共厕所,厕所内不提供卫生纸,或增加自己拿钱买卫生纸的服务;或一个人在外面上公共厕所,每一个蹲位里都摆好了卫生纸。

如果我们想去政府部门办事,会遇到岗哨和传达室,我们需要登记、打电话确认,或者让联系人出来将我们带进去;或如果我们想去政府部门办事,直接畅通无阻地找到所要办事的地方。

一个单位职工出差回来报销费用需要经过很多道手续,比如大学和研究机构从事学术研究的课题经费使用规定得非常严格。如果买一本书,那么按照规程至少需要有三个人(院所主管人、图书馆人员、经办人)联合签名,且至少盖两个公章(院系章、图书馆章)才可以报销。也有一种简单到惊人的报销方式,就是直接发放一笔研究经费,学者领取后出差回来或买图书时确认一下就结束了。

以上这些规范事例看起来都是我们习以为常的小事,但所有这些可比较的规定和制度都在透露着一个重要的意味,即选择"我不相信你"或"我相信你"。可以说中国当下大多数制度设立的前提都假定了人与人之间没有信任。换句话说,这些制度完全不考虑其文化所宣扬的多数人的善,却想方设法地以此防止其中极少数人的恶。结果是一个人的恶往往需要所有人来陪他付出相同的代价,其合理性在于只要的确有恶人被此制度发现和查处,那就证明这个制度是正确的。就此思路的推理而言，制度就是用来防止或不遗漏任何一个坏人的，或不让任何恶人的恶念得逞的。从积极意义上讲，这个制度的确从理论上最大化地防范了哪怕只有一个想使坏的人；但从消极意义上讲，它需要先把所有的人先假定为坏人，然后通过一项一项地排查过关来证明他是一个好人。如果一个社会的制度设计以此假定，其效果究竟如何呢？我们看到的现实是它未必真正减少了恶，而只做到了更多的符合制度定义的"没有恶"，即只要有一种恶念和恶行是符合制度要求的，即可不再定义它们为恶。如果不能看到这一点，我们是无法理解中国人意义上的形式主义含义的。即一些人为了满足制度的要求，"恶"可以成为一种产业。例如，曾有一度中国各个城市，从车站、码头到手机短信，乃至个人电子信箱，每天都有人在问要不要开发票；在很多人扎堆的地方，如公交站台以及人们路过的街头巷尾都张贴和喷涂着各种办证的小广告。假发票、假证件等就是针对各种手续、财务和验证制度而来的。同样的事例还体现在各种各样的假冒伪劣产品、侵权盗版方面，导致中国成为假冒伪劣和侵权盗版的重灾区、制假贩假的大工厂。由此可见，一方面是中国制度想实现法网恢恢，疏而不漏；另一方面是"防不胜防""防也白防"。我所列举的事例在中国越普遍，就说明中国人对人性本恶的假定越彰显，最终形成一个怪圈：政府不停地要求各个职能部门加强监管，而民间则不停地指导人们逃脱的方式和方法。或许我们还可以认为，对于假发票和假证件是可以做防伪标志的。是的，但这种想法是初级的，它只满足于人们不以"假的"形式来对付制度性的审查，但难道这真的就不是作恶了吗？比如发票是真的，车票、飞机票也是真的，但没有买商品、住店、坐车、坐飞机也是真的，那么怎么办呢？就只能再增加制度内容，比如坐飞机要提供登机牌，打车要说明从哪里到哪里以及时间点等。或许我们还可以自信地说,"这样一规定,作恶的人毕竟又少了许多"。是的,但许多善良的人也是陪着这个制度一项一项受审查的。或许我们最终从极为严格的意义上控制住了所有的恶,但这个时候善会出现吗?恐怕不会。比如如果坐出租车的报销制度不严格,那么不少没有真正打车的人依然可以找到票据证明自己打过车。但如果我们为此一定要注明从哪里到哪里,从何时到何时以及办了什么公家事情才能报销,这样的规定就能激发出人的善吗?或者说,人们以其恶念就想不出其他解决办法吗?显然,这是一个没完没了的恶性循环,谁是最后的赢家呢?其实没有赢家,只有社会为此付出巨额的成本和沉重的代价。这时,当我们再回头来讲"人性本善"时,就出现了我们在调查中发现的价值混乱现象。但我们也不必就此认定人性本善已经消失了。一旦真有坏人坏事被此种制度抓了个正着,我们又会惊讶地发现,此时此刻的人性本善理念又出现了。这时相关部门制定制度的指导原则往往是从轻发落,什么"治病救人""以观后效""悔过自新""不要一棍子打死所有人""教育为本"之类。在中国,大量规章制度制定的处罚措施都十分仁慈。它们在儒家之仁爱与同情心的指导下,对违规者极为开恩,让恶行可以一次又一次地发生。比如一些报道中的对于污染环境的企业、食品卫生、违规操控股市的处罚等,都没有影响到它们可以一次次地重犯。

这时,我们的制度设计者或许要对我提出一个严肃的问题:按此行文逻辑,难道还能放弃这样的制度不成,那岂不更加乱了套了?我们还是再回到上面的事例上看有没有乱吧。现在许多中国的商品买卖、书店经营、饭馆就餐及出行检查等都采取了后一种方式。比如先吃饭后付钱(尽管有人吃完饭不给钱);书店和图书馆几乎完全开架阅览(尽管有人继续偷书);百货商店的柜台完全敞开或为超市所取代(尽管顾客把商品翻得乱七八糟,并伴随着搜身的官司);中国一些发达城市的长途车站已经取消了出门检票的关卡(尽管一些逃票的人可以大摇大摆地通关);麦当劳与肯德基进入中国后,也让中国人见识了厕所里面竟然可以为顾客准备好卫生纸,而无须自带(尽管有人会一次用掉很多,甚至整个拿走)。当然中国还有一些事例依然没有改观,甚至防范得更加严格,比如宾馆退房、进入政府办公地、科研经费的管理等。

如果我们仔细回顾一下这些制度性的变化就可以发现,这些放开胆子、不怕人使坏的制度大都是引进的。这些制度客观上推动了我们敢于接受假定人性本恶的制度安排,或者说是西方文明告诉我们即使人性本恶也可以设计出普惠的制度。伯纳德·曼德维尔(B. Mandeville)认为:

> 世上没有任何纯洁和正直能使人有效地抗御周围的无数灾祸。恰恰相反,一切事物皆是邪恶的,而技巧与经验并未教会我们如何将它们变为好事。……根据这一切,我们会懂得一点:自人类的第一对父母堕落以来,地球已经发生了无比巨大的变迁。
>
> ……若沿着这条思路想下去,我们便会很容易地看出:任何社会皆不可能萌生于种种厚道的美德以及人的可爱品质;恰恰相反,所有的社会都必定起源于人的各种需求、人的缺陷和欲望。同样,我们还会发现:人的骄傲及虚荣心愈是得到展现,人的所有欲望愈是扩大,人们就愈可能不得不组成数量繁多的大型社会。[1]

---

[1] 伯纳德·曼德维尔:《蜜蜂的寓言:私人的恶德,公众的利益》,肖聿译,中国社会科学出版社2002年版,第216—217页。

那么人们怀揣着自己的私欲所组成的社会会如何呢？史称"曼德维尔悖论"，即"私人恶德即公众利益"。持有相同观点的最重要学者就是霍布斯，他指出人性中天然拥有的自利倾向所带来的人的恶，使他们相互为敌，争名夺利，于是产生了社会契约与国家。① 我们在上一节提到，中国文明史中也可以找到"性恶论"。细读荀子关于"性恶"的论述，几乎和上述观点如出一辙，但推导的逻辑却使社会制度分道扬镳。荀子说：

> 人之性恶，其善者伪也。今人之性，生而有好利焉，顺是，故争夺生而辞让亡焉；生而有疾恶焉，顺是，故残贼生而忠信亡焉；生而有耳目之欲，有好声色焉，顺是，故淫乱生而礼义文理亡焉。然则从人之性，顺人之情，必出于争夺，合于犯分乱理，而归于暴。故必将有师法之化，礼义之道，然后出于辞让，合于文理，而归于治。用此观之，然则人之性恶明矣，其善者伪也。
>
> 故枸木必将待檃栝、烝矫然后直；钝金必将待砻厉然后利；今人之性恶，必将待师法然后正，得礼义然后治。今人无师法，则偏险而不正；无礼义，则悖乱而不治。古者圣王以人性恶，以为偏险而不正，悖乱而不治，是以为之起礼义，制法度，以矫饰人之情性而正之，以扰化人之情性而导之也，使皆出于治，合于道者也。今人之化师法，积文学，道礼义者为君子；纵性情，安恣睢，而违礼义者为小人。用此观之，然则人之性恶明矣，其善者伪也。（《荀子·性恶》）

---

① 霍布斯：《利维坦》，黎思复、黎廷弼译，商务印书馆1997年版，第92—108页。

荀子在这里虽然认为人性本恶,但他没有想到过不同的利益和欲望的争夺会产生社会契约,而是提到了"师法之化"和"圣王"。这一论证与西方的逻辑差异在于西方没有假定在众生之中会出现高明者、智者、贤人,除非是神;而中国儒家思想构想了远胜于普通人的圣人。只是这里的最大逻辑问题是:如果人性本恶,怎么会产生没有恶的圣人?荀子在这一点上是从专业分工角度上论证的,也就是说,一个人只要什么事情做多了,就会成为那样的人,农民种田,小偷偷盗,陶瓷工做陶瓷,都是如此,所以如果一个人经常做好事,就会最终成为圣人。但这里的逻辑还没有解决:为什么性恶之人会做好事呢?其实综合儒法各家的争论,也许答案就在于他们都假定了圣人应该有先赋性,也就是生来就是为开太平盛世的,生来就是脱离低级趣味的。由此一来,圣人便没有私心和私欲,可以设计礼仪教化民众,带领大家从善如流,进而也会推论出不同文明对人之平等或等级假设上的差异。

儒家试图给人划分的等级,主要是以德行而论的,即人有圣人、君子和小人之别,从而论证出圣人是从"道"的层面制定了社会法则之人,君子是行"义"之人,小人是行"利"之人,并就此期待如果人人自我修养则都可能成为君子。但希望毕竟只是希望,它往往只留给一些读书人,而更多的包含读书的、做官的、做君王的以及那些处于社会底层的小人之人,都未必有那么高的思想觉悟来免去生活中的各种纠纷。只要纠纷存在,是无讼、私了还是打官司,就只是个人的不同选择。比如安徽省桐城市"六尺巷"的故事颇能说明这一点。清朝康熙年间,宰相张英世代居住在此,其府第与另一大户吴家为邻。有一年,吴家建房子时占据了张家的空地,张家不服,双方发生了纠纷,互不相让,于是告到了县衙门。因为张吴两家都是显贵望族,县官左右为难,迟迟不能判决。张英家人见有理难争,就写信给张英,告知他的家人被人欺负了，想让他给他们撑腰。张英看完家书后，并不赞成家人为争夺地界而惊动官府的行为，于是便提笔在家书上批诗四句："一纸书来只为墙，让他三尺又何妨。长城万里今犹在，不见当年秦始皇。"张家接到书信后，深感愧疚，便毫不迟疑地让出了三尺地基。吴家见状，觉得张家有权有势，却不仗势欺人，被张家"宰相肚里能撑船"的大度感动了，于是也效仿张家向后退让了三尺地基，便形成一条六尺宽的巷道，被乡里人称为"六尺巷"。在这个故事中，有许多角色，诸如宰相、县官、地方望族及其家人等，他们处理纠纷的方式都有不同，最常见的做法就是打官司，而县官又必须兼顾法、情和势，所以也很难办理。可事情到了身为宰相的张英那里，儒家的处理意见就清楚了，那就是"礼让"。当然，这也只是张英的作为，如果换作其他饱读四书五经的官员，会怎么做也是不好说的，否则此事也不会广为流传。这样说来，如果我们从人性本善来认识中国社会，那显然是把性本善的假设当真了。看起来，那些具有法律规范的条文的目的是最低限度地保持社会运转①，是用来防小人的，但因为现实生活中也见不到多少君子，于是也就只能一起防范了。美国学者韩森(V. Hansen)指出：

按照儒家学说，"人之初，性本善"，"合乎礼"，故圣君垂范而治，只有少数统治者自甘堕落，以刑为治。尽管后来的儒家思想家倾向于承认法律在惩治那些礼法无以教化的人方面所发挥的作用，但真正的儒家观念仍然赞同礼法、习俗，而对法律持有偏见。这本身即表明了这样一种确信无疑的信念：绅士要履行其义务，仅

---

① 皮文睿：《儒家法学：超越自然法》，李存捧译，载高道蕴等编：《美国学者论中国法律传统》，清华大学出版社2004年版。

仅因为他们是绅士。这种有关中国社会的认识,与使用契约以界定与他人之间,甚至家庭成员之间的相互关系的强烈倾向,存在明显的矛盾。

尽管如此……如果每个人均行其所当行,而人性本善,就不会发生任何冲突,也就没有理由诉诸法律了。当然,中国人还是会打官司,而且他们经常打。①

可见,儒家把人性理想化了。而法家则是从现实着眼的,虽然他们不能否定圣王的存在,但为了执行其法家路线,只能对圣王赋予其他含义。比如《商君书》上说:"圣人不法古,不修今。法古则后于时,修今则塞于势。"(《开塞》)又说:"夫圣人之存体性,不可以易人,然而功可得者,法之谓也。"(《错法》)还有:"圣人非能通,知万物之要也。故其治国举要以致万物,故寡教而多功。"(《赏刑》)韩非子则赋予圣王不同于儒家的说法:"圣王之立法也,其赏足以劝善,其威足以胜暴,其备足以必完。"(《韩非子·守道》)因此,看起来儒法都从圣人或圣王入手讨论世事,但给出的人性假设却有了善恶之分。就此,中国历史从古至今实际上也一直采用"阳儒阴法""儒法互补"或"儒表法里"的制度设计。② 也就是说,历朝历代的统治者表面上行的是仁政,但实际上从来没放弃过法家,而法家又是以不信任为前提来设计制度的。所以大体而言,如果一个社会假定人性为善,其对应的是教化制度,比如劳教所、工读学校等;如果一个社会假定人性为恶,其对应的是惩戒和判罚

---

① 韩森:《传统中国日常生活中的协商》,鲁西奇译,江苏人民出版社2008年版,第5页。

② 秦晖:《中国经济史上的怪圈——"抑兼并"与"不抑兼并"》,载《传统十论》,复旦大学出版社2004年版。

制度，比如判刑及牢狱之灾。如果善恶假设都成立，那么一个社会就既有劳教设置又有监狱关押，乃至互相穿插使用。但为什么法家在中国历史上的地位没有儒家高？因为从价值上看，弘扬"善"总让人看到希望，为理想而生活；从现实上看，因行法家路线的秦王朝迅速灭亡，也提醒了历代统治者，人们心甘情愿的顺从要比外在的威逼利诱更有利于收拾人心。

如果我们排除不同的学术争论，只从社会生活出发，大致还是能从对民众的调查中看出一些端倪：中国人基本同意人性的善恶是同在的。所以，当我们在设置一个制度时，既要考虑到人性善的一面，又要考虑到人性恶的一面。这一看似合情合理的综合式的人性假设如果能够成立，那么我们现在的制度就极少顾及好人，而重点针对恶人。这样的制度实施下来就是我上面讨论的那个样子：恶性循环与防不胜防同在，监督与逃脱同在，严格立法与从轻发落同在，但却未能有效减少人的恶，只是一味防范了恶的发生。

好了，我这里想进一步思考的问题是：西方文化的人性假设可以解决这样的问题吗？西方的人性论似乎同中国的人性论一样复杂，其间穿插着宗教的、无神论的，唯心的、唯物的，本体论的、认识论的，理性的，非理性的等等宏论。其中有些观点同儒家思想有点近似，比如休谟(D. Hume)[①]和亚当·斯密[②]就认为人的自然之德来自人的同情心。康德(I. Kant)的句子更加有名："这个世界唯有两样东西能让我们的心灵感到深深的震撼，一是我们头顶上灿烂的星空，一是我们内心崇高的道德法则！"中国人乐于引用它们，是因为它们的表达同儒家思想

---

① 参见休谟：《人性论》，关文运译，商务印书馆1983年版。
② 亚当·斯密：《道德情操论》，蒋自强等译，商务印书馆2002年版。

保持着相当程度的一致性。而卢梭(J. Rousseau)关于"人类不平等的起源"的论证也同孟子关于人之初的假定有几分相似,他在评论霍布斯(也包括曼德维尔)后说道:

> 我所认为人类具有这种唯一的自然美德,就是对人类美德最激烈的毁谤者也不得不承认,因此,我不相信会有任何非难之可怕。我所说的怜悯心,对于像我们这样软弱并易于受到那么多灾难的生物来说确实是一种颇为适宜的禀性;也是人类最普遍、最有益的一种美德,尤其是因为怜悯心在人类能运用任何思考以前就存在着,又是那样自然,即使禽兽有时也会显露出一些迹象。①

可见,进入西方哲学来讨论人性论,似乎也无法简单地认为什么样的人性论对制度安排的影响更大。

我个人的看法是,讨论人性论的问题还是要回到文化的层面上来,也就是看到一个社会的文化主流或文化主线在哪里。更进一步地讲,看到给民众生活带来影响的人性假设在哪里。就这一层面的比较而言,儒家思想也是如此,它不单纯是一个学派的思想,更是广泛影响到了人们日常的治理方式。仅就这一标准来考虑西方的人性假设,我还是想突出西方宗教的作用,也就是说,无论霍布斯还是曼德维尔都没有绕过宗教来表明他们的思想。

贯穿西方的基督教文化的一个基本思路是,人自身来自一个全知全能上帝的塑造,由塑造而来的人因禁不住撒旦的诱惑犯了罪,于是

---

① 卢梭:《论人类不平等的起源和基础》,李常山译,商务印书馆1982年版,第99—100页。

人只有通过救赎才能回到上帝身边。当然,被放逐人间的人们还面临着持续的考验,是成为上帝的选民还是继续堕落,得看人一生如何表现。韦伯指出:

> 救赎预言里的共同体关系,是以所有信徒共同的苦难为建构原理,无论苦难是起于现实之中,或是一种长期存在的威胁,也无论是外在的或内在的。其根本命令越是由邻人团体的互惠伦理中所揭示出来的,其救赎观念就愈发合理化,亦即愈是升华为心志伦理的形态。就外在而言,此种伦理升高到基于同胞伦理之爱的共产主义;就内在而言,则升高到博爱的心态,亦即,爱苦难的人,爱邻人,爱人类,最后,爱敌人。信仰纽带的界限以及彼此憎恨的存在等这些被认为是现世中无来由苦难之渊薮的事实,似乎都是经验性实在里人人皆同的不完美与堕落所造成的结果,后者也是苦难的原始肇因……在救赎宗教里,所有抱持无差别主义慈爱的达人所具的潜深沉静的至福感,通常都与其所有人类(包括他自己)生性自然的不完美之同情的了解相互融合在一起。这种内在态度的心理基调及其理性、伦理的解释,尽管极为纷陈;然而,其伦理要求总是指向一种普遍主义的同胞意识,此种意识超越出所有社会集团的制约,也往往超越其本身信仰所属团体的制约。①

此时拥有此信仰的大多数人更多的倾向于善(当然也有人选择作恶),而制度就是为这些大多数向善的人设计的,至于那些恶人,则有

---

① 马克斯·韦伯:《中国的宗教·宗教与世界》,康乐、简惠美译,广西师范大学出版社 2004 年版,第 514 页。

非常严厉的法律在等着他们。简而言之,西方人的善意是因有一外在性的导引而引起的内在性的形成。法国汉学家谢和耐(Jacques Gernet)在比较中西方伦理差异时指出:

> 伦理作为一种社会现象也取决于人生观和世界观。对于基督徒来说,唯有在这一世界之外才存在任何一种真诠和善美。而人类则应与其本性、身体和欲念进行斗争。因为唯有拯救灵魂方为重要。中国伦理则是以一种内在的天理思想为基础,它除了人本身之外也了解宇宙和社会。因此,善行对于每个人来说就在于发展本身中的善之天分并与天理相结合。如果不把人置于社会和世界的大背景中,那末就不会有真正的善和真正的智慧。一种最高的价值被归于了纯洁的自发性,即尚未被私念玷污的自发倾向。①

而依我之见,中国思想文化中强调的"天"虽不具有西方上帝的含义,但作为一个外在于人的客观存在,本来对人也具有广泛的惩罚作用(报应观),这个作用在民间信仰中十分流行,只是这个作用被儒家思想消解了。在儒家思想的架构中,"天"与"人"不是报应的关系,而是尽己尽性的关系。天被放置到了人的心底,即所谓"天生德于予",及人们常说的"天地良心"。余英时认为:

> 中国的超越世界没有走上外在化、具体化、形式化的途径,因此中国没有"上帝之城"(City of God),也没有普遍性的教会(uni-

---

① 谢和耐:《中国和基督教:中国和欧洲文化之比较》,耿昇译,上海古籍出版社1991年版,第281—282页。

versal church）。六朝隋唐时代佛道两教的寺庙决不能与西方中古教会的权威和功能相提并论。中国儒家相信"道之大原出于天"，这是价值的源头。"道"是以照明"人伦日用"，赋予后者以意义。禅宗也是这样说的。未悟道前是砍柴担水，既悟道后仍然是砍柴担水。所不同者，悟后的砍柴担水才有意义，才显价值，那么我们怎样才能进入这个超越的价值世界呢？孟子早就说过："尽其心者知其性，知其性则知天。"这是走内向超越的路，和西方外在超越恰成一鲜明的对照。孔子的"为仁由己"已经指出了这个内向超越的方向，但孟子特提"心"字，更为具体。后来禅宗的"明心见性""灵山只在我心头"，也是同一取径。①

从理论上讲，这中间的内在的安置是神圣且崇高的，但对大多数人来说，这样的人性设计更偏向于德性的，而非制度性的，也就是鼓励大家去做君子乃至圣人。于是现实生活与境界终究要脱节，除了那些真想成为君子和大圣人之人，更多的民众只能认同这一价值本身，但一遇到现实问题先顾眼前的实惠。此时，法家放弃了对灵魂的引导，倾向用严厉的刑罚来规范人的行为，造成人的内心失落以及不敢正当表达真实欲望。我这里还是回到明恩溥那里，看一看他在《中国人的气质》一书快要结束时是怎么说的：

> 我们已经谈到了儒学高尚的道德属性。我们乐于相信，儒学造就了许多道德高尚的人。这也是这样一个如此杰出的道德体系

---

① 余英时：《从价值系统看中国文化的现代意义》，载《文史传统与文化重建》，生活·读书·新知三联书店2004年版，第451—452页。

所应该给出的结果。但是,它对此类人物的造就是否达到了一定的规模,是否保持着同样的水准呢?任何一个人的真实性格,都可以通过对下面三个问题的回答被揭示出来:他与他自己的关系如何?他与其同胞的关系如何?他与其崇拜对象的关系如何?……我们用这些测试题来测试当今的中国人时会得出什么样的答案来:他与他自己、与其他人的关系都是缺乏诚信的;他与其他人的关系是缺乏利他主义的;他与其崇拜对象的关系是多神论、泛神论的和不可知论的。①

显然,这里的评论是在中国市场经济尚未发生时的一百多年前,所以我们不需要从市场经济改变中国人说起。明恩溥接下来给我们讲了一个故事:

> 这个故事说,孔子、老子和佛陀一日在神仙国里相遇,悲叹这样一个事实,即在这些退化的年代中,他们出色的教义在这个中央帝国似乎没有任何进展。经过一番长时间的讨论,他们认为其原因就在于,他们的教义尽管备受赞赏,但是如果没有一个恒久的楷模,人类就无法去实践这些教义。因此,他们做出了这样的决定,每个教派的创始人都要化为人身,下凡到人间,去寻找一个可以担此重任的人,这个计划被立即付诸实施。在人间徘徊了一阵之后,孔子遇见一位德高望重的老人,不过,在圣人走近的时候,这位老人并没有起身,只是请圣人坐下,与他谈起了古代的教义以及这些

---

① 明恩溥:《中国人的气质》,刘文飞、刘晓旸译,上海三联书店2007年版,第245页。

教义在当今被忽视、被执行的情况。言谈之间,老人显示出他关于古人学说的渊博知识,也体现出了非常开阔、深刻的判断力。这使孔子感到非常高兴。一番长谈之后,孔子打算离去,但在圣人起身离开的时候,老人却没有起身。孔子找到了一无所获的老子和佛陀,把自己的经历告诉了他们,建议他们去轮流拜访那位坐着的哲人,看看他对他们两人的教义是否像对孔子的教义一样地精通。老子非常兴奋地看到,这位老人对道教的熟悉几乎不亚于老子本人,其口才与热情也堪称典范。和孔子一样,老子也看到了这样一个事实,尽管这位老人一直保持着一种最为谦恭的态度,可他却始终没有站起身来。现在轮到佛陀了,他也获得了同样惊奇而又可喜的成功。老人依然没有起身。但是他却表现出了对佛教内在含义的深刻洞察,这是许多年都未曾见到的。

这三位宗教创始人相聚讨论,他们一致认为,这位罕见的、令人赞赏的老人就是他们要找的人,他不仅可以介绍"三教"中的每一种,而且还可以证明"三教的确同一"。为此,他们三人结伴,再次来到老人面前。他们解释了他们上一次造访的目的,他们说老人的智慧激起他们崇高的希望。三种宗教都想通过老人来获得振兴,最终被付诸实践。这位老人仍然坐在那里,恭敬而又专心地聆听着,然后答道:"尊敬的圣人们,你们的善行像天一样高,像海一样深。你们的计划充满智慧,令人赞叹地深邃。但是,你们不幸选错了你们希望去完成这项伟大改革的代理人。我的确仔细研读过《道德经》和其他的经书。我的确对这些经典的崇高和完整略知一二。但是,有一个情况你们却没有考虑到,或许是你们没有注意到。我的腰部之上才是人,腰部之下却是石头做成的。我擅长从各种不同观点来讨论人的责任,但我的身体构造是如此的不幸,使我永远也无法把其中任何一种观点付诸实践。"孔子、老子和佛陀深深地叹息了一声,就从人间消失了。从那天起,他们再也不去努力寻找那个能在其生活中展示三种宗教之教义的凡人了。①

如果说思想家、哲人、伦理学家和文化研究者的任务是去塑造中国人在人格乃至灵魂上如何成为一个大写的人的话,那么请给社会学家留出一席之地,或者社会学家自己也应该抢占这一席之地,因为社会学很想讨论一个人格完整、灵魂高尚的智者为什么会站不起来。我这里给出来的理由是,儒家设计的世界当然美好,可两千多年的实践,历经历代统治者和知识分子的传承和改变,包括制度设计以及相应的落实都没有将一个智者的双腿架起来,然后走起来。那么智者下半身的沉重石礅是什么呢?是人的天生欲望与操作化的缺失。如果一定要说实践,那么"吾日三省吾身"可以在多大程度上唤起一个庞大的国家的国民?而在一个人人有家的社会,人们切身懂得的实践性也就是由"己"发出的等差之爱,并推出其亲疏远近。这两者的现实运行当然无法形成制度优势,更多的只能是坐而论道。

所以就人性假设的实践性而言,中国人性假设中没有发生一套成熟的外在引导机制,这点最终会把中国人引向对"良知"的考问上来。余英时曾说:"中国文化的病是从内向超越的过程中长期积累而成的。"②在我看来,所谓"内向超越"之所以很难奏效,是因为它总是要求"求诸己"。徐复观为此说道:

---

① 明恩溥:《中国人的气质》,刘文飞、刘晓旸译,上海三联书店2007年版,第240—241页。

② 余英时:《从价值系统看中国文化的现代意义》,载《文史传统与文化重建》,生活·读书·新知三联书店2004年版,第457页。

中国文化所建立的道德性格是"内发"的、"自本自根"而无待于外的道德。其对象是各人自己的心,其尺度也是各人自己的心。心在内面,可内视而不可外见,可省察而不可计量,其证验只是个人的体验,其方法只是个人的操存,一切都是主观上的。于是作为中国文化基石的"心",没有方法作客观的规定,而只靠自验于心之安不安。孔子的学生宰予和孔子争辩三年之丧,孔子问他对自己的主张是否心安,宰予自己承认心安时,孔子便毫无办法,只好说"汝安,则为之"。这种只能信自己而无法求信于他人,只好看自己而不能看他人的格局,若不向上升起而系向下坠落,便可一转而成为只知有己不知有人的格局,恰合乎作为自然人的自私自利的自然愿望。因之,中国知识分子常是由文化上以道德之心为一切的出发点,一转而为以自利之心为一切的出发点;由以一切为充实个人道德之心之资具,一转而为以一切为满足个人私利之心之工具。于是中国文化在成就人的人格上,常表现为两极的世界。一是文化向上性的少数知识分子的世界;一是多数的一般知识分子的纯自私自利的个人主义的世界。西方的自私自利的个人主义,可由"他力"的宗教、法、国家社会等加以限制,而中国的知识分子的自私自利的个人主义,则没有也不接受这些"他力"的限制,只有听其"人欲横流"地"横"下去。①

所以说,如果此时的"己"已经利欲熏心了,儒家也没什么办法让他变好,只能斥之为"小人",并认为"难养"。可是"小人"也是人,他们也

---

① 徐复观:《中国知识分子的历史性格及其历史的命运》,载《学术与政治之间》,华东师范大学出版社2009年版,第70页。

活在人世间,也要同那些君子共享生活和争夺社会资源,那么谁胜谁负,也就一目了然了。这时,如果无论是做君子还是做小人已经不是重点,现实一点的中国人真正表现出来的生存法则就是不要伤害自己的亲人,最多延伸至朋友,而再也没有办法顾及其余。可以说,中国目前的人性假设问题,既不被指望成一个道德问题,也不指望制度能不能设计得再精细化一些(这两点已经被各方学者论述过无数次了),而是在个人动机与制度安排上需要一种精神上的外在导引所引发的个人内心之回应。

庆幸的是,在现有的事例当中,我们看到了中国民间的另一条道路的回应,比如中国民间信仰中的"举头三尺有神明""人在做,天在看""出来混总是要还的"等说法,在一定程度上多多少少弥补了儒家内在性的不足。最近中国中央电视台制作了大型纪录片《记住乡愁》,其中有几集在介绍中国人的传统"诚信"。从片子反映的情况来看,其间提及的故事并非个人道德或当地民风上的承诺守信那么简单,而恰恰是由民间信仰或当地传说所引发的。比如第一季《诚信赢天下》中有记者问重庆江津区中山镇四合村一家做糍粑买卖的人家为什么守住了诚信,老夫妻的回答是不诚信会"短命"(更通俗的说法叫"折寿"),所以欺诈的事是不能做的。另有当地文化人介绍清朝时当地人在严厉打击售假米时说:当地老百姓靠天吃饭,所以百姓会用新米敬天敬地敬祖宗。如果他们用陈米、假米来敬天地和祖宗,那么天就降灾难,地就不能长出庄稼,祖先就不庇佑子孙了,所以买卖大米的时候绝对不能作假。第四季中提到的丹噶尔商人一开始做生意大都是口头协定,以货易货。由于各民族之间语言不通,文化各异,要建立起相互信任并不容易。在巨大的利益诱惑前,镇上曾有一个姓王的商人,他答应帮牧民用皮毛来换取粮食。可是,他进粮的时候用大斗,换给牧民的时候,却把大斗换成小斗,这样做生意比平日里多赚了近一倍的利润。在他沾沾自喜的时候,骗局被人揭穿,受人报复,在经过山口时丢了性命,最终家破人亡。惨痛的教训让丹噶尔的商人们意识到,诚信比命还重要。他们有一句话叫作"男子说话如拔牙",意思是说出去的话等于泼出去的水,为人处世要一诺千金,言出必行。此故事也可视为做坏事会受到老天惩罚的现实版。这样的民间信仰还汇聚在传统中国人买卖时用的秤杆上:

> 中国的老秤,16两为一斤,在秤杆上有16个刻度,每个刻度代表一两,每一两都用一颗星来表示。秤杆的7颗星代表北斗星,6颗星代表南斗星,除这13颗星外,还余3颗星,分表代表福、禄、寿。如果商人给顾客称量货物时少给一两,则缺"福";少给二两,则缺"福"又缺"禄";少给三两,则"福""禄""寿"俱缺。在秤杆提绳和福星之间有颗大星,当秤砣挂在这一位置,秤盘内又无任何东西时,提起提绳,则两边重量相等,秤杆平衡,这颗大星叫定盘星。在这个故事里,福、禄、寿三星的警示反映着"诚信",定盘星则被赋予了公平、公正之意。①

我们知道,在人类的生存与活动中没有信赖是不可能的。但如何保证信任关系的建立,不同的社会有不同的设计。总体来看,西方的基督教体现出的"救赎",导致了人类心灵的解决方案需要借助于一个超越于人类自身的神,这样的思考是外化性的和目的论的。② 可

---

① 程成贵:《徽商的"仁、义、礼、智、信"》,《徽州文化研究》2004年第3辑,第67页。
② 唐逸:《基督信仰中国本土化的症结》,《战略与管理》1998年第1期。

是，由于这个外化的对象不是有形的，也就是说，虽然他们在制度安排上可以借助于教堂、教义、神父、神像和礼拜仪式等来表现上帝的存在，但这一核心的外化对象终究只是一个象征符号而已。既然这个符号是一个象征，就必须再回到人心中来，即心中有神，而心中有神会导致人们因原罪意识而自发行善。所不同的是，在中国的儒家文化中，自孟子开始所承续的孔子的"仁义"衣钵，是把人的本心与天相连接，由天道之诚推导出人性本善。这点除了在思想界内部受到其他思想家的抨击外，一个显而易见的问题是它如何面对现实社会中的恶行。儒家在自己的辩护中并没有回答清楚这个问题，法家在人性本恶的假设下只想到要实施严厉的惩罚制度。于是，中国的信任在更加广泛的社会层面向哪个方向设计，就成为一个模棱两可的问题。我认为，当外化性的导引机制消失后，对人的自律要求就会更高。中国先哲引领我们走入这个方向，给后来的中国人出了一个很大的难题。当然，这不是说具有外化性引导的道德控制就没有危险。在西方，当达尔文说人是猴子变的时候，当西方哲人宣告"上帝死了"的时候，原有的救赎性的人性假设也会随之崩塌，取而代之的也只剩下了严厉的法律。比较中西方设计出的制度，我个人认为中国的制度倾向于防范，也就是说如果越过了防范这一道关口，后面的善恶都是可以继续的；而西方的制度倾向于事后惩处，也就是说人们表现出或善或恶都由己出，可当恶行一旦触及制度规范的边界，严厉的惩戒措施也就随之启动。前者防微杜渐，从轻发落，后者照章办事。所以中国这边多了一个教化机制，而西方这边近乎一棍子把人打死。

我们或许会质疑：儒家一直强调的性善论为什么直到今天才出现问题？这不正是证明了儒家重视的道德曾经对中国人的心理与行为起过很好的作用吗？我以为，更真实的情况也许不是源于儒家教化力量的强大,而是源于中国人原先生活于自己的共同体中。所谓自己的共同体即我在前面讨论的信任网络。由于这个信任网络同儒家倡导的道德控制有高度契合性,我们很容易把信任网络的成就归结为儒家道德的力量。而事实是,即使儒家思想力量不够强大,亲缘关系也一样可以发展出人与人之间的基本信任。比如,在中国历史上,由于这种固定关系上的一系列特点,传统连坐制度也在保证国家层面上的信用制度。①但当中国进入市场经济后,中国乡村的共同体几乎瓦解,中国社会一下子没有在这一新的生活模式中找到替代物②,结果也只能延续儒家、法家的理念,并加上社会主义和西方法律理念。这一混杂体的初衷本是博采众长,结果却因缺乏逻辑一贯性而导致人性观上的自相矛盾。此时此刻,如果社会发生了什么失信现象,我们所能想到的方法就是对现有规章制度进行修补,但最终修补出来的却是更大范围的监控和防范,而不是信任建设本身。

总体而言,现在中国制度中深藏的道理就在于如何在众多的好人中找出那个坏人,或者坚持认为一旦失去了制度防御性,坏人就会越来越多。沿着这个思路想下去,我们尚且感到满意的是,幸亏我们有了这些制度,社会上的坏人坏事才越来越少。

---

① 张维迎:《信息、激励与连带责任》,载《信息、信任与法律》,生活·读书·新知三联书店2006年版。
② 当然,近代以来的许多学者试图证明儒家思想具有普遍主义,就是想证明它依然适合于工业文明,甚至适合于不同类型的文明。

第六章 传统商业信用

第一节 基本特点与原则

日常社会信任中的许多特点容易通过人们之间的买卖行为体现出来,所以我在前面的论述中多少会有涉及。在这里,我想专门辟出一章,讨论一下中国人是如何在市场中建立信任的。由于交易行为具有更加严格的行为规范,尤其涉及货币的计价、收付及因大宗交易而发生的大额兑换等,因此,社会学意义上的信任会据此转换成为经济学意义上的信用概念。根据马克思在《资本论》中的定义,所谓商业信用的"代表是汇票,是一种有一定支付期限的债券,是一种延期支付的证书"[1]。由此,我们可以将商业信用看作关系向度中约定关系所产生的保障型信任里涉及人事及货币交易的一种特殊形式,其中会形成不同形态的更为严谨的规范架构(典当、钱庄、账局、票号、银行等),最终产生现代意义上的信用制度。

中国传统商业信用以其社会信任为托底,曾经在中国历史上一直

---

[1] 马克思:《资本论》第3卷,人民出版社1975年版,第542页。

延续着,在明清时期也创造过辉煌,雄霸商界500年的晋商可以作为其代表。但这样一种由固定关系走进约定关系的信用也会深藏危机。比如晋商确立的东伙合作制就是基于固定关系的价值理念,却又试图在约定关系与友谊关系中建立信任制度。所谓"东伙合作制"的基本做法是东家出资,聘请总经理(大掌柜),然后进行利益共享。由于总经理是聘任的,也就是打工的,从关系向度上看自然不是固定关系中的人(中国现代许多民营企业领导层依然坚守于启用固定关系中的成员)。根据前文的讨论,既然聘任者不在放心地带,一开始自然是不怎么被信任的,因此东家在聘任中需要对其忠诚度和业务能力进行考核。前者考核的最基本条件就是非本地人不用[①];后者本着"疑人不用,用人不疑"的原则,一旦通过严格考核,东家将会把自己的资金完全交由总经理打理,彼此之间构成"信义"关系[②]。如果出现了亏损,东家会弥补损失,继续信任总经理。那么总经理又为何能够做到为东家卖命?其根源主要在于:首先,总经理的人选虽然越出了固定关系的范畴,但仍然是家乡人,符合中国人观念中的信任条件;其次,在相对封闭的金融圈内,这种信任本身含有中国文化中特有的知遇之恩,亦有其"声誉"上的约束。[③] 更不用说如果总经理在这个位置上做得好,其"顶身股"可以得到相当可观的收益,自当会效犬马之劳。或许在平日的财务往来中,由于晋商财大气粗,一般很少有失手的可能,或者即使真失手也补得起银两,自然也就体现出来东伙制的优越性。也就是

---

① 任强等:《试论山西票号委托代理中的信用问题》,载张正明等主编:《中国晋商研究》,人民出版社2006年版,第75页。
② 黄鉴晖:《山西票号史》,山西经济出版社2002年版,第59页。
③ 任强等:《试论山西票号委托代理中的信用问题》,载张正明等主编:《中国晋商研究》,人民出版社2006年版,第75页。

说,这是一个地地道道的从放心地带延伸到信任地带的商业合伙人机制。但以现代商业合伙人原则来看,其中的危险正在于原本应有的"有限"(短程性、有选择性)责任在这里却是"无限"(长程性、高选择性)责任。一旦总经理操作不当而血本无归,财东将资不抵债,而总经理则可以全身而退,甚至逃之夭夭。也就是说,这里的信用担保不是财产抵押,而是信义为上,即中国人常说的人格担保。有学者指出:

> 值得研究的一点是他们关系网络的性质。众所周知,借款是没有担保的。债务人的公信力仅仅依赖于他的信用(值得信任)。因而票号和商人之间的关系有好多取决于票号对他的信任程度,这也决定了借款的限额。票号的信用与西方社会的信用评估有很大不同。后者是对个体或公司财务状况借款能力正式、标准的评估,主要依据财务评估的标准,如净价值、盈利能力和资产价值,而不注重个人的性格品质。
>
> 从一个中国银行家的观点看,制度是在个人关系网络中运转的,它所提供的安全是基于关系密切和信任,例如第一手资料的信件中,有四封信是关于亨丰益商号的借款已经到期,然而票号老是提到与债务方有很好的"交情"(良好关系),必须避免伤害他们之间的和气。这个例子说明了在商务关系网络中,各方的关系和感情是重要的。[①]

反观西方的商业合伙人制度,先不讨论合作者之间的契约关系,单

---

① 李焯然:《山西票号中的信用与关系网络》,马伟译,载张正明等主编:《中国晋商研究史论》,人民出版社 2006 年版,第 226—227 页。

就固定关系内部,已经发生了计算精神。韦伯说道:

> 即使在家户单位表面上看来依然完美无缺的地方,在文化发展过程中,由于计算理性的日渐成长,家户共产制度内在的瓦解过程也在继续推进,无法阻挡……
>
> 早在中世纪城市——例如,在佛罗伦萨——庞大的资本主义家户中,每一个人都有他自己的账户。他有可自由支配的零用钱。家庭只对某些特定的支出——例如,个人若邀请客人在家中小住几日——才设有具体的限制。家户成员必须像任何现代贸易公司中的股东所采取的结算方式那样结算自己的账户。他在家庭共同体"之内"拥有资本份额和(独立的"外在")财富,家庭控制着这些财产,为此家庭要付给他利息,但是这些财富不能被视为严格意义上的运营资本,因此不参加利润分配。于是,一种理性的联合体以其诸多的优势和责任取代了家庭社会活动中"与生俱来的"参与。每个人自出生就进入这类家庭,成为一名家庭成员,可是,即便他还只是一个孩子,他已经成为一名得到合理管理的企业的、潜在的商业股东。显而易见,企业的这种管理活动只有在货币经济架构中才有可能实现,因此,货币经纪在家户共同体内在的瓦解过程中发挥着至关重要的作用。货币经济一方面使生产性能和个体消费的客观计算成为可能,另一方面通过以货币为媒介的间接汇兑第一次使他们自由的满足他们自身的需要。①

---

① 马克斯·韦伯:《中世纪商业合伙人史》,陶永新译,东方出版社 2010 年版,第 40 页;另见马克斯·韦伯:《经济与社会》上卷,林荣远译,商务印书馆 1997 年版,第 423 页。

这段摘自《经济与社会》中的文字其实源于韦伯早年的博士论文，他在那时就深入地考察过西方中世纪的合伙人制度。当然，晋商中的东伙制作为一个极端的例子，所透露的是日显重要的企业有限责任制问题。在通常情况下，作为一种诚实守信的商人品格，西方学者对中国人是赞誉有加的。一百多年前，何天爵通过阅览与观察，曾对中国商人有过如下的描述：

> 我们不管中国商人在他们自己的国内被编列在其社会阶层的什么位置，实际上，同世界上其他任何国家或地区的同行相比，他们都毫不逊色。他们精明机敏，事业心强，富于进取精神。就其整体来说，是一个真正诚实、值得尊敬的阶层。他们能够充分认识到良好商业信誉的重要性，因此总是时时处处严肃认真地维护它。正像一位英国学者最近公证评论的那样："中国商人赢得了所有与他们打交道的外国人的敬重。"仅仅几年之前，东方最重要的商贸金融中心城市的一家实力最雄厚的外国银行经理，在谈到这一问题时，他说："我非常欣赏我们外国商号良好的商业信誉。但是，中国人在这方面决不逊色于我们。事实上，同世界其他任何国家和地区的情况相比，我更加信任中国的商人和银行家。在此，我可以顺便提一下，过去二十五年里，我们的银行一直同中国在做大笔大笔的生意，金额高达数以亿万两计的银子。然而迄今为止，我们从来没有遇到有哪位中国商人不履行信用或合同。"我还想说明，在这个问题上，无论东方还是西方，这位经理先生都是最具发言权的人物。[①]

---

① 何天爵：《真正的中国佬：西方人眼中的中国》，鞠方安译，光明日报出版社1998年版，第210页。

这一赞誉可以和另一份对于徽州商人在浙江省淳安县威坪镇的一段描写对得上:

> 当年美孚石油公司来威坪找代理商,讲好:销售煤油与销售灯具同时进行,每销售一件灯具,搭送一灯煤油。日升号接受了这笔生意。石油公司的人走了,有人就出主意:把灯油钱也打到灯具上去,就可多赚一点。但日升号老板并没有这样做,他不但按协议办事,而且积极推销:要伙计在晚上把美孚灯装满油点上,逐街逐户兜售,原本点清油灯盏和蜡烛的人们,见这新玩意儿撂在屋里就是亮堂,既然送上门,也就买下了。第一批灯具销掉了,以后的煤油销路也就有保证了,生意不就做开了么?再如,当年南洋兄弟烟草公司来推销香烟,讲明:一个月内,派人在街头分送香烟,凡进镇的人每人一支,而且当场给他点上。后街的荣盛杂货店接受了代销业务。于是后街头出现这样一景:在大墙上惹人注目的"美丽牌香烟"广告下,一个小丑似的人物,身穿圣诞老人式的袍服,里里外外的口袋里,装满了卷烟,他口上斜叼着一支,右手握一根三尺长的大纸煤,见有乡下人进镇来了,就笑嘻嘻迎上去,左手将一支烟往来人口里一送,右手把纸煤一挥,着了,就把那人的烟点上,然后做一个"请"的姿态,请人上街。如此一来乡下人算是开了洋荤,临回家,也买上一包"美丽牌"(十支装的),请邻舍好友一起"出洋相",香烟的销路打开了,有人就向荣盛号老板提出:何必非赠烟一个月,十天就行了。但老板没有接受这一意见。由于他的认真推销,结果烟生意越做越大,什么"大美牌""老刀牌"都由他来销了。①

---

① 邵国椰:《徽商以诚信在威坪镇立足》,《徽州文化研究》2004 年第 3 辑,第 110—111 页。

中国商人守信的原因有很多,但回到我所给出的关系向度理论框架中来看,除了有些商贾的确意识到了要以"义"导"利"外,比如道光年间的徽商舒遵刚曾说过这样一番话:

> 钱,泉也,如流泉然。有源斯有流,今之以狡诈求生财者,自塞其源也。今之吝惜而不肯用财者,与夫奢侈而滥于用财者,皆自竭其流也。人但知奢侈者之过,而不知吝惜者之为过,皆不明于源流之说也。圣人言,以义为利,又言见义不为无勇。则因义而用财,岂徒不竭其流而已,抑且有以裕其源,即所谓大道也。[①]

更常见的情况是有建立人情和面子方面的考虑,即生意人出于维护商行、商家的声誉以及期望从短期性交往中发展出长久性的友情的考虑。人情与面子运作的另一个含义,我在第二章中也有过讨论,即固定关系本身会滋生情面运作,因此有的商行在选人方面坚持不用家里人,却又因为信任,需要选择家乡人——现在扩展为同学或者战友。

在中国传统日常社会中,受制于道德、习俗及本乡本土的知根知底,人们在很多情况下单凭一种民间契约就可以维护双方的交易,尤其是交易中的买方利益。民间契约的运用在中国具有悠久的历史,一般认为,中国古代书面契约大约产生于西周以前,这点已显示于刻在钟鼎等青铜器上的契约记载。秦汉以后,契约涉及的范围更广,契书中诸如"官有政法,民从私契""民有私契,急急如律令"等契约用词,都反映出中国古代契约具有民间认可的合法性[②],因为这种社会中的每一

---

① 转引自田兆元、田亮:《商贾史》,上海文艺出版社2007年版,第156页。
② 转引自李镇华:《信用制度建设的理论基础探讨:基于信用风险管理的视角》,中国金融出版社2010年版,第106—107页。

个人都可以成为见证人,即口传的、打听的和见证的都可基本吻合,而没有什么取证上的难题。可对于流动性的商业社会而言,因为交易双方互不相识,所以更需要依靠中间人的担保与信誉度来促成交易。

在中国传统社会中,扮演中间人角色的不单是享有声望的个人,更主要的是牙行和近代的行栈。所谓牙行是在市场上为买卖双方说合、介绍交易并抽取佣金的商行或中间商,有时也指牙商的同业组织;汉至隋唐,中间商获政府给予的垄断权,由此得"牙侩"之名;宋以后称为"牙行",后来亦称"牙人""牙纪"等。牙行经营须经政府批准,并交纳税课,其作用是在交易中评比货物,核定价格,主持买卖,代政府统制市场、管理商业,故亦称"官牙"。有学者考证,唐宋以来,随着商品经济的发展,交换行为需要牙人来牵线搭桥。作为交易活动的经纪人,牙人一般对于本行业务、买卖关系以及行情等都极为熟悉。在近代通商口岸,商品经济的发展带来交易活动的频繁,出现了以行栈为中介的中间商,其主要业务是组织买卖双方直接成交,接受顾客委托代买、代卖或代运,也兼营小部分自营业务。其取得的业务收入,应按规定纳税。而对于集散市场的大宗商品交易而言,由于交易各方来自不同地区,在无公共征信机构、交易双方互不了解对方信用的情况下,双方只能凭据行栈的信用来进行交易。[①] 由此我们认为,中国传统社会的信任乃至信用,无论是民间契约的中间人,还是商业社会中的牙人和行栈,都充分表明中国传统社会中契约的特点,即有学者所说的,中国传统社会的契约无论何种形式都必须要有第三方参与,体现出第三方

[①] 参见刘重日、左云鹏:《对"牙人""牙行"的初步探讨》,载南京大学历史系明清史研究室编:《明清资本主义萌芽研究论文集》,上海人民出版社1981年版,第199页;庄维民:《中间商与中国近代交易制度的变迁:近代行栈与行栈制度研究》,中华书局2012年版,第133页。

参与的权威精神,这是中国契约精神与西方契约精神最显著的区别①,也是中国互联网社会能够顺利进行网上购物的根本保证。为什么要有第三方参与?可能与中国传统社会在信任约束上缺乏双方互信及我在前面讨论过的相互猜疑有关,因此民间社会需要借助于中人参与以形成社会舆论等社会力量来保证契约的履行。这点其实还是需要再次回到传统社会的信任网络中来考察。

西方学者根据西方现代国家治理和自由市场框架,认为中国缺乏对商业活动的直接管辖,以及缺失诸如现代契约、产权、商法等一系列用来约束市场秩序和规范商业信用的制度。其实,其立论的根基与以松散关系为基础的个人主义所强调的权利和责任是相符合的,但在讨论中国传统社会信用时,固定关系中的个人不具备西方意义上的个体独立性。在社会经济活动中,个人信用一般不是由单个个体所承担的,而是由他所属的家庭、家族、宗族等共同体来承担的。从上一章提供的信任约束原理来看,往往是家族及地方共同体之类的组织为个体提供隐性的连带担保责任,这是一种相当有效的信用约束方式。实际上,中国古代许多跨出共同体之外的社会经济活动,诸如外出经商或者合伙经商、参加科举考试对参考者的身份确认等,都需要有一定财力和声望的中间人担保,其实质都是借助关系网络来对成员加以约束。英国传教士吉伯特·威尔士(G. Wales)为此曾生动地写道:

> 在陌生的地方租房子或建教堂要非常谨慎,因为在没有外国人居住的地方,人们自然会对这一举动迷惑不解,所以有必要沿用外交上的方法来进行。第一步,也是最重要的步骤,就是和当地最

---

① 田涛:《千年契约(文史版)》,法律出版社2012年版,第54页。

有影响力的乡绅、学者或商人交上朋友,只有通过这种途径才能使工作顺利地开展。一旦能得到他们的善意,困难就会一扫而光;反之若忽略这一点,必将会引起无穷无尽的麻烦和不满。

首先就得要打听清楚谁是这个自己准备入住的村子或镇上最重要的人物,还得想办法从现在待的城市或地区开始着手,发展人际关系,找出能和他们攀得上关系的朋友或熟人,让后者安排一次机会引荐自己;还要准备好一些精美的食品作见面礼,由安排这次会面的、双方都很熟的朋友做陪,登门拜访。在会谈中,一定要详细陈述自己为什么打算要在那个地方长期居住的理由,并请求这位"大人"热情帮助。要询问能否在当地找到合适的房子,地主的名字,在当地租房子的合理租金是多少。进一步搞清楚在未来的"乔迁宴"上可能要准备多少张"桌子",周围四邻中其他有影响的人物的名单以及他们的先后顺序,好给他们排座。

....

租约的条款应由前面提到的那位友好的当地乡绅起草,或者由地主起草后呈递给他核准;如果在向他征求意见后又有改动,修订的条款也要在签署前再次呈递给他。租约应载明租金的数额、先付的定金、给房屋代理人或中间人的酬金数额,如果条款是由另一个陌生人来执笔的,还要载明给此人的酬劳,以及给地主的用以代替他应得特殊宴席费用的金额。①

从这一段描写中我们可以看到,源于相对封闭的共同体所建立的

---

① 吉伯特·威尔士、亨利·诺曼:《龙旗下的臣民:近代中国社会与礼俗》,刘一君、邓海平译,光明日报出版社 2000 年版,第 95—97 页。

信任关系一旦形成就不再囿于其乡土性。在具有流动性的商业活动中,其很多方面亦在很大程度上都沿袭了共同体信用的运作机制,比如寻求熟人帮助,或者由地方上的权威人士来做中间人,等等。尤其是明清时期,随着商品经济的发展和商业活动的扩展,跨地域的商业活动日趋繁盛。为了适应商业社会的流动性,寄寓他乡的商人以血缘、地缘为纽带,在异乡重新建立了诸如商人会馆、同业公所、商人行会之类的商人组织和群体,这是一种为降低商业风险、维护生存而建立的新共同体。在这种新建的共同体之内,"同乡之间个人借贷关系的产生、同乡商人之间合资经营企业、同乡之间的信用保证等一系列信用行为,根源于地缘的同一性"[1]。而在共同体内,一旦有人出现舞弊不信之事,"遂同行所不齿,乡里所鄙,亲人所指,失去营生,就业无门,再无颜回归故土。故不信即自毙,人人戒之"[2]。由同一地域的商人在他乡建立的这种共同体,不仅能发挥对内部成员的信任约束,亦能为共同体成员提供类似的信用担保。因为个体申请加入团体一般都需要经过团体对其进行资格认证,比如说一定的经济实力、产业经营状况,甚至其他会员的担保等,所以能获得会员资格本身就是一个信用符号,更不用说团体有责任去监督、惩罚团体内失信的个体以维护集体声誉。个体所获得的这种"团体身份印记",无疑是一种无形的信用资本。正如有学者所言,对外在团体而言,商人结社本身就构成商业上可信任的担保者。[3] 中国传统社会中信用所呈现的信任网络或

---

[1] 孙建国:《信用的嬗变:上海中国征信所研究》,中国社会科学出版社2007年版,第41页。
[2] 孙建中:《诚信晋商》,山西古籍出版社2006年版,第129页。
[3] 韩格理:《中国社会与经济》,张维安等译,联经出版事业公司1990年版,第162页。

共同体信用的特征,与传统社会所具有的社会网络或共同体的社会结构特征有内在的契合性。在异地经商的商人,也往往要靠以地缘纽带结成商人团体来维护商人集体的声誉。同一地方商人间的相互连带,起到了相互担保的作用。其主要表现:一是在小圈子内扎堆的生存方式,使得不守信者容易被圈子排斥和隔离,守信便成为一种理性的选择;二是向外流动的中国人都有衣锦还乡的心理,他们虽然流动到外地,但仍旧与家乡共同体保持着紧密的社会关联,个体的行为会对与其有着紧密关联的家庭和家族成员造成影响。这种与家乡共同体的连带,使得社会成员容易受到共同体内非制度化力量的约束。

亲情、关系、脸面和声誉导致了中国人对"无讼"价值理念的追求,中国传统的信用运行不能忽略"无讼"的价值理念。有学者指出,中国传统社会存在着"无讼"的观念,这种观念来自两个方面,即官方息讼和民间惧讼。① 在传统社会,对于诸如民间田土契约、婚姻契约、钱债纠纷等民事内容,被官方视为民间细故,官方一般很少介入,留给民间力量自我调解。"无讼"价值理念的存在,使得中国传统社会在各种社会经济交易活动中,往往以民间内部自我约定的方式来缔结契约,并借助内嵌于民间社会内部的非正式规范来保证契约的履行,而不借助政治和法律等外部强制力。或者说,在传统社会,"吃官司"是民间相当排斥和需要避开的行为,既然是固定关系中成长起来的交往方式,打官司会导致关系无可挽回的解体,这点可以与西方商业文化做对照。

在中国传统社会里,尤其是明清以降,在一些商业发达的经济中心曾出现诸多以地缘为纽带建立起来的商人会馆、公所之类的同乡兼同

---

① 参见春杨:《晚清乡土社会民事纠纷调解制度研究》,北京大学出版社2009年版,第38—56页。

业组织。这些会馆、公所就是同乡人在异地建立的流动性的共同体，其组织原则与家族或村落共同体并无二致，它们都是依靠乡情地谊，在异乡面对陌生感和不安全感时而抱团生存的产物。涂尔干对此曾这样解释："如果社会是由大量个体组成的，那么社会所施行的每一项监控，只有集中在监督少量个体的时候，才能够显得很近，很警觉，又很有效。一个人在拥挤的人群中所受到的束缚，要比在小圈子里受到的束缚小得多。"①内部封闭的小圈子，面对面的社会互动使得个体之间相互熟悉，足以确保信用的稳定，费孝通将之诠释为："乡土社会里从熟悉得到信任……乡土社会的信用并不是对契约的重视，而是发生于对一种行为的规矩熟悉到不假思索时的可靠性。"②因此，与现代社会强调以法律和社会信用体系等正式制度相比，中国传统社会更注重习俗、行业规矩以及共同体的内在制裁。

相较于现代社会所具有的信用系统，中国传统信用运行的具体原则可以归纳为以下几点。

（一）经济处罚与声誉贬损相结合原则。中国传统信用对于违约和失信者的处罚，既不是依照现代法律精神赔偿损失，亦不是依照传统法律以牙还牙式的报复性惩治，而是采取经济处罚与声誉贬损相结合的原则。这种处罚原则在乡规民约中得到集中体现，对于违约者，全村人可以宰杀他家的猪、牛等以供全村人享用。不仅如此，村社还制定了相应的激励惩罚机制，凡是对违规行为进行举报者，则给予一定的奖励。比如说在民间"杀猪封山"的契约中规定，对于揭发者的激

---

① 埃米尔·涂尔干:《职业伦理与公民道德》，渠东、付德根译，上海人民出版社2001年版，第66页。
② 费孝通:《乡土中国》，生活·读书·新知三联书店1985年版，第5—6页。

励是"赏获见半",而违规不报者则要受到惩处。① 通过成员之间的相互监督这种内部力量约束,民间的违规行为大大减少。再比如流动的商人群体很容易出现违反行规的行为,如竞相压价、假冒伪劣、违规收徒等,许多行会的处罚方式是让违规者出一定的罚金,该罚金主要用于供应大伙饮食或者娱乐开支,最常见的是罚酒若干桌或罚戏一场。② 通过群体成员聚集在一起共饮和娱乐,不但让违规者受到经济上的处罚,更让其受到声誉上的贬损。还有一种处罚方式是,如果对方欠钱不还,可以让他脱光上衣挂牌游街,通过此广而告之的羞辱,就可以免除所欠的款项。③

(二)道德自律与集体排斥相结合原则。中国传统信用极为重视行为主体内在的道德力量。在对诚信概念的解释上,所谓"内诚于心,外信于人"足以表明个体的道德自律在维系信用中的作用。在共同体内部,关系的紧密和互惠使得成员之间形成了集体生存模式,这种模式之下的社会对于侵犯集体利益、违反共同体规范的违规者的处罚,除了道德本身的约束以外,另外一个最具有威慑力的手段就是集体排斥。对于生活在家族或村落共同体之中的成员来说,被共同体排斥几乎等于失去其生活的意义。对于流寓他乡的商人而言,被同乡会馆和行会组织之类的共同体排斥,几乎等同于断了他的生计。因此,集体排斥是一种极具威慑力的强制隔离手段。我们甚至可以认为,在传统信用治理中,道德力量可能不仅来自主体内在的自律,也来自违规者对集体排斥的恐惧。

---

① 春杨:《晚清乡土社会民事纠纷调解制度研究》,北京大学出版社2009年版,第232—235页。
② 田兆元、田亮:《商贾史》,上海文艺出版社2007年版,第140页。
③ 李学兰:《中国商人团体习惯法研究》,中国社会科学出版社2010年版,第72页。

（三）连带责任治理原则。从信用与信息的关系来看，信息越对称，失信越容易被发现，因而失信的可能性越小。这是一个全知性的视角，现代社会信用体系的建设也期待这个原理。但是对于信用治理而言，若从降低信息成本和治理成本的角度来说，对无数个体的信用治理，其难度和成本肯定要大于对数量有限的群体的治理。若能够使得个体之间具有连带关系，因其全知性所发挥的天然作用，便能降低治理的难度和成本。有学者对此进行了论证，认为中国古代以血缘关系为纽带的集体性惩罚如连坐制度以及以地缘关系为纽带的公共权力组织方式如保甲制度等制度安排，都属于这样一种连带责任机制，因为其能够克服信息的不对称而成为一种有效的制度安排。① 比如说一个有家有室的村民，就比一个单身汉更容易借到钱，原因在于前者所在的家庭为其承担了信用保证，这也是中国民间社会父债子还观念得以长期存续的重要原因。② 同样，我们也可以在中国历史中找到充足的证据对此加以证明。在读书人科举考试和出任政府公职时，有所谓的保举和廪保制度。据学者考证，保举制度始于汉朝，保举人负有终身责任，谓之保举连坐法，此法一直延续到清代，士人在任官前首先要找到适当的人为其担保；廪保制度则到清代更为完善，其规定童生报考时，政府要求以同考的五名童生互结，由廪生做廪保。③ 再比如在商业经营活动中，外出经商的人最早是以伙计或学徒的身份从事商业活动的。在很多地方，学徒或者伙计是要有人来做担保的，如果他们做

---

① 张维迎、邓峰：《信息、激励与连带责任——对中国古代连坐、保甲制度的法和经济学解释》，《中国社会科学》2003年第3期。

② 参见戈登·雷丁：《华人资本主义精神》，谢婉莹译，格致出版社2009年版，第67页。

③ 杨联陞：《中国文化中"报""保""包"之意义》，贵州人民出版社2009年版，第15—16页。

出了失信行为,担保人要承担连带责任。明清时期,跨区域的商业活动日益频繁,而这时正好也是以地缘为纽带的商人会馆和行业组织大规模涌现的时期,这并不是历史的偶然。传统十大商帮中最著名的徽商和晋商,前者以宗法血缘关系为纽带,后者以乡土地缘关系为纽带向外拓展,其学徒、伙计都要经过他人担保才能进行商业经营活动。晋商甚至规定妻儿不能离开老家,这种具有人质色彩的担保方式,我们不妨将之理解为一种连带责任的管控。

(四)中人参与民间信用治理原则。作为契约和交易活动的中介,中人有很多称谓,如中间人、中见人、中保人、保人、居间、见人等。中人在民间信用活动中的作用,集中体现在有关土地买卖、借贷、租赁和雇佣等民事契约关系中。按照现代法律和契约精神,民事契约属于当事人之间的民事行为,为什么需要中间人参与进来呢?中人参与信用治理的社会学意义在于,乡土社会中的交易双方发生纠纷,难免会伤及双方的情感,这对于乡里乡亲来说是一件极为难堪的事。借助于中人以不伤及双方情面的方式予以和解,可以缓解双方因分歧而产生的仇视。[①] 我以为,中国传统社会中的个人利益诉求,在仁义道德的教化下很难赤裸裸地表达,或者说物质利益诉求在中国传统文化观念下是被隐藏的,却又不能消失。虽然俗语中有许多重义轻利的豪言壮语,诸如"视金钱如粪土""仁义值千金"等等,但对利益的追逐是在心照不宣中完成的,熟人间涉及直接物质利益的活动更是如此,而且这种交易很多时候是在亲缘关系中进行的。比如说土地的租赁买卖、房产的交易、兄弟之间对父母遗留下来的财产分割以及同族之人的合伙经营等,如没有类似于在双方关系上公正平衡的中人介入,一旦出现纠纷

---

① 李祝环:《中国传统民事契约中的中人现象》,《法学研究》1997年第6期。

就很难处理。中国人此时还有一句话是"天上雷公,地上舅公",意思是人世间的公平有雷公管(所以做坏事会"天打雷劈"),而亲缘中的矛盾纠纷有舅公主持公道(而不是父亲主持公道)。可见,中人参与民间信用运作,与本土的文化心理和经济伦理有关联。

有学者认为,在中国长达数千年的涉及买卖和交易的民事行为中,都要有中人参与书面契约签订的全过程,而且要在契约上签字画押并负有连带责任,这已经成为一种普遍存在,没有中人参与的书面契约,会在习惯上被认为缺少必要条件而不能成立。① 中人一般具有在缔约双方生活的环境中的公共身份,是公共生活的代表者,具有一定的权威和声誉。在乡土社会中,其合法性的取得需要在公开的周围环境中进行确认,中人参与交易有助于增强交易的合法性。尤其是有些交易活动,本身并不具有官方成文法意义上的合法性,为了保证双方当事人中一方的权益,更需要中人出场。比如说土地的交易,按照清朝的规定,在过割手续时需要交纳一定比例的契税,但交易双方为了避税,往往绕过官府,但又担心权益得不到保障,这就需要中间人出面来保证交易的真实有效,以免日后可能出现的纠纷。另外,通过诸多中人参与,民事契约获得了公众认同,这样也可以更好地借助社会舆论的力量,将契约予以更好地落实。黄宗智对有清一代和民国时期的民法进行考察后发现,由近亲和朋友之间的非正式借贷所引发的诉讼,远多于那些通过中间人而促成的正式借贷,中人作为调停人显然有助于减少并解决冲突。②

当然,随着商业的发达,在商业密集的市场中会出现一种特殊的商

---

① 李祝环:《中国传统民事契约中的中人现象》,《法学研究》1997 年第 6 期。
② 黄宗智:《清代的法律、社会与文化:民法的表达与实践》,上海书店出版社 2007 年版,第 44—45 页。

业制度,也叫交易中介,从事这一职业的人叫掮客。美国传教士卢公明(J. Doolittle)对掮客有一段比较公允的描述:

> 仅福州本地大约就有数千人吃这碗饭。他们的作用相当于活的商品分类广告,在生意成交之前不要卖方出一分钱。掮客的工作主要是四处访问各家零售商铺,传递商品信息。在这块地方,没有任何登载商业信息的日报、周刊之类,什么时候有哪些货物到港,规格、质量、价格如何,什么地方有房地产转让或出租,都要靠这些掮客来传播信息。做掮客的一定要勤快,不仅要及时掌握相关的商品信息,而且要勤于跟分销零售商家联系,了解他们的需求,以促成生意。
>
> 不难理解,买家通过掮客购进货物,很容易在货品质量和价格方面上当受骗。掮客花言巧语、浑水摸鱼,很少能被抓住破绽。如果掮客瞒着卖家提高价格,就可以赚到比一般的提成标准高得多的价差。有些卖家对掮客的这些招数心知肚明,索性与之达成协议,共同分享从买家获取的额外差价。外国人要在福州购买或租赁房地产,也只能服从这里的惯例与那些流氓诈骗团伙打交道,雇佣他们的人做中介,受他们的盘剥。这些掮客同样能跟买家串通一气,用似是而非的借口或明摆着的谎言来向卖方压价,赚取额外的收益。①

卢公明估计,这种职业随着报纸及其他形式发布的房地产价格行情的出现有可能消失。但实际情况是,从中国的商业原则上讲,事

---

① 卢公明:《中国人的社会生活》,陈泽平译,福建人民出版社2009年版,第302页。

情远没有那么简单。今日市场上随处可见的房屋中介就让我们看到，即使房价和房源信息透明，也还需要专业人士来打理，否则双方暗藏的许多行业内部所知悉的潜规则，只有中介才能掌握。

（五）神圣权威与世俗权威协同治理原则。权威通常是一种被认可的合法性力量。在传统信用的运行中，对失信违规行为加以处罚和制裁，需要这种被接纳的神圣或世俗的强制力。由于地区差异，不同地方在一个都市建会时都会把当地的神灵供奉于会馆中：

> 所有会馆、公所都设有祠祀神座，这是同乡、同业商帮的精神依托，也是加强团体凝聚力的需要；既要依靠神灵的"保佑"，又要利用神灵在团体公德方面起"监督"作用，以维护同乡、同业间的伦理。沿海地区各旅沪商帮为祈求航海平安在沿海各客籍会馆、公所中普遍奉祀海上保护神"天后圣母"即林默娘，即天妃，又称妈祖。
>
> 不少会馆、公所除了奉祀共同的神座如关羽、观音之外，各奉祀其故乡的乡土神，如：山东会馆（又称齐鲁会馆）奉祀乡土神孔子；江西会馆奉祀乡土神许真君许逊；徽宁会馆奉祀乡土神朱子（朱熹）；湖南会馆奉祀乡土神瞿真人……浙江会馆奉祀伍员、钱镠为列圣；潮州会馆奉祀乡土神韩文公即韩愈。供奉乡土神，即是借故乡名人自重，也是桑梓情怀，以加强凝聚力。[①]

中国传统社会中的商人团体缺乏类似于西方那样的商法和商人法庭来维护商业信用，因此自发地对行业神的崇拜和祭祀，既可以凝聚

[①] 郭绪印：《老上海的同乡团体》，文汇出版社2003年版，第25—26页。

同乡的人心,又能借助于行业神的权威对失信行为进行惩戒。卢公明在观察福建的行会时看到:

> 经营水产、木材、水果等物资的牙行每月的初二和十六都在行里做"牙福"——给财神和土地公烧香上供烧纸钱。有时置办上供的食物花费颇大,买了鸡、鱼、螃蟹、猪肉、羊肉、面条、酒等。上供之后,这些食品撤下,切成小块再加以烹调,请牙行里的员工聚餐。东家捧酒壶给各位员工斟酒。这种一月两次的牙福既是取悦神灵,也是牙行员工的一项福利。东家希望得到神灵保佑,也得到员工的忠心服务,生意兴隆,财源广进。
>
> 载送货物和旅客的船舶在行程接近结束的时候,船东或船老大也会设酒席供奉水手的保护神"妈祖",祈求妈祖继续保佑在航行中不遭海盗、土匪袭击,船不漏不破,顺风顺水,无灾无病。然后把酒菜给船工们享用。①

当然,这种纯精神层面的对于行业神的崇拜和祭祀,对各个行业中的生意人未必一定会起约束作用,因此,同行的商人群体一般会通过祭神演戏所提供的公共空间来培养同行人员的共同体精神,并借此强化相互之间的关联。比如说,行会组织对于违规者,除了让其在行业神牌位前罚跪外,还会采用许多具体的体罚、经济处罚、羞辱等来维护行业信用。行业神的崇拜在明清时期极为普遍,因为这个时期跨地域的商品流动频繁,商人活动地域的大大扩展、社会流动性的增强客观

---

① 卢公明:《中国人的社会生活》,陈泽平译,福建人民出版社 2009 年版,第 310—311 页。

上需要超出血缘和地缘的力量来实现同行人员的社会联结,行业神崇拜在一定意义上可以起到这样的联结作用。

除了神圣权威之外,世俗权威对传统信用起着更为重要的约束作用。世俗权威主要来自两个方面。一是社会权威,或者说社会强制力,这种权威主要源自乡土社会中的权威人物以及公众参与评议所形成的社会舆论。在小群体内部,由于违规者违反了整个群体的利益诉求,因此对其处罚能获得社会公认的——至少是群体公认的权威效果。[①]美国传教士麦高温(J. Macgowan)在对中国行会进行社会学式的考察之后指出,在中国人的商业和工业活动中,组织和联合行动是很容易做到的,这是因为他们对于权威有着一种与生俱来的敬畏和守法本能,以及具有自我控制。[②] 这种组织和联合行动在行业信用和商业信用的掌控上也得到了体现。在商人群体和行业组织内部,有关行业纠纷的调解活动一般也是借助这种社会权威来实现的。这种社会权威之所以能发挥作用,是由于其行业成员一般来自同一地域网络内部,而该权威可以以其威望或者人脉来摆平各种纷争,或者成为地方议事的主心骨。很多情况下,行业组织可以借助其地方权威的号召或号令,使其成员服从行业内部的裁决。世俗权威的第二个方面是官府权威,在中国传统社会,民间的宗族调解、邻里调解、私下调解等过程中订立的契约、合约和甘结等,一般都需要得到官府的认可和支持。尤其是涉及大量土地交易的民间契约,官府的权威对于支撑其合法性更为重要。这种交易不仅需要红契(即盖有官方红色印章)来证明其交易的

[①] E. 霍贝尔:《初民的法律:法的动态比较研究》,周勇译,中国社会科学出版社1993年版,第29页。

[②] 麦高温:《中国的行会》,载彭泽益主编:《中国工商行会史料集》,中华书局1995年版,第15页。

合法性,同时在办理过割手续时也要缴纳交易税。除了土地以外,官方一般不干预民间社会其他的交易活动,而是尽可能让民间力量自我管理。但是民间社会对于那些难以通过民间自我力量进行调解的协议和契约等,一般均做出如下的判决或规定,比如说"鸣官处理""呈公究治",也就是说送交官府,借助官府的力量来责办惩治。官府的权威在于它具有强制执行契约所需要的威慑力,正如梁漱溟所说:"强制力在中国,是不被尊重的。它只是迫于事实不能不有之,乃至不能不用之,然论其本旨,则是备而不用的。"[1]即官方的权威对于民间信用治理主要发挥兜底作用。但我们从关系的视角还应该意识到,地方社会权威与官府权威并非两个截然不同的治理领域,很多时候它们之间会有紧密的勾连关系,前者经常给后者提供资金保证,后者也会为前者撑腰,彼此形成保护伞与贿赂的关系。在许多行会历史资料中普遍出现要仰仗官府权威这样的话语:一方面说明社会权威自身所具有的合法性力量不够,而依赖其声望;另一方面也表明地方政府所具有的公权力之介入,体现出对社会权威的支撑力度。从公开合理的层面看,商人需要稳定的社会秩序来确保商业利润,地方政府则需要商人捐纳和提供税收来维持其治理的运转。

还有一种结合是神圣权威与世俗权威的并用,即行业首领在惩处或开除违犯行规者时,为加强首领们的威信和惩戒的公正性,往往要在神前设祭,借助神的权威来公布和实施对违犯行规者的处罚。即便行业组织制定了行规帮法,也要通过对行业神的供奉以助行规帮法的执行。[2] 与西方相比,中国商人没有与封建领主抗争过程中形成的城

---

[1] 梁漱溟:《中国文化要义》,上海人民出版社2003年版,第232页。
[2] 齐守成:《都市里的"杂巴地儿":中国传统闹市扫描》,辽宁人民出版社2000年版,第146—148页。

市自治,中国商人面对的不是封建领主,而是中央集权体制下的地方政府。

第二节　历史传承:以四大商人群体为例

在中国传统商人群体中,商帮的组合形式完全符合关系向度上的固定关系要求,也实践着前文讨论的"关系"内涵不能归结为特殊主义的连带方式。有学者这样写道:

> 由亲缘组织扩展开来,便是以地缘关系为基础的地缘组织——商帮。由于籍贯相同而具有相同的口音、相同的生活习惯,甚至相同的思维习惯和价值取向,从而形成同乡间特有的亲近感,自古有把"他乡遇故知"视为人生四大乐事之一,俗话说"亲不亲,家乡人",都表明传统的中国人的乡土观念是极为浓厚的。商帮就是一种建立在地缘基础上的商人组织。按地域划分,有所谓本帮和客帮之分;按行业划分,又有行帮之分。明清时代先后活跃在商业领域的著名商帮,有十数个之多,如山西商帮、陕西商帮、山东商帮、福建商帮、徽州商帮、洞庭商帮、广东商帮、江右商帮、龙游商帮、宁波商帮等,晚清在上海的商帮多达二十二个。[①]

商帮的集结原为对抗本土商人和他籍商人,以维护其商业利益。[②]

---

① 田兆元、田亮:《商贾史》,上海文艺出版社2007年版,第121页。
② 窦季良编著:《同乡组织之研究》,正中书局1943年版,第22页。

这些来自同一地域的商人基本上从事相同的行业,地缘和业缘的重叠极易促成商帮内部的团结互助。其中,徽商和晋商是典型的代表。这两个商帮不仅在商业经营上取得巨大的业绩,而且也形成了自身特有的信用生成与运作机制,这种机制需要通过以下几个相互关联的制度得以实现。

先来了解一下学徒制度。在徽商和晋商的商业经营活动中,学徒制度作为一种获取从业资格的主要制度,客观上也制约着从业人员的信用。首先,从学徒的选拔上来看,徽商和晋商的学徒一律是从本族和本乡人中进行选拔的,这种选拔方式有其存在的合理性。因为传统社会的人口不流动,固定关系中的全知型信任不仅可以了解学徒的信息,而且学徒所在的整个家族共同体的信息也基本是公开的,进而也就克服了用人方面最为关键的信息不对称问题。其次,学徒的培训是一个漫长的过程,尤其是晋商票号在培训学徒过程中,最初几年很少受到票号具体业务的培训,而更多的是接受如何待人接物等方面的培训,这个严格的培训过程主要用来塑造学徒的道德品质。经过长期考查,一些不合格的学徒会被淘汰,不得进入票号事务管理层,而合格者则得到雇主的信任和重用。长期培训过程所支出的巨大的成本,使入选者在日后的职业生涯中格外珍惜来之不易的机会。因此,学徒制度有助于在个体的品格塑造和人际关系约束等方面发挥积极向上的作用。

再者是担保制度。在中国传统商业活动中,为了杜绝舞弊情事,除了强调从业者的道德品质以外,还建立了相应的监管制度,担保制度就是其一。以山西票号为例,票号学徒的选用虽限于山西本地人,但东家亦很难对所选用之人完全了解,这就需要中间人来引荐和担保并承担相应的连带责任,此即"练习生有保荐人而无押金,将来如有舞弊情事，由当日保荐人赔偿损失"①。这种担保制度不仅用于学徒的选拔，同样也适用于经理的选任。山西大德恒票号经理颉尊三对此深有感触，他指出，"使用之人，委之于事，向来采用重托制，乃山西商号之通例，然经理同人，全须有殷实商保，倘有越轨行为，保证人负完全责任，须先弃抗辩权。将保证人与被保人之关系，如无特殊牵连，最不易找。倘保证人中途废歇，或撤保，应速另找，否则有停职之虞"②。除了殷实的商户担保外，经理的家人及家产也自然成为担保，这就是票号中所谓的"至若经理人与总店之关系，则不但经理人个人，对总店负连带无限责任，即其家族，亦不可不负责任……损失赔偿之未终了以前，下其家族于狱，将彼等之财产全部没收"③。除此之外，票号东家为了约束经理人，一般都规定，票号经理在外任职的，其家眷一律不能同往而必须留在太古、平遥、祁县这三个票号总部所在地，这是一种变相的人质形式，本质上也是一种担保抵押。

还有就是声誉约束制度。以晋商票号为例，作为代理人的票号经理和伙计，与委托人财东之间虽然是一种委托代理关系，却存在代理人违规舞弊的风险。由于他们共处于封闭的票号圈子内，任何违规信息都会在小圈子内以极快的速度传递。违规舞弊者不仅会被东家和掌柜解除票号经营业务，而且亦会被整个票号群体集体排斥，此即"倘有经手伙友等亏挪侵蚀等情，一经查出，西帮人不复再用，故西人之经营于外者，无不竞竞自守，不敢稍有亏短"④。在中国传统商业活动中，经营者对声誉的注重，不仅与同族、同乡经营者之间的相互监督和集体

---

① 田玉川：《正说明清第一商帮：晋商》，中国工人出版社2007年版，第41—42页。
② 田玉川：《正说明清第一商帮：晋商》，中国工人出版社2007年版，第42页。
③ 田玉川：《正说明清第一商帮：晋商》，中国工人出版社2007年版，第42页。
④ 张正明等主编：《中国晋商研究》，人民出版社2006年版，第75页。

排斥有关,而且也与家乡共同体的约束有关,这种约束主要来自家乡共同体对一个人的评判。在乡土社会,共同体内会有一些人通过求学和经商等途径来实现向上的社会流动,这些人往往受到家族共同体的资助并被寄予厚望。这将使得外出者尽可能恪尽职守,以自己的成功来光耀乡里并回报共同体,成功者必定会衣锦还乡,失败者往往会选择隐姓埋名甚至客死他乡。例如徽商中就存在这样的习俗:"其数奇败折,宁终身漂泊死,羞归乡对人也。"①在一个安土重迁和叶落归根的文化观念中,失败者宁愿选择终生漂泊在外甚至客死他乡,也从一个侧面反映出传统社会的中国人受到家乡共同体对一个人评判所形成的声誉力量的约束。

最后看一下风险共担和相互扶持制度。在传统的商业经营活动中,商人一般会以合伙经营或者以同业公会和会馆之类的同乡同业组织为载体构建同乡关系网络,充分利用关系网络来相互扶助,共同应对外部风险。以徽商为例,作为以血缘宗法为纽带的商人群体,徽商中那些资本雄厚的大贾,并不是依靠个人力量在商海中驰骋,而是"大贾辄数十万,则有副手,而助耳目者数人。其人皆铢两不私,故能以身得幸于大贾而无疑。他日计子母息,大羡,副者始分身而自为贾,故大贾非一人一手足之力也"②。这种以家族血缘和地缘乡谊为纽带的合伙经营方式,不仅使得违规舞弊之事很少发生,同时相互之间的扶持也使得业务规模不断扩展。风险共担和相互扶持制度在晋商中得到更为广泛的运用。晋商一方面以商人会馆、同业公会为纽带相互援助来维持信用,例如山西平遥县钱业同业公会规则规定,会内事务"多数取

---

① 张海鹏、王廷元主编:《明清徽商资料选编》,黄山书社1985年版,第258页。
② 张海鹏、王廷元主编:《明清徽商资料选编》,黄山书社1985年版,第258页。

决",会内商家在业务上也须互助合作,如遇标期"均望互相过账,存欠多寡暂勿计较",等到标期过后,"客事全体齐集一处,将存欠总数互相抵兑"。① 另一方面,山西票号在内部建立有一套有效的制度来应对风险,这就是联票制度。票号的总号设在山西本地,分支则遍布各地。总号与分号、分号与分号之间,以"正报""附报""行市""叙事报"等方式互通信息,并采取"酬赢济虚,抽疲转快"的办法相互接济。这种灵活、严密而庞大的组织制度,使票号具备了"有聚散国家金融之权,而能使之川流不息"的能力,这对于维持票号的信用起到了重要支撑作用。②

通过以上几种相互关联的制度安排,徽商和晋商等传统商帮建立了一套强有力的信任约束机制,很好地实现了扩展商业网络与降低商业风险的目的。从社会学意义上看,以徽商和晋商为代表的传统商帮所运用的这套用人体系,源于传统共同体自身的不流动,或者自身的稳定传承,从而导致个体即便在社会空间上流动在外,但在心理空间上,尤其是在认同和归属层面,仍旧受到其所属共同体的控制,无法脱离其所嵌入的关系网络。可见,借助关系网络来实现信任约束,是徽商和晋商信用的本质特征。

对于近代崛起的宁波商人来说,他们也有自己的传统。在19世纪40年代之后,随着徽商和晋商等传统商帮相继衰落,宁波商帮则经过两次蜕变,一跃转型成为中国第一大商人群体。宁波商帮的第一次转型是吸收西方近代经营知识,努力拓展经营领域,使传统行业深深卷入国际市场,由此群体性转型成为一个近代地域性商帮群体。宁波商帮的第二次转型是大量投资金融、工业、轮船、商业、保险等中国早期

---

① 参见石惠:《晋商信用制度的生成机理及实施方式》,山西大学硕士学位论文,2006年,第13页。
② 张正明等主编:《中国晋商研究》,人民出版社2006年版,第11页。

现代经济的各个领域,成功创办了一系列早期现代企业,从而成为一个带有鲜明地域性的现代资本主义工商业集团,成为以上海为中心的江浙金融实业界的重要支撑和核心力量。① 宁波商帮的这种成功转型与蜕变,与其独特的信用生成与运作机制有很大的关联。

宁波商帮的发展模式之一是在外的宁波籍工商企业家大都在家乡人之中挑选学徒和员工,一个人在某个地区或者行业站稳脚跟之后,通过传帮带的方式将更多的同乡介绍进来,这样就出现了一种独特的社会经济现象——在某一特定地域的某种行业,往往由来自宁波某个地域的人所把持。而在一些商业大都会,这些旅居外地的宁波工商业人士,因为共同的方言、习俗等地域认同因素而更容易团结起来维护宁波商人的集体声誉。以宁波商人集资兴办的四明商业储蓄银行为例,1908年该行在上海开业后,曾几次遭受外国银行和洋行的倾轧,四明银行的实力并不雄厚,但在多次挤兑风潮中都能化险为夷,主要得力于宁波同乡的团结互助。每当挤兑风潮来袭时,宁波人在上海开设的各大商店、钱庄、银号等都代为收兑四明银行的钞票。一些宁波籍贯的店员、小贩路见有人在四明银行门口持钞等候兑换时,也都掏出自己衣袋里的银圆去向挤兑者换取钞票,甚至一些远地的甬商还特意赶来倾囊相助,因而使得风潮很快得以平息。② 在1935年,上海的工商业因为营业凋敝无力偿还银行借款导致谣言四起,四明银行又出现了挤兑现象,由宁波籍人士把持的中国通商银行立即出面支持,公开将银圆木箱源源不断地抬进四明银行敞开兑现;同时又有一部分钱庄贴出通告,代理四明银行的兑现业务,挤兑现象很快又得以平息。上

---

① 张守广:《宁波商帮史》,宁波出版社2012年版,第142页。
② 林树建:《宁波商人》,福建人民出版社1998年版,第120页。

海市民都知道四明银行有宁波同乡全体做后盾,对其发行的钞票信心增强。① 宁波同乡之间正是以这样的团结互助形式共同维护了甬商群体的信用和声誉。

宁波商帮商业信用卓著的一方面因素在于其一开始就没选择政治权力做主要的靠山,而是依靠民间社会自主治理的力量,并逐渐形成了一种自主治理的机制。宁波商帮的这种自主治理机制首先体现为不断扩展同乡关系网络。和国内其他商帮一样,旅外宁波工商业者以同乡观念为纽带在各地结成众多的同乡团体;与国内其他商帮又有所不同的是,这些同乡团体并没有自我封闭,而是不断联合同省的其他商人来壮大力量。宁波商人首先联合自己的近邻,以经营钱业著称的绍兴籍工商界人士来形成宁绍帮,然后在宁绍帮的基础上进一步联合钱塘江以东的商人结成浙东帮,最后联合钱塘江以西的浙西帮形成浙江帮,甚至江苏帮、安徽帮、江西帮等都被联合在大宁波商帮的周围。当然,这种扩大的帮会形式的组织集团主要凭借个人关系和宁波商帮的商业领导地位而逐渐形成。随着宁波商帮的做大做强,其他商帮热切地希望与宁波商帮建立联系,使得宁波商帮借此将非同乡成员联合到私人关系网络中来,由此逐渐形成了以宁波商帮为中心的商业集团并逐渐称雄上海。如此之大的商帮成立后不仅支配着上海的大多数钱庄、织布厂、纺织厂等经济和实业组织,也支配着上海大多数的诸如上海总商会、上海银行业同业公会、上海钱业公会等社会组织。②

相对于传统徽商和晋商的墨守成规,宁波商帮能根据形势的变化不断推陈出新,这使得其在联结传统与现代、沟通外商与华商等方面

---

① 李瑊:《上海的宁波人》,上海人民出版社 2000 年版,第 96 页。
② 张守广:《宁波商帮史》,宁波出版社 2012 年版,第 38—39 页。

能起到特有的协调作用,进而使宁波商帮不仅壮大了整体实力,也使得其在工商业活动中延展了信用网络。下面以宁波商帮的钱庄业为例,通过对宁波商帮钱庄业的发展,我们基本上可以管窥宁波商帮的信用生成与运作机制。

钱庄业是近代宁波商帮的主营业务之一。钱庄虽然属于旧式金融机构,但在近代的上海,作为新式金融机构的银行并不能立即取代传统的钱庄,相反,新式银行业务的拓展还得依赖钱庄的支撑,此即有人所说的:"宁波人主持的上海钱庄业的发达,为银行业务的开展积累了丰富的经验,提供了许多便利的条件。如新式银行创办伊始,一度采取通过对钱庄拆借生息以立足的办法,而且银行钞票的发行还要借助钱庄来推广,银行未设分支机构之地区的汇兑业务也要委托钱庄代理。"[1]如果没有宁波钱庄业高度的信用作为支持,新式银行在中国的发展会遇到更多的阻碍。宁波钱庄业首创的过账制度,不仅显示出宁波钱庄业的卓著信用,也推动了传统钱庄经营方式的近代化。据民国《鄞县通志》载:"市场交易外埠皆用银钱,惟宁波凭计簿,日记其出入之数,夜持账簿向钱肆记录,次日互对,谓之过账。"[2]随着宁波商帮将发展重心移到上海,过账制度遂演化为上海金融机构通行的汇划制度。宁波钱庄借助过账制度等制度上的创新,在面对银行这种新式金融机构的竞争下,能够迅速融入新式银行的业务之中。

有学者指出,19世纪末20世纪初,新式银行的业务开展存在两方面的困难:一是随着进出口贸易的急速扩大,势必要求与其相适应的

---

[1] 李瑊:《上海的宁波人》,上海人民出版社2000年版,第77页。
[2] 转引自陈铨亚:《中国本土商业银行的截面:宁波钱庄》,浙江大学出版社2010年版,第65页。

金融周转加速，但外资银行不了解中国的商情，无法单独完成中外商人之间的金融业务往来，需要与本土的金融业进行配合与协助；二是银行资金雄厚，从社会上以低利率吸收的巨额资金客观上需要一个宣泄的渠道，因此也要寻求合作伙伴。传统的钱业熟悉本土的商业习惯，办理业务的手续便捷。同时，钱庄所服务的进出口贸易迅速发展也极易出现资金不足的问题，这样，浙商钱业就与中外银行在业务上形成了相互配合、相互支持的局面。① 此时我们还不要忽略一个问题，这就是浙江商人的信任网络已经处于流动中了，这一点在温州商人群体中表现得也很明显。在我们讨论温州人的流动网络之前，先来了解一下温州商人的一些做法。

温州商人在当代中国商人群体中的崛起在很大程度上是改革开放的产产物。但其做法不失为传统的延续，在商界也以抱团而著称。对温州商人群体的研究，很大程度上体现着比其他商帮更为深刻的集体记忆，可以视为传统商业信用的活样本。20世纪80年代中后期，温州商人曾大范围销售假冒伪劣商品，遭到全国人民的排斥，温州因而背负了巨大的包袱。90年代中后期，温州甩掉了生产和销售假冒伪劣产品的帽子，华丽转身为国内轻工业名城，"温州制造"已经成为今天温州人引以为豪的金字招牌。2002年，温州又提出了建设"信用温州"的蓝图，希望以信用来推动温州经济社会发展的新跨越。作为全国第一个建立现代社会信用体系的试点地级市，温州的信用建设问题格外引人注目。但2011年下半年，受国内宏观调控政策以及全球金融危机阴影下实体经济下滑等因素影响，温州老板密集"跑路"又引发了一场民间

---

① 吕建锁：《浙商钱庄与晋商票号的信用制度比较研究》，中国社会科学出版社2013年版，第81页。

借贷危机,这个危机实质上是一种社会信用危机,它再一次将温州商人推向了风口浪尖。因此,研究温州商人群体,信用问题始终是一个难以绕过去的话题。下文将主要从民间借贷、温州商人的抱团生存、温州民间商会等几个方面来研究温州商人群体的信用生成与沿革问题。

温州地区具有极其深厚和悠久的民间借贷历史,支撑这种民间借贷存续的基础,是温州地区发达的民间信用文化。温州民间借贷的产生,主要源于以下几个方面。首先,由于温州山多地少、地狭人稠,人们只有通过手工业和商业来缓解生存压力。在商业活动中,经常需要借钱来周转资金,从而催生个体层面上的民间借贷的产生。同时,在狭小的地域空间中,乡土社会中各种关系密集交织,也使得小额的、个体之间的民间借贷不会出现信用问题。其次,温州人长期以来形成的理财观念,也是民间借贷形成的一个条件。温州人很少有现金储蓄的观念,在温州人看来,钱一定要在流通中生钱而不是存入银行变成死钱,因此要么自己做生意,要么将钱借给亲朋好友以获取更高的回报,这种观念客观上支撑了温州发达的民间借贷。

民间信用文化以及由其所支撑的民间借贷嵌入于熟人社会之中,为温州商人的融资提供了极大的便利。温州以民营经济为主,境内众多的民营中小企业借助于发达的民间借贷获得便利的融资而发展壮大。在温州商人群体中,商人之间在资金上的相互拆借、靠信用来完成交易等行为极为普遍,如果没有高度的信任和信用,这是很难做到的。当然,温州民间借贷的方式和民间信用文化亦随着时代的发展在变迁。比如说,温州民间传统借贷中最具代表性的方式为"呈会"或"合会",即亲朋直接共同集资,轮流给彼此使用。这种带有互助性质的民间融资,一般以亲缘、血缘为纽带,内在的信用约束力较强。但随着经济社会发展,"呈会"或"合会"这类金融互助组织逐渐消失,越来越多的民间借贷以追求高额的市场回报为目的,从而催生出形形色色的诸如担保公司、典当行、寄售行、投资公司等民间金融中介组织。原先以固定关系为主要特征的传统民间借贷模式,向以金融中介组织为纽带的约定关系的民间借贷模式转化,其带来的直接结果是民间借贷中的信用链变得脆弱,信用约束力下降。在2011年下半年集中爆发的温州民间借贷风波中,虽然外部的宏观经济政策和经济环境对这场民间借贷风波有着重要的影响,但民间借贷自身信用链的脆弱和抗风险能力的低下则是最根本的内因。维系民间借贷信用链的因素,从内部看主要是关系嵌入,从外部看主要是外部市场的高回报以及国家信贷政策的相对稳定。由于后者受到国家宏观政策的调整,在此不再赘述。

民营中小企业之间的紧密抱团,构成了大量民营中小企业扎堆,形成横向的产业集群和纵向的产业链。或者说这种产业集群和产业链既是大量中小企业抱团的产物,同时亦为产业内部更为紧密的合作和抱团创造了条件。在这种相互协作和配套的完整产业链和产业集群中,任何一个环节出现问题,都会给整个产业带来影响。以温州乐清柳市的中国电气城为例,这个区区40平方公里的集镇集中了国内将近一半的电气企业,这里拥有国内最先进的电气产品检测技术和设备。我的社会信用课题组成员对一位为电气企业生产配套产品的注塑加工业老板进行访谈时,他指出:

> 我们作为电气产业链的最底端,生产出来的注塑零件都是靠人工一个一个检测,检测之后交货到上游企业,上游企业还会再进行检测。虽然是多年的合作伙伴,但上游企业并不会因为与我

们有良好的合作关系而放松质量上的把关。在质量问题上,双方都极为较真,这种较真是必要的,因为一旦产品因质量问题而影响销路,整个产业链上的企业都会遭殃。因此,温州在20世纪80年代末开始的质量整顿能取得较好的效果,与完整的产业链下企业之间的抱团合作是有紧密关联的。在信用问题上,民营中小企业之间的抱团合作还体现为企业之间的互保或者说连环保。由于在现有的金融制度下,中小企业尤其是民营中小企业难以满足银行的放款条件,但这些企业对资金又有较大的需求,于是这些中小企业通过相互担保的方式来获得银行的融资。相互担保不仅使得温州境内的民营中小企业摆脱融资难的困境而得以发展壮大,同时也将温州人在工商业活动中的抱团合作发挥到极致。作为一种为克服现有金融政策瓶颈而获取融资的变通办法,由温州开创的这种担保方式被国内其他地方仿效。但这种担保方式也隐含着一定的信用风险。因为从理论上说,如果是实力较强的企业之间一对一相互担保,一家企业倒闭,只能牵连到另外一家企业,信用风险不会扩散。但在温州,往往是一家企业为很多家企业提供担保,被担保的企业也为众多的其他企业担保,这种连环保在温州极为普遍。在民间金融危机爆发前,即便明知这种连环保存在风险,温州老板也会为之,因为在一个熟人社会中,拒绝为别的企业担保,一方面是面子上过不去,另一方面也堵塞了将来自己的求助之路。

可遗憾的是,在2011年下半年的民间借贷风潮中,一些跑路的企业主就是因为相互担保而受到牵连。

几乎所有关于"温州模式"的研究成果,都会涉及温州地方政府的角色和作用。在描绘温州政府角色的研究中,"无为而治"是一个出现频率较高的词汇。但在以产品质量为核心的行业信用治理上,温州地方政府却一改过去的无为而治,积极引导民间力量参与行业信用治理,实现了地方政府与民间力量之间的抱团合作。这种合作主要体现为温州地方政府在外部宏观政策和制度设计上大胆创新,尽可能为民间力量(民营企业和民间商会等)参与行业信用治理创造良好的外部环境。比如说温州政府在全国开创了先例,将技术检测、职称评定、行业标准制定、行业维权等具体事务交由民间商会和行业协会类的行业组织承担,并通过地方行政力量和地方立法的方式来确保这些权力的落实。同时,温州政府还在民营企业中开展奖优惩劣的活动并将该项活动常规化,在全社会树立质量意识和信用意识,并从2002年开始将8月8日定为温州的"诚信日"。民间商会和行业协会等行业组织在地方政府的主导和支持下,充分利用温州民营中小企业之间紧密协作、素有的抱团意识等特点,依靠个体层面的关系资源,适时地借用行政资源和非正式的治理机制,在温州质量整顿和"创名牌"等活动中大显身手,为打造"温州制造"这块金字招牌立下了汗马功劳。

温州人的抱团取暖可以使得他们漂洋过海,来到欧洲市场打拼。他们遍布于欧洲许多国家,其中以法国①与意大利②尤为集中。意大利记者拉菲尔-欧利阿尼和李卡多-斯达亚诺在调查了当地的中国人后指出,在意大利,90%的中国人来自浙江。我们通过其他资料还

---

① 王春光:《巴黎的温州人:一个移民群体的跨社会建构行动》,江西人民出版社2000年版。
② 项飙在接受澎湃新闻网记者访问时提到,浙江温州人的主要流向是意大利、荷兰、西班牙,福建长乐人的主要流向是美国,福清人的主要流向是日本。参见无蘅:《流动的革命:跨国移民网络的基础设施》,微信公众号"澎湃思想市场"2020年4月9日。

发现,其中最大的奇观是温州人几乎可以以村为单位去意大利打工。我这里只引用《"不死的中国人"》一书中的一个故事来表明那里的中国人是如何面对资金不足和金融危机的,尤其他们在细节上是如何操作的:

> 移民在继续不断地涌入意大利,他们今天低头踩踏缝纫机,如果不出意外,明天可以开始真正地工作,并尝试自己创业。他们是怎么做到的呢?如何从负三年(指欠债还钱——作者),或负1万、2万、3万欧元,到几年后成为市中心酒吧老板的呢?
>
> 需要辛勤劳作,当然了。但是只有牺牲精神是不够的。除了工作能力以外,中国人提高社会地位靠关系:
>
> "一根手指能做什么?"威尼斯赌场的一个中国玩家问我们,"看,连个骰子也拿不起来。但变成一只手就能让你随心所欲了。"
>
> 手指,代表一个中国人,就跟不存在一样。如果没有关系,你就谁也不是;如果你不是手的一部分,你就是个死人。至少在意大利,尤其是第一代移民,相比学识,更看重活动能力、处理问题的能力、发现机会和利用机会的能力。
>
> 所有这些都需要建议、能力,尤其是金钱。如果没有最后这一项,中国人一开始都没有,需要有人借钱给你:这就有了一种地下信贷系统,似乎很原始,却完全免受次贷危机的影响。一个由关系连接的网络——把单个的中国人联结在一个家庭、合伙人、同事和朋友的网络中——抵抗失败,因为熟人之间的借贷,别想借钱不还。如果违约,惩罚就是将其逐出所有的经济活动,相当于文明死亡;或者成为一个"黑人",失去人们的尊敬和信任。这是一个无法估量的坏名声,如同银行判定"无偿还能力者"。

这是新东亚(音译)的一个重要日子,在米兰北部郊区设宴酬宾。新娘穿红色,新郎一身黑色,证婚人在十几张桌子间忙着敬酒,碰杯,高兴。有人已经开始算账了:

"我在这里参加的最近一场婚礼,来了106人,"都灵的一个朋友说。

"我当收银员,告诉你,收了4.6万欧元。"

佛罗伦萨联合会主席的女儿出嫁时,收到50万欧元。参加一个年轻朋友的婚礼至少得给400欧元,如果你是新郎的叔伯,你得出最多,然后是朋友和亲戚们无数的电话,试图了解婚礼收到了1000、1500、2000,还是更多欧元。

一切都在进门处进行:客人到达,有人来拿外衣,有人引领座位,有人接纳给新人的红包。红包打开,由收银员保管,将客人姓名和金额记录在一个专门的册子上,然后客人收到两条香烟,作为家庭和团体的一员,今天付出,下次就会收获。婚礼是爱的节日,更是那个非正式的信贷网络的主要窗口,在意大利以及欧洲其他地方,中国人通过这个信贷网络周转资金,远早于银行和金融机构注意到他们。

不能总是负债,也不能总是持平:一个中国人,特别是在国外,关系是必不可少的,所以总是不断地处于给予与被给予、借和贷的状态。婚礼只是一个高潮,但一生都在做这件事。

"我叔叔在韦尔巴尼亚刚开了一家餐馆,"普拉托的一个年轻企业主说道,"他投了20万欧元,我给他1.6万。"

没有利息,没有期限:"什么都没有。下次该是别人来帮助我了,虽然还是让我父母打电话比较好些,因为……我还太年轻,没有资格去要钱。"

如果需要钱,年轻人就结婚。"我妈妈总是对我说,"米兰24岁的学生井(音译)笑着说,"我被你的堂兄弟们搞晕了,现在该轮到你让我们弄点收入了。"①

在中国人的关系网络中,生活和事业是连成一片的。家乡的关系网络从原先的不流动在向流动转移。同样,网络信任也就跟着这个网络一起移动着,借此可以迅速获得大额资金,启动他们的梦想,或抵御前者的危机,而无须通过其他方式去接受新的信任约束。

第三节 传统信用的运行逻辑

我们上面选取古代的徽商、晋商,近代的甬商和当代的温商为典型案例,主要是考虑到他们的商业活动比较好地凸显了中国商人信用的运作模式。不过,这几个商帮并不能代表中国社会中所有的商人群体,且在我们日常议论中还会区分东北人、河南人、福建人、广东人及江浙人等做生意的差异,并且仅这几个典型的商帮,也存在其间的"官商"和"民商"差异。

在中国社会文化背景下,政商难以完全分开,从政商关系看,徽商和晋商具有更为浓厚的"官商"底色,甬商和温商的"民商"色彩更浓一些。具体而言,徽商的官商色彩一来是体现在徽商依靠政府的政策而兴起,例如徽商中的巨商一律来自盐商,就是因为其借助政

---

① 拉菲尔-欧利阿尼、李卡多-斯达亚诺:《"不死的中国人":他们干活,挣钱,改变着意大利,因此令当地人害怕》,邓京红译,社会科学文献出版社2011年版,第20—22页。

府盐业专卖制度而获得了高额的垄断利润;而徽商的衰败,也主要是因为清朝中后期由两江总督陶澍执导的盐业政策的改革取消了食盐专卖。二来是徽商不仅寻找官场上的靠山,而且直接培育自己的子弟参加科举,培育官场上的代理人。徽商是传统商帮中最具有"儒商"色彩的商帮,这种"贾而好儒"的特色使得其更容易接近官场并与权力结盟。晋商虽然也具有浓厚的官商特色,但晋商与中央政府构成的是一种紧密的依托关系,这种关系发轫于明朝,到清朝时期更为明显,尤其是票号出现之后——票号就基本上完全以官府为后盾。晋商凭借与清政府的关系,抓住鸦片战争、农民起义等带来的商机,为清政府代垫、代办汇兑军饷和协饷,并筹措汇兑对外赔款,扮演着清廷总出纳的角色,这为晋商带来了丰厚的利润,其信用扩张超出了本身的承受能力;官府也将票号视为敛财和缓解财政压力的一种工具。这种依赖关系发展的结果是票号将其业务来往对象锁定为官员和巨商,将中小工商业者排斥于业务对象之外。随着清政府的政策变动及其垮台,晋商也迅速衰败。因此,晋商衰落的关键在于其远离了市场,不能与工商业发展相结合。正如上海商业储蓄银行一位总经理所言:"清季票号交结官府,声势赫然,一旦革命,即随清政府消灭,其原因何在? 盖平时不为商民着想,对社会未有特殊贡献,天演淘汰,势所难免。"[①]总而言之,传统的徽商和晋商以政治力量为依靠,具有较为浓厚的"官商"色彩。对外部政权的过分倚重,使得徽商和晋商在应对外部风险和适应变幻万千的商情时能力明显不足。有学者言,票号与官员之间建立了亲密的关系网络,

---

[①] 中国人民银行上海市分行金融研究所编:《上海商业储蓄银行史料》,上海人民出版社1990年版,第655页。

二者之间相互依存以获取最大利益。一旦票号陷入金融危机而不再有能力为官员提供大量长期的借款时,这种互惠圈就会破裂,官员就不再履行义务以维持关系网络。① 对官府力量的借重,也消解了民间社会信用的自我维系力量,比如说当这两个商帮能够借力官府获取商业上的高额垄断利润时,其对于发展实业以及实业与金融业之间的相互支撑来维系商业信用的作用,未能给予足够的重视,这是其衰落的重要原因。

甬商和温商同属于浙商,与徽商和晋商相比,其"民商"色彩更浓。作为"民商"的典型,甬商和温商的共同之处较多。首先,这两个商帮内部有着紧密的抱团,这种抱团既通过传统的血缘、地缘等纽带,同时也借助利益纽带来实现。甬商通过将同乡和同业组织融合在一起,实现了滚雪球式的发展,温商则通过民间商会这个强大的纽带实现了内部的紧密抱团。其次,甬商和温商都极为注重金融与实业之间的相互支撑。以甬商钱庄为例,它灵活地满足市场的需求,同工商业联系极为紧密,既获得了丰厚的市场利润,也获得了很高的商业声誉。后人如此评价以甬商为代表的浙商钱庄:"我国商业,凡百业营运,全恃钱庄之周转调剂,盈绌可通,青黄可继,为百业之枢纽。一般中小商人,尤赖我庄之信用放款,资为周转流通之需。"② 温州商人则通过发达的民间借贷促进了民营中小企业的发展。最后,甬商和温商作为"民商"更接地气,对市场的反应极为灵敏。在经济社会发展的重大转折关头,这两个商帮都能够把握机遇做大做强。在从传统商帮向近代商帮转型的过程中,徽商和晋商恪守传统规矩而不能勇于创新,甬商则根

---

① 张正明等主编:《中国晋商研究》,人民出版社 2006 年版,第 226 页。
② 沈祖炜主编:《近代中国企业:制度和发展》,上海社会科学院出版社 1999 年版,第 227 页。

据形势的发展变化不断创新,比如说以上海这个近代最大的商贸中心为基地,借助买办身份学习国外的经验,将传统的钱庄业融入现代金融业之中。温州商人则在中国社会的转型期,迅速地抓住市场机遇,利用自身在全国乃至全球市场中便利且庞大的关系网络,从事投资小、获利快的小商品生产和销售,获利丰厚。

以徽商和晋商为代表的"官商"和以甬商和温商为代表的"民商",在商业发展模式上虽然存在以上差别,但由于这些商帮都嵌入在中国几千年来相对稳定的政治生态和社会结构之下,因此在民间社会信用上仍旧有诸多相似性。正如一位西方学者在考察中国传统的法律与商业之间的关系时所说:

> 在权利界定模糊、规则灵活的中国传统社会秩序下,关于产权与契约的纠纷受制于由社会规范、权力意志及人们对长期交往的成本与收益的理性权衡等多种因素的相互影响。在一层薄薄的正式的公共秩序背后,有层层非正式的、内部的规则,如家法家规、宗族规范、行会规则,来支撑各个组织内部的产权与契约安全。①

也就是说,支撑中国传统信用运作的最核心力量,还是来自民间社会内部的非正式规则。

可以认为,中国传统信用从本质上看是一种由民间自发而成的社会信用(有的情况下受到官方的保护或依托于官方庇护),其运行方式也内嵌于民间社会内部的关系网络结构。时至今日,在中国东南沿海

---

① 马德斌:《传统中国的法律与商业——对"大分流"的制度性透视》,载刘秋根、马德斌主编:《中国工商业、金融史的传统与变迁:十至二十世纪中国工商业、金融史国际学术研讨会论文集》,河北大学出版社 2008 年版,第 11 页。

如广东、福建、浙江、江苏等地区,其经济的大发展均得益于民营经济的发展,而民营经济的发展又与发达的民间信用有关。作为经济交易活动的润滑剂,民间信用的发达降低了交易成本,促进了民营企业之间的彼此关联,带有一荣俱荣、一损俱损的意味。

综合我们上面提供的历史文献、前人研究和现实调查资料,本书在此大致把中国传统商业信用概括为以下几个特征:

第一,社会生活组织与商业活动之间的互相嵌入。以农耕文明为根基的国家,长期以来选择重农抑商的国策,商业活动的发展往往源于恶劣的农业生产条件下摆脱生存压力的无奈之举。无论是传统的徽商、晋商还是近代以来的甬商和温商,其商业活动的兴盛无不源于生存环境的压力。但与无须流动的农业活动相比,商业活动则需要离开本土向外流动,进而面临着如何克服风险的问题。同一地域的商人结成群体或共同体的方式来抱团生存,自然成为克服商业风险的最佳选择。德国传教士卫礼贤(R. Wilhelm)很好地阐明过这一机制:

> 古代的商人都是陌生人,他们从很远的地方来,带来一些罕见的物品。这一状况直到后来亦保留着,跨省的商品交换使得商业契约成为必不可少的东西。当这些外地人,在无保护的情况下与本地人打交道时,会发现自己处在一个非常困难的境地。因此从很早的时候起,在外省做生意的商人就建立了自己的行会和同乡会。这种同乡会由来自同一省份的商人组成,人数不足时,就由邻近几个省份的人员组成。行会都是自治的,它是提供相互保护的组织,通常有很大的会馆,既是商务中心,又是社会交往的中心。商人们之间通过相互保护和相互担保承兑汇票(以保证彼此的信誉)而获致了一种团结,这种团结则基于这样一种共识:每个人都

对他自己的商务行为负全部责任,就会增强整个商业流通领域的可靠性,而这种可靠性正是这个行业最稳固的基础。①

无论是徽商、晋商的商人会馆,还是甬商的同乡会抑或温商的商会,都是作为同乡商人抱团合作的组织载体而存在的,这些组织载体对于维系商帮信用起到了重要的作用。

第二,宗族血缘和乡情地谊等天然纽带成为商人群体凝聚的核心要素。对血缘和地缘关系的借重,是中国传统社会中商人群体向外拓展生存空间的共同特征。在传统商帮中,徽商的宗族意识极为浓厚。流寓异地的徽商,一般会通过修建宗祠和族谱、定期举办宗族聚会活动来强化商人群体的宗族意识。而晋商、甬商和温商则尤为注重同乡观念。在充满风险的商业活动中,这种家族、宗族意识和同乡观念逐渐变为一种圈内人和圈外人的识别标志,比如说徽商可以借助于族谱来识别,甬商尤其是温商则借助于特有的方言来识别圈内人和圈外人。这种识别标志进一步强化了自己人网络,在网络内部实现紧密抱团,网络外之人则难以进入。因此,传统信用具有浓厚的地域色彩,是一种立基于固定关系上的信任。

第三,商人群体的链条式发展模式和网络状的整体生存模式。传统的徽商、晋商以及近代的甬商在向外拓展商业网络的过程中,一般借助于特有的学徒制度来实现。学徒一般是在本乡和本族中加以选择,而且在选择的时候还需要有一定声望和经济实力的人来做担保,这种制度不仅成为延展商业网络的有效方式,同时也成为一种极为有效的信用保证机制。传帮带式的学徒制度,极容易形成同乡、同族商

---

① 卫礼贤:《中国心灵》,王宇洁等译,国际文化出版公司1998年版,第347页。

人之间的扎堆。温商虽然没有诸如晋商和甬商那样明显的学徒制度,但通过在异地建立温州商会、"温州村"之类的移民社群,也形成了链条式的商业拓展模式以及网络状的整体生存模式。在缺乏外部强制性的制度安排下,中国商人群体借助于这种模式使得商业和信任网络得以不断延展。在此,我们还是有必要从理论层面分辨一下社会网络、商业网络与信任网络的关系。按照蒂利的划分:

> 首先,信任网络意味着由共同的纽带——直接或间接地——联系在一起的人群,他们组成了一个网络。其次,信任网络意味着由于存在这样的纽带,因而网络成员的重大诉求得到了关注、成员之间彼此扶助,而网络也正是由若干诸如此类的强大纽带构成的。再次,信任网络意味着网络成员共同承担着一些重大而长期的事业,如生育、长途贸易、工匠互助、地下宗教活动等。最后,信任网络意味着网络纽带之构成(configuration),源于将共同的事业置于其个体成员的失信、失误和失败的风险之中。[①]

> 社会网络包含了三个以上的社会要素(social sites)所构成的任何一组社会联系,这些联系包含彼此交往、相互承认、共同参与、提供商品或服务、疾病传播以及其他一些间接的交往形式。网格可以由个人组成,也可以由组织、地区或社会地位构成。正是人与人的联系网络——既不为人所知也不为彼此所知——每天早晨给你送来晨报,而另一些网络则传播着政治信息,还有一些正以其无形的结构运转着资金、传播着疾病、演化着语言的革新。[②]

[①] 查尔斯·蒂利:《信任与统治》,胡位钧译,上海人民出版社2010年版,第6页。
[②] 查尔斯·蒂利:《信任与统治》,胡位钧译,上海人民出版社2010年版,第5—7页。

从以上这一比较中,我们首先看到的是社会网络显然大于信任网络,它很接近一种地方或者老乡网络,涵盖了一地区人们之间的各种社会、政治、商业乃至疾病传播之间的联系,而信任网络则特别强调有一种共同体内部(比如血缘的、同盟的或宗教的)彼此之间拥有的共同利益诉求与帮助。通常情况下,由于社会网络中充满了失信和风险,因此很容易推动其中的信任网络出现,以此共同抵御可能出现的各种危机。商业网络与社会网络及信任网络既可以重叠,又可以独立,它是由商业运行本身的状况及其制度运行决定的,比如代理人制度或者网络化的监督制度等。因此,当商业自身的一系列制度可以自行解决其信用问题的时候,它可以独立运行;而解决不了的时候,或者在有的社会构成方式上,会偏向于借助社会网络和信任网络的重叠性来运行。

第四,圈子内部偏重德治化的信用维系机制。商人群体因其职业性质需要流动,所以需要在流动中建立一种相对封闭的信任网络。这时,其内生的自发规约能够对成员构成有力的约束。经常违反或者不遵守圈子内规则的人,会被圈内成员"清理门户"。据说在徽商群体中流行有这样的习俗:对于经营失败而难以偿还借款者,只需要在债权人面前立一个字据,表示永远退出商业经营活动便可以免除债务。这种看似轻微的惩戒其实对于在外经商者却是一项严厉的惩罚。项飙在研究北京"浙江村"解决纠纷时也提到,在"浙江村"这个流动性的社区中,温州人采用一种解决纠纷的办法叫作"倒他的霉",意思是在小圈子中利用舆论工具"广而告之""把他搞臭"。[①] 这种方式其实非常有杀

---

① 项飙编著:《跨越边界的社区:北京"浙江村"的生活史》,生活·读书·新知三联书店2000年版,第268页。

伤力,因为在"浙江村"这个以温州人为主的圈子中,生意上的往来、相互借贷和货款拖欠等信用交易行为,都是在圈子内完成的。一旦没有人愿意与之做生意,就等于自绝生路。在封闭的关系网络内,不仅其经济活动嵌入在关系网络中,而且关系网络也嵌入在经济活动中,二者构成一种相互嵌入的关系,以至于在今天的中国,同一地域的人在某一地方往往从事同一行业,在该行业内实现技术、信息等方面的共享,外人难以进入而逐渐形成垄断,这就是学术界研究的"社会经济"或者"同乡同业"现象。

第五,传统信用传承的社会运行方式主要是民间社会的自主治理。由于信息不对称,中央政府实际上难以实现对地方社会和基层社会的直接治理。正如有学者指出的,中国传统社会的治理是一种典型的"上下分治"模式,即中央政府负责"治官",地方政府负责"治民"。① 地方政府负责的"治民"事务主要是钱粮赋税之类,地方社会和基层社会的公共事务更多依靠民间社会自我治理。从地方政府的文告和现存的碑刻资料等历史文献来看,对于民间社会中诸如分家、田地等纠纷,一般被官方视为民间细故,并不在官方直接的治理范围内;而商业活动中的秩序维系等,自然也属于民间细故,一般通过行会、商人会馆等自治组织予以解决。但中国传统信用的自主治理在运作中仍然存在困境:在商业纠纷化解中,有时要借助地方政府的行政力量,这一点与西方社会通过制定完善的商法和具有强制执行力的商人法庭来裁决纠纷是不同的。其原因可能在于商人既拥有巨额的财富,很容易被地方政府觊觎,同时商人群体力量的强大也会对专制集权构成潜在的威胁,

---

① 曹正汉:《中国上下分治的治理体制及其稳定机制》,《社会学研究》2011年第1期。

因此"商"不得不受制于"官"。①

作为一种扎根于民间社会并深深嵌入在本土社会历史传统中的社会信用,具有极大的历史惯性,它并没有因为近代以来中国社会的急速转型而中断。相反,作为民间社会内部一种非正式的社会规则,由于它在降低交易成本和促进经济合作上具有很强的优势,在正式规则缺位或不健全的条件下,其因发挥了类似于结构功能主义理论中的"功能替代"作用,因而具有极强的生命力和合理性。在今天中国的社会信用建设中,我们引进和吸纳了诸多现代西方文明的成果,其中最具代表性的就是现代社会信用体系和信用制度。但是这些来自西方的文明成果在中国社会的实践中还需要较为长期的磨合,至少现在中国许多地方在治理社会信用问题时,仍旧沿袭着传统的思维。例如:

2014年4月14日,腾讯大苏网上出现一则标题为《南京闹市大屏"晒"老赖,系南京法院头一回》的新闻报道。该报道称,地处南京六合区最繁华地段的金宁广场,拥有当地最大的LED显示屏。从2014年4月14日上午8点开始,金宁广场大屏幕开始滚动播放27名"老赖"(指拒不履行生效法律文书确定义务的失信被执行人)的名单,公布的信息包括他们的照片、姓名、身份证号码、执行标的、执行依据案号等。据了解,这是南京法院系统首次以这样的方式制裁"老赖"。首批"亮相"的"老赖"本来有28人,其中一人得知自己要被公布在当地的大屏幕上,自觉"丢不起人",赶到法院已还清了欠款。此前,无锡等地也曾在闹市口用显示屏滚动播放的方式公布"老赖"信息。② 这种方式,其

---

① 详见潘洪纲编著:《官商两道:中国传统社会中的商人与官场》,湖北人民出版社2011年版。

② 现代快报:《南京闹市大屏"晒"老赖,系南京法院头一回》,https://js.qq.com/a/20140414/002932.htm。

实质就是利用熟人社会的声誉来发挥约束作用。

又如,中国现有的金融制度安排主要为国有大中型企业提供融资服务,它难以满足广大农村地区的融资需求,村镇银行的设立正满足了农户的小额信贷需求。但由于农户抵押担保物的缺乏,农村金融机构放贷面临风险,因此对农户的评级授信就显得极为重要了。这种农户贷款评级授信的评价要素主要包括财务要素(如耕地面积、人口状况、收支状况等)和非财务要素(农户在村落中的威信、家庭成员的为人等),但获取这些信息需要支付巨大的成本。为了克服此困境,吉林东丰诚信村镇银行在实践中逐渐摸索出一套切合农村实际情况的贷款制度,即"依托乡土社会资源的延伸性贷款机制"。该机制充分运用村委会和村里的贤达人士组成村级金融服务站,该服务站虽不是村镇银行正式的管理网络,但其作用却相当于村镇银行管理网络的延伸与拓展。服务站负责收集贷款申请者的各种信息,并为符合放贷条件的农户直接办理贷款手续,贷款手续当天办理完,第二天农户就能获得村镇银行的贷款。借助村金融服务站,村镇银行克服了与农户之间的信息无法进入全知型信任的问题。乡土社会是一个信息对称的熟人社会,一旦村镇银行利用了乡土社会资源,这个资源就能成为村委会的正式组织资源。这样,村镇银行就可以有效地"嵌入"到乡土社会结构之中,而不是仅仅作为脱离乡土社会的外在金融机构。[①] 这个例子表明,若不能与传统的乡土社会资源结合起来,现代信用制度本身也难以有效运作。

再如,2013年3月15日,新浪财经网上有一则标题为《福建人因

---

① 王曙光:《乡土重建:农村金融与农民合作》,中国发展出版社2009年版,第87—90页。

钢贸信贷危机遭沪禁贷》的新闻报道。该报道称，2012年底，由于银根紧缩，福建周宁县人在上海从事的钢贸生意因资金链问题导致信贷危机，这使得上海的金融系统出现高达数百亿人民币的金融坏账。为此，上海金融系统做出如下应对：所有的福建籍人士在上海金融系统的贷款将受到限制。上海当地的一位银行副行长甚至宣称，福建地方政府应该为这场信贷危机买单。4000万福建人因为三十几万周宁人的行为而受到无辜牵连。正如该报告所评论的，这种看上去很情绪化的惩罚性措施，没有直接针对拖欠款项的借贷人或骗贷人，而是把惩罚直接"连坐"到所有福建人，使得一个地方政府和当地人民要为区域内的个别企业承担债务和信用责任。[①] 上海是中国现代化程度最高的地区之一，也是当代中国的金融中心，在现代金融上有着一整套信用体系和制度，为什么在治理信用危机问题上还沿用这种带有传统连带式的信用治理方式？从现代法律的视角来看，这显然缺乏充分的法理依据，这里的解释只能是因为现有信用制度在执行中往往失灵而需要传统做法来加以补救。

[①] 李明顺：《福建人因钢贸信贷危机遭沪禁贷》，http://finance.sina.com.cn/column/bank/20130315/114414845837.shtml。

第七章 信任与社会流动

第一节 社会流动与网络

在关系向度理论的解释框架中,我们一直是以固定关系为基础来讨论中国人的社会信任的。但固定关系所建立的信任网络往往是不流动的,人与人的关系是本乡本土的。即使在传统商业信用当中,商人虽因买卖需要发生异地流动,但最终也会通过建立商帮、商会、会馆等机构让自己始终处于同乡网络中。但随着改革开放以来中国城乡二元结构的破除、市场化与城市化的迅猛推进,大量的农村人口开始流向城市,情况会发生何种改变呢?我在前面提到,2011年我国流动人口总量已接近2.3亿,占全国总人口的17%。而根据国家统计局发布的《2018年农民工监测调查报告》,2018年中国农民工总量已达2.88亿,比2017年增加184万人,增长0.6%。虽然农民工总量增速比上年回落1.1个百分点,但在农民工总量中,在乡内就地就近就业的本地农民工有11 570万人,比上年增加103万人,增长0.9%;到乡外就业的外出农民工17 266万人,比上年增加81万人,增长0.5%。从进城农民工的流向来看,他们的流动一方面显示了传统共同体的空心化,也就是出现了留守老人、妇女和儿童;另一方面其流动主要以内地向沿海、北方向南方、农村向城市、小城镇向大都市的转移为主要特征。①请注意,农民工外出打工,显然同商人外出做生意不同。大面积人群从乡村出走,涌向全国的大小城市,一些现代化的理论模式会将之视为人的现代化的契机,也就是说,我们终于有机会看到松散关系在中国的发生以及社会信任的重建。那么真实情况究竟如何呢?

近30年来,借用社会网络来研究社会流动受到中国学者的重视。作为一种从微观到宏观的研究,该框架倾向于:

> 分析将成员连接在一起的关系模式。网络分析探究深层的结构——隐藏在社会系统的复杂表面之下的固定网络模式……并运用这种描述去了解网络结构如何限制社会行为和社会变迁。②

从这一研究方式来看,社会网络研究与本书所讨论的内容高度契合,但该研究中所建立的理论可以对流动中的中国人进行解释吗?借助于目前一些对农民工流动的统计资料,我们就会发现,在中国农民工大量涌入城市的背后,存在着另一种重要现象:那就是他们在流动到某一大中城市、某一社区、某一工厂企业、某一建筑工地或某一行业时,会出现以家乡为单位的成群结队现象。也就是说,外出打工的人并不是自己寻求工作地点和机会,而是乡村某几个村庄的村民成群结队向一地流动。根据一些学者的定量研究,造成这一现象的原因是农

---

① 蔡昉、费思兰:《中国流动人口状况概述》,载蔡昉主编:《中国人口流动方式与途径(1990—1999)》,社会科学文献出版社2001年版,第15—26页;钟甫宁、栾敬东、徐志刚:《农村外来劳动力问题研究》,人民出版社2001年版,第52—57页。
② 巴里·韦尔曼:《网络分析的某些基本原理》,《国外社会学》1999年第4期。

民外出打工的信息往往来源于他们的老乡群体。比如一项对济南市农民工的调查显示,他们来这里打工的主要信息源是他们的亲属、同乡、朋友等,占比75.82%。① 另一项同一城市的抽样调查结果是,在1504人当中,相同的情况为81%。② 又有学者在苏南的调查中发现,这种情况在外来劳动力群体中占到60.45%。③ 还有学者通过对北京、上海和广州的600份问卷调查,给出同样情况的数据是72.9%。④ 而国家劳动部通过对八个省份的调查,认为此类比例是54%,另外还有12%由私人包工队带出。⑤

但比较可惜的是,由于从事这一方面研究的学者本身内嵌于中国社会文化之中,对此现象太司空见惯,因此不太可能发现什么需要进一步探究的地方。即使有,也是对美国社会学家马克·格兰诺维特(M. Granovetter)弱关系假设的证伪。因为格氏认为,求职者要想得到一份职业,其获得信息的途径主要是那些关系不亲密、交往不频繁的人群。其理论解释是,由于强关系是指人们之间建立起来的内部性纽带,因此彼此之间获得的信息重复性太高,相对有价值的信息也就过少;而弱关系的作用主要是在两个不同的群体中建立起了信息桥,由

---

① 李培林等:《就业与制度变迁:两个特殊群体的求职过程》,浙江人民出版社2000年版,第195页。

② 蔡昉、费思兰:《中国流动人口状况概述》,载蔡昉主编:《中国人口流动方式与途径(1990—1999)》,社会科学文献出版社2001年版,第21页。

③ 钟甫宁、栾敬东、徐志刚:《农村外来劳动力问题研究》,人民出版社2001年版,第78页。

④ 曹子玮:《职业获得与关系结构——关于农民工社会网的几个问题》,载柯兰君、李汉林主编:《都市里的村民:中国大城市的流动人口》,中央编译出版社2001年版,第82页。

⑤ 参见李强:《转型时期的中国社会分层结构》,黑龙江人民出版社2002年版,第133页。

此人们就容易获得不重复的、有价值的信息。① 显然,用这对概念架构看中国,结果并非如此。比如边燕杰认为,强关系在中国表现为人情关系,而人情关系无论是直接的,还是间接的,都是强关系,其作用不仅是提供就业信息,更重要的是提供实质的帮助。② 又有学者认为,城市里的农民工的社会交往和社会支持都是强关系的。③ 还有学者认为,农民工在进城后也会逐渐使用弱关系来获得信息和资源。④ 以上这些研究的两个突出之处是,他们首先认为用格氏的这对概念分析中国社会中的农民工求职是有效的,不同的只是获得的结论往往相反。

然而我的问题是:倘若中国人是靠内群体求职的话,那么信息的重复性对他们的意义何在,抑或是因为他们更需要亲友的帮助而不在乎信息的重复性吗? 依照林南的社会资源理论⑤,为什么在同一(农民工)阶层中,在社会资源相对不足的情况下,并没有导致他们同其他群体发生交换,而仍然选择内群体呢? 边燕杰的解释是,在中国,"信息

---

① 马克·格兰诺维特:《弱关系的力量》,《国外社会学》1998年第2期。
② 边燕杰:《找回强关系——中国的间接关系、网络桥梁和求职》,《国外社会学》1998年第2期;边燕杰、张文宏:《经济体制、社会网络与职业流动》,《中国社会科学》2001年第2期。
③ 李汉林、王琦:《关系强度作为一种社区组织方式——农民工研究的一种视角》,载柯兰君、李汉林主编:《都市里的村民:中国大城市的流动人口》,中央编译出版社2001年版,第15—39页;曹子玮:《职业获得与关系结构——关于农民工社会网的几个问题》,载柯兰君、李汉林主编:《都市里的村民:中国大城市的流动人口》,中央编译出版社2001年版,第71—91页。
④ 渠敬东:《生活世界中的关系强度——农村外来人口的生活轨迹》,载柯兰君、李汉林主编:《都市里的村民:中国大城市的流动人口》,中央编译出版社2001年版,第40—70页。
⑤ 林南:《社会资源和社会流动——一种地位获得的结构理论》,载南开大学社会学系编:《社会学论文集》,云南人民出版社1989年版,第257页。

的传递往往是人情关系的结果,而不是原因"①,人情关系的重要作用主要是给予求职人员以照顾,这一点当然同实际相符。但我认为,人情概念在中国既有强关系的一面,也有弱关系的一面,只不过其交往方式有所不同:前者的方式如边燕杰所讲是义务性的;后者的方式则是人们常说的"送礼"和"拉关系"。这两种倾向在黄光国的人情分类中即所谓"情感性关系、混合性关系和工具性的关系"②。

可见,中国人的人情交往方式或内群体关系不宜套用强关系和弱关系这对概念来做解释,否则我们将不得不对这一对概念做复杂性的加工。③ 依我之见,格氏关于强关系和弱关系的划分前提,是先假定社会上的任何两个独立性个体之间所产生的交往。也就是说,当我们设定两个彼此独立的个体需要建立关系时,他们所能选择的方式就是像格氏自己所讲的那样,通过增加交往的时间的量、感情的紧密度、相互信任和交互服务来获得关系上的亲密性。但是中国社会关系构成的前提不能做这样的假设,传统中国人的关系产生于固定关系中,而不需要通过什么后天的能力或努力来建立。有了固定关系就可以转移到诸如朋友、同事、同学、战友等那里去套用。由于中国人一般不会设定如何在两个独立的个体之间看待他们的交往程度,因此对中国人来说,即使两个人彼此之间没有交往,但只要有天然性的血缘和地缘关系存在,就可以义务性地和复制性地确保他们之间的亲密和信任关系。比如说有两个彼此不相识的人,他们之间不具备格氏上面所说的促成交

---

① 边燕杰:《社会网络与求职过程》,载涂肇庆、林益民主编:《改革开放与中国社会:西方社会学文献书评》,牛津大学出版社1999年版,第129页。
② 黄光国:《人情与面子:中国人的权力游戏》,载黄光国等《面子:中国人的权力游戏》,中国人民大学出版社2004年版。
③ 刘林平:《外来人群体中的关系运用——以深圳"平江村"为个案》,《中国社会科学》2001年第5期,第113页。

往因素中的任何一种，但只要他们在初次交谈中发现他们原来来自一个乡、一个村、一个姓或乃至一个族，他们的关系就可以超越通过数次交往才能建立起来的密切关系。可见，中国人对"关系"的理解不单是指只有通过交往才能结成的纽带，更多的还是指一种时空概念，或者说，是一种地理上的或格局上的优势体现。回观格氏的关系强度划分，倒属于一种地地道道的社交的、互动的概念。我所谓时空或关系格局表达，也正符合费孝通"差序格局"概念之意。① 在这种格局中，虽然我们也说内群体，但这种意义上的内群体不是指一个体将其所属的群体作为内群体，将他所不属的群体称为外群体，而是说以他为中心的不同的差序关系，既可以作为其内群体，也可以作为其外群体，要看随情境变化的这些关系如何定义。这时，如果我们还要在这里面划分强关系和弱关系，就等于要在此空间格局中确定一条不存在的界限，显然这是在把差序格局当成团体格局来看待了。

但我们不得不承认的是，即使中国农民乐于通过不同的或大或小的圈子里的人来获得求职信息，也不可避免地会发生信息重复现象，甚至还会产生求职竞争。那么这种重复对他们究竟有什么意义呢？有了上面的讨论，再回来看这一点，问题就比较清楚了。对于需要外出求职的农民工而言，他们考虑问题的重点是：出于对于陌生人的猜疑，也出于我在前面讨论的信任不在放心地带，那么一种求职信息如果不是来自他的内群体，这一信息会是可靠的吗？② 也就是说，农民工求职的关键问题不是获得信息的多少和重复与否，也不是关系的强弱与否，而是试图识别此信息是真还是假，如何保证自己不受骗。这样我

---

① 费孝通：《乡土中国》，生活·读书·新知三联书店 1985 年版，第 2—25 页。
② 高嘉陵：《人口迁移流动与社会网络分析》，载蔡昉主编：《中国人口流动方式与途径（1990—1999）》，社会科学文献出版社 2001 年版，第 201 页。

们就发现,中国人所能区分的信息真伪是靠彼此的信任程度来决定的。

如果我们套用格氏的强关系和弱关系来解释中国社会的流动和求职,便会出现以下五点不当之处:1.他假定在某个体独立决定自己的择业方式的社会里,求职首先是求信息,这时他在弱关系中求到的信息比在强关系中求到的重要。而中国社会里的人认为,个人求职首先是求人①,求不到人就求不到职业。好的职业是同联系上的人密切相关的。2.格氏的理论没有区分信息的真假,而是假定了凡是信息都为真,既然信息是真的,当然信息的重复就是没意义的。但中国的社会交往由于受到关系差异的影响,特别是前面所说的只相信自己人,那么人们获得的信息就有了真假之分,而可靠的信息往往来自人们彼此之间的信任,不可靠的信息往往来自社会上的传言,这就影响了求职者倾向于在熟人之间寻求信息。3.由此,西方更有价值的信息往往在内群体之外,而中国的可靠信息只在自己人当中。4.西方人的内外群体是用来区分两个彼此独立的群体的,其关系强弱分明;而中国人的所谓内群体概念没有明确的边界,只是某个体层层推出去的可大可小的、伸缩自如的关系,其关系强弱自然不分明。5.西方的关系概念是互动概念,而中国的关系概念既可以是互动概念,也可以是空间概念。

从以上分析中,我们看到获取真实信息和求得帮助时的信赖度,是从传统生活进入流动过程的求职者遇到的最为核心的一个问题。因此,研究中国农民工在流动中的求职过程,首先就是研究谁是最可能信赖的人的过程。最可能信赖是指这个人不需要用关系的强弱中的四项标准来确定的,而是由信任度来确定的。我这里所谓信任度不能简

---

① 边燕杰:《找回强关系——中国的间接关系、网络桥梁和求职》,《国外社会学》1998年第2期,第51页。

单地理解为信息本身的真假及其程度,而是指接受信息的人根据什么因素来判断这个信息为真或者为假。现实生活完全可能发生这样的事:在信息的传递中,有亲缘关系(可以是非交往)的人传递的信息可能是假的,但由于亲缘关系,接受信息的人把它当成真的;无亲无故(可以有密切交往)的人传递的信息可能是真的,但接受该信息的人却把它当成假的。究其原因,在于前者是强信任关系,后者是弱信任关系。这样就可以解释为什么在当代中国市场中出现了"杀熟"的现象,进而出现社会信任的危机。

第二节 访谈:离乡者的行走路线

关于农民工外出打工的问卷调查,在国内已有许多人做过,我们对他们外出信息的获得渠道所占的比例已经有了基本了解。现在需要做的事情是我们能否直接面对这些农民工,通过访谈来了解他们的真实想法;特别是对需要研究的一些问题,我们能否有针对性地根据他或她本人的陈述来进行追问。为了能在如此庞大的农民工群体中找到访谈的对象,我曾于2000年初前往深圳市、南海市[①]、东莞市、宁波市等南部和东部沿海发达地区,对一些在工厂打工的农民工进行了访谈。选择这样几个城市的重要原因之一是,我在那里有些社会资源,通过这些资源找来的访谈对象聊起天来显得轻松自如,而不至于让他们不愿和陌生人多谈自己的事情。下面是我访问记录资料中的一部分,从

[①] 南海市2002年撤市设区,隶属佛山市。由于访谈是在2000年进行的,故仍采用南海市之说。

中可以看到需要进一步思考的一些问题:

T先生,34岁,农民工。采访地点在广东东莞虎门。

自述:"我是湖南石门县人。你问我是怎么出来的?听人说广东有金子,我们在家乡看到出去打工的人回来把家里的房子都重新盖了,很羡慕,也想出来闯一闯。我是1997年来的,算是出来的迟的。我们家乡第一批出来的是在1989年,当时我们村里有个人出去当兵,转业后来到广东东莞的虎门海关工作,还当了干部,他打电话回家说,希望家里能带40多个女孩出来,那个时候这个消息非同小可,当地有关部门以为是人贩子,查实后发现是工厂招工,就让她们来了。我当时没有跟出来的原因是那时说只要女的,还有一个原因是我同他们(在海关工作的干部及其妻子)没有亲属关系,所以先到东北打工去了,回来后我在家结了婚。1997年我认识的本村两个在东莞打工的男伙伴过年回来,我对他们说我老婆想打工,能不能跟他们走,他们同意了,因此我妻子同同村的两个女孩在我之前来到这里。他们比较有运气,顺利地进了现在的丽声钟厂。由于她在这里人缘好,遇到了1989年我们村里来这里打工的一些女工,其中一个现在自己开餐馆(他们夫妻接受我访谈时手上抱着的孩子就是这个餐馆女老板的儿子),有的时候厂里伙食不好,我老婆就来她这里吃。我是在我老婆走后的20多天来到这里的,来了后找不到工作,先在我的一个小老乡那里住,他是这里的一个小工头。我住的地方很差,房子上连门和窗户都没有,每顿伙食7块钱。这时我知道我的一个堂叔在一家做电脑插头的工厂当部门经理,我原来同他关系不好,因为他在外面混得不错,回老家后瞧不起人。现在没有办法,只好去求他给我找一个工作。他说很难,我们知道他的意思,就买了一些礼品送给他。等了六七天,又买了一条烟,心里很不高兴,没想到托自己的亲戚还要送礼。见到他后,他叫我明天早上8点在厂门口等他。那天早上我去了厂门口,除了吃饭时离开了一下,我从早上一直等到下午5点半,我几次叫人进去让他出来,他最后出来说,你岁数大了,明天早上再来,我想想办法。我回去同老婆一讲,认为他还是要我们送东西,就又买了一些水果。第二天又等到下午5点,才算办成了。干了三年,后因为在厂里当了组长助手,我的一些老乡嫉妒,打我的小报告,外资企业又不给你解释的机会,我就不干了,现在在夜市上摆大排档,这几天生意不好,暂时没有去做。"

问:不管是你还是你太太,如果你们在这里没有熟人和亲戚,你们为了打工,会不会来这里?

答:不会。不熟悉的人说这里再好,我也不会来。报上招工,我也不会来,现在的广告有的是假的。还有职业培训资料贴到了我们村里的,有的是真的,有的是假的,我们听说有不少人上当。

问:你怎么放心让你太太先跟两个男人出来打工的呢?

答:这有什么不放心的。他们两个是我们村子里的,关系也很好,不会骗我的。

问:你的堂叔在找工作上不太帮忙,你为什么还找他?

答:虽然我们在家乡是关系不好,但我到这里找不到工作,只好找他,不管他怎么想,毕竟是我的亲戚。

问:你认为找工作就要找亲戚吗?

答:也不一定。亲戚的亲戚也可以,老乡、朋友也可以。但现在找工作都是关系,厂里多一个人少一个人也无所谓,有关系就可以进去。

问：你们现在村里还有人没有出来打工吗？

答：除了50岁以上的老人，村里已经没有年轻人了。我们乡里出来打工的人80%都是1989年出来的40多个女工带出来的，这些人主要集中在三个村，也就是那个海关干部自己的村子、他老婆的村子和旁边的一个村子。所以我们这里石门县过来的人特别多。

问：那你们厂还有什么地方来的人？

答：我们厂共600多人。主要来自江西九江，有七八十人；四川重庆，上百人；我们湖南石门人，上百人；陕西汉中，上百人。其他地方的人也有，就是没有那么多。

S小姐，22岁，无业。采访地点在深圳。

自述："我父母是农民，家住湖南某县。我16岁初中毕业，在家待着没事，大约有一两年，我父母叫我学点谋生手段。这时，我碰到家里最要好的同学。她在东莞玩具厂打工，回家来谈男朋友，我就决定同她一起出来，但因为我是独生女，家里不同意我出来，并扣了我的身份证，我还是偷偷跑出来了。到东莞玩具厂做玩具做了一年，每天工作8个小时，觉得太累，不想做了。回到家里，又待了一两年。后来我有一个亲戚在潮州，我又去他那里找事做，混了半年，回到家里。这时家里有个亲戚认识一个老乡，说可以带人到深圳的公司或酒楼里面做事，我决定去，他们（夫妻）要求同我签合约，大概内容是在三年内，如果甲方（指老乡）要求乙方（S小姐）做不好的事，乙方可以随时离开，如果乙方在三年内自己擅自离开，要赔甲方一万元，并扣了我的身份证（我父母已把身份证还给我了）。来到深圳后，我的老乡为了保证更加能控制我,在我们住的地方,给我拍了裸体照,我在这里人生地不熟,又怕当地的烂仔,他们要怎样就怎样。接着,我的老乡要我同他太太一起去坐台,我只好去了。在坐台期间,我一共被抓了三次,送到东莞那边的看守所,听说保出来的话,要 500—1000 元,有关系就不要钱。我的老乡去把我保了出来,让我继续去坐台。我这样前后大约坐台有四个月左右,后来因深圳抓得越来越严,我就去做餐厅的服务员,又在合住女友的介绍下做过深讯台的聊天小姐,还卖过衣服,都觉得没意思,就又去一些更大的歌舞厅里去坐台。现在我已经脱离了同老乡的关系,他也碰到过我,也没有同我谈合约的事,我担心的只是那些照片,怕他拿给我家里人看。我现在要找工作很容易,但我不想做,觉得没意思,这两天没有上班,只是同几个女友到处玩玩……"

问:你的老乡带你出来时只有你一个人,还是有别的人?

答:还有一个离我家不远的女孩和一个外地的女孩,我前段时间回家时,没有人说得清她到什么地方去了,就说没有了。

问:你的这个老乡在深圳对你如此不好,而且同合约上讲的也不一样,你为什么开始会相信他?

答:我哪里是相信他,我是相信家里的那个亲戚,我回去后找我亲戚时说起这件事,我亲戚说他当时不知道,以为他是好人。

问:你被抓的时候,怎么能肯定老乡会来保你出来?

答:这倒不是说他对我好,而是他要靠我们给他赚钱嘛。

S 先生,20 多岁,农民工。采访地点在南海市大沥区的铜材厂。

自述:"我是湖北安陆市郊农民。我初中没毕业,就跟邻县的一个包工头去了新疆,因为我的一个远房亲戚在他那里当小工头。当时同去的人有 30 多人,到新疆搞建筑。到了那里两三个月干下来,包工头竟然不发工资,只发物品,如劳动鞋、烟、牙膏、牙刷等。我们就罢工不干了,决定回家,我们分了两组,我这组是晚上偷跑出来的,那组是白天走。我们当时因为口袋里没钱,一路上吃尽了苦头,有时爬上火车,查票时又被赶下来。每天就靠吃方便面,就这样花了九天的时间回到了家里,那时身上只剩下三元五角钱。回到家,玩了几天,我哥在当地一家电器小厂干活,我经他介绍也去了,干了三年。我有一个堂兄,他的同事在大沥铜材厂。通过写信了解了这边的情况,1997 年就过来了,干到现在。"

问:你第一次没有拿到工钱,有受骗上当的感觉,是吗?

答:是的。

问:那你跟他走的时候怎么会信任他的呢?

答:我同那个小工头比较熟,小工头说他同邻县那个工头很熟,我就相信他了。现在想起来,我同我那个亲戚关系还是太远了,对他不了解。当时我们也去过找他,让他去找工头要钱,他说工头不给,他也没办法。

问:你来这里的介绍人是你堂兄的同事,你又上过当,怎么相信他们的呢?

答:这两个同事我都见过,交往两次下来觉得他们不是坏人,就相信他们了。

问:如果有招工的通知,让你到这里来打工,你会来吗?

答:那我要通过熟人打听这个消息是不是真的。

L 先生,26 岁,农民工。采访地点在南海市大沥区铜材厂。

自述:"我是湖南衡阳市郊的农民,初中毕业,在家待了两三个月后,于1989年经过亲戚的介绍来到南海打工。当时我打工的工厂是一家五金加工厂,老板是佛山人,手下的员工加上我在内一共才5个人。那时工厂缺人,老板相信我,让我介绍一些人来。我就打电话回家给我父母,叫他们把我每年回家时来看我和找我玩的那些人一起叫到这里来,这样我陆陆续续介绍了60多人来这个厂打工,后来该厂共有80多人,整个厂的工人几乎全是我老家来的。我来现在这个厂的原因是因为我原来那个厂老板出了车祸,厂不开了,大家各找门路,我应聘到现在这个厂,干到现在。"

问:当时老板为什么要你给他介绍工人,而不是自己到外面去招聘工人呢?

答:老板自己不愿意招聘。他说:"我去外面招聘也是叫人,通过你也是叫人。你找来的人因为有你担保,可靠。我在外面随便找来的人不可靠。我对我介绍来的老乡也是讲同样的话,要他们好好干,否则的话,就是丢我的脸,让老板不再信任我。他们实际上都干得不错。

问:有没有因为有人干得好,当了组长,或拿钱多一点,让同乡嫉妒的情况?

答:没有。这个还是靠个人的能力,自己没本事,也没办法。

问:你们厂解散后,工人有没有合伙去另外一个厂?

答:没有。现在他们自找门路,各自去了不同的厂。

C先生,30岁,重庆西阳县人,农民工。采访地点在宁波镇海某食品厂。

自述:"我初中毕业考高中时因为生病,家里花了不少钱,已经没钱读高中了。村里有老乡和亲戚在天津打工,把我也带过去了。当时在一家塑料制品厂干了两年,家里要我回来,回家后不久又去天津干了半年,在那里结识了一个老乡。他曾在宁波打工,又随老乡来到天津。他对我说南方比天津好,问我愿不愿意跟他去宁波,这样我就同他来到宁波。刚来宁波时,先听老乡说一家泡沫厂缺人,我就去那里干了一年半。中途春节回家一次,再回来后就没有去泡沫厂,在镇海闲待了半个月。说来也巧,比我后来的老乡,一行七人,其中有一个是个木匠,他在干活时了解到一家花岗厂缺一个人,工作是砌花岗岩,我就去了。干了三个月,生意不好。这时花岗厂边上有一家制药厂的老板叫我过去,我就又去了制药厂,干了半年,效益也不好。听药厂老板说这家蔬菜厂缺人,我就来到了这里,现在在这里已经干了四年了。"

问:你有没有介绍人到这里或宁波来打工?

答:我又介绍了五个老乡过来,走了两个。而我自己把老婆和孩子都带来了。

Z女士,28岁,四川内江人,农民工。采访地点在宁波镇海某食品厂。

自述:"我9岁丧母,15岁丧父,家里有五个姐姐、一个哥哥。哥哥在昆明做生意,回家来把我也带到云南,嫂子为此对哥哥不满,我只好回四川老家帮姐姐种地。我18岁谈朋友,我朋友哥哥的女友在广东打工,叫我朋友哥哥去,他哥哥叫我朋友去,这样我也就跟去了。先在一家玩具厂打工,但几个月都不发工资,加上生活不习惯,又和男朋友吹了,回到家里,感到待不下去,因为家里的几个姐姐都出嫁了,于是就同我姐夫的妹妹又去广东打工。几个月后回到家里谈了对象,又同对象一起去广东打了几年工。我丈夫有个远方亲戚在新疆打工,回家来结婚,而他的弟弟还在新疆,是个骑三轮摩托车的,帮人拉牛羊肉。这样我们就去了新疆。当时我丈夫在一家粉条厂做工,我做家务。我觉得自己也应该出去挣些钱,就去了职业介绍所。那家介绍所要收我60元中介费,我怕上当,就先付了30元,另外30元等我看到了他们给我找的工作单位情况时,再给他们。他们给我介绍的工厂是家塑料厂,当时觉得还可以,第二天就上班了,在那里干了一年半。这时我们收到一封信,上面说我丈夫的弟媳的妹妹在宁波镇海出车祸了。她就在这边的食品厂工作,我们从新疆赶到这里,我们一方面在医院陪护,一方面就打听这里的工作好不好找,我丈夫的弟媳就给我们介绍了这家食品厂。"

问:你既通过介绍所找过工作,又通过亲属找过工作,你觉得它们之间有什么不同吗?

答:介绍所说的同实际情况往往不一样,总觉得不可靠,有时再遇到一些事,比如拖发工资等,有上当的感觉。而亲属之间即使发生一些这样的事,因为我们大家都面临同样的情况,因此不会有这种感觉。

第三节 信任强度的分析

从以上的个案中,我们可以看到,这些外出打工者都是依赖自己的亲属、老乡来寻求职业,如此选择的主要原因是唯有这样他们才感到安全。在上面的个案中,农民外出,有的直接依靠自己的亲属或熟人(如 L 先生、C 先生),有的依靠亲属的熟人或朋友(如 T 先生、S 先生、S 小姐、Z 女士),尽管最后结果不同,有的找到了稳定的工作,有的被人欺骗了(如 S 先生、S 小姐),但他们一开始都是相信对方的。原因也非常简单,在传统乡土社会中,只要是熟人介绍的关系,只要有中间人做义务性的担保,一般没有理由不相信他们。其推理过程是:假定 A 认识 B,B 认识 C,如果 A 信任了 B,A 就应该信任 C。但是传统中国人在这样的逻辑推理中被骗了怎么办?就目前的调查来看,打工者不会因此而放弃对其关系网络的信任,除了用传统的标准对求助者的人品——即全知型信任中也包含人格/道德型信任——给予更多的注意之外,主要就是靠流动的内群体中的信息重复性。由此,我们得出的初步结论是:农民工外出打工的信息,主要是在固定关系与友谊关系基础上得到的。这样的信任的确具有我们前面所划分出的全知型信任和互助型信任的意味,它们大体都属于熟人信任。

那么什么是熟人社会的信任呢?受有关学者关于信任研究的启发①,我认为熟人信任大致是指某个体通过其所能延伸到的社会网络来获得他人提供的信息、情感和帮助,以达到符合自己期望的或满意的结果的那些态度或行为倾向,而同熟人信任相对应的机制则是国家所建立的信用制度。应该说中国传统社会主要强调的是前者,而西方社会更强调后者。其区别在于它们所承担的风险成本有差异,一般而言,前者付出的成本要比后者低得多。但也不能因此说中国人选择前者是因为中国人具有工具理性,以此来降低风险成本,因为许多现象

---

① 杨中芳、彭泗清:《中国人人际信任的概念化——一个人际关系的观点》,《社会学研究》1999 年第 2 期。

表明中国人即使处于信用制度之中,也喜欢走关系信任的途径。了解了熟人信任后,我有必要来专门讨论一下为什么说中国人所看重的信任不必是交往密切的关系,而可以是一种空间的格局关系。

如前文所言,在一个不发生流动的社会里,即使社会没有意识到信任,信任也在全方位地发生着,关于这一点,社会学家鲍曼在《流动的现代性》一书中有相当的洞见。他说:

> 我认为,秩序的意思是指单一性(monotony)、稳定性(regularity)、重复性(repetitiveness)和可预见性(predictability);在一个情境中,某些事情比在其他的情境中发生的可能性要大得多,而其他的事情更不可能发生,或者是根本不可能发生。而且只有在这种情况下,我们才能把这种情境称为是"有秩序的"。同样,还意味着某人在某地(个人的或非个人的至高无上的力量)必须干预这种可能性,未雨绸缪,控制局面,密切注意让那些事情不会随意发生。①

也就是说,倘若其中出现不信,其付出的代价要远远高于守信的代价。而对于那些村民、老乡等非血缘关系,只要不发生流动,其信任制约性依然具有放心关系的条件,完全可以靠外控的、耻感的文化来实现。② 有了这几层保护,欺骗也就不容易发生,或者说即使发生了也不用担心。天然的、义务性的和熟人之间的信任关系一方面表明了关系网络对个人的重要性,另一方面也使得非天然的、非义务的和生人之

---

① 齐格蒙特·鲍曼:《流动的现代性》,欧阳景根译,生活·读书·新知三联书店2002年版,第84页。
② 本尼迪克特:《菊花与刀:日本文化的诸模式》,浙江人民出版社1987年版,第188页。

间的信任很难建立起来。

当中国社会由传统进入现代化后,传统中那些可预见的、稳定的人际关系开始为那种不可预见的、流动的生人交往所取代。鲍曼由此而认为,城市在本质上是陌生人的,一切都是暂时的和不可预见的,因此信任的风险也就随时存在。[①] 假如此时的传统中国人想走出眼前这种相对封闭的乡村去外面的世界闯一闯的话,他们一方面需要有面对这种陌生感的勇气,另一方面又需要从传统社会资源中寻求尽可能的自我保护,否则一不小心就会血本无归。例如我们在报纸上看到这样的报道,在广州:

> 一些非法职介点也趁着大批农民工南下之际,疯狂骗取求职者钱财。位于华西路154号的"广州连线信息服务有限公司",是一间既无营业执照又无职业介绍许可证的非法机构,竟明目张胆地进行职介诈骗活动,劳监人员到来检查时,正巧有12名被骗民工找上门来要求退钱。从收缴的账本反映,该"有限公司"在短短的4天半时间,就收取"职业介绍费"31 000多元。检察人员当即查封该非法点档,并为在场的求职者追回被骗款项2640元。
>
> 在天平架、天河火车站一带,乱贴招工广告情况严重。一名骑着自行车正四处张贴招工广告的男子被截获,监察人员马上根据广告提供的企业和联系电话进行核实,发现全属虚假信息![②]

[①] 齐格蒙特·鲍曼:《流动的现代性》,欧阳景根译,生活·读书·新知三联书店2002年版,第147、209页。

[②] 转引自李强:《转型时期的中国社会分层结构》,黑龙江人民出版社2002年版,第132页。

随着互联网时代的来临,这样的招工手法又转移到了手机的微信群中。2020年2—3月,警方破获了一起诈骗团伙因新冠疫情趋缓,利用打工者急于复工的心情而制造骗局的案件。诈骗人的设计是在网上公开招工,广告词是"手工活外包""工资日结",以此来吸引打工者。其方法是凡愿意干活者先付押金(通常几百元),然后开始接活。一开始工人们发现工作比较轻松,可以完成,但没想到几天后突然加重,当工人们发现无法承受而要求退还押金时,对方告知不完成任务不能退钱。这时工人或者选择自认倒霉,自动退出,或者接受对方要求再拉其他人进来一起干,这样他经过洗脑就成了"新代理人",再用类似的方法发展下线。以这样的方式来运行,就有更多的人被卷入。其实,这一招工的目的不是干活,而是变相的传销。此次中国警方侦破的这个团伙已招聘到的打工人员有3000余名,分布在全国20余个城市,涉案金额500万元。[1] 招工骗局所带来的最大困境除了是陌生人不可信外,更大的危害是对中国人传统信任关系的破坏,因为当传播此类广告信息的人把消息带给其关系好的人群或者把身边拥有信任关系的人们拖下水后,其关系网络中的信任也就瓦解了。所以,来源不明的信息对于外来求职者,一方面会带来不安全感,另一方面也会造成信任的紧密圈收得更紧,对信息真伪的甄别更加重视。我们不能说这样的事例在求职过程中并不多见,因此而告诉农民工不要大惊小怪。其实,在一个"不怕一万,就怕万一",或者"小心驶得万年船"的社会里,只要有几例这样的事例被广泛传播,其产生的示范效应就是巨大的,足以让农民工回到传统方式中去寻求保护。

---

[1] 中央电视台《正点财经》栏目:《公安部"净网2020"专项行动》,2020年5月13日播出。

既然社会中的广泛信任很难建立,自然就会使人们把现代的流动社会环境看成"跑了和尚也就等于跑了庙"的社会,其现代意义上的一个最生动比喻就是"皮包公司"。因此,如何在流动中增加信任度,就是流动人群面临的一个最重大问题。这时,如果农民工在其内群体中发生了信息的重复性,不但不多余,反而正好可以部分地用来证明不同信息之间的相互印证性,由此来判断它们是否可信。换句话说,传统社会中的一个亲属或同乡所给予的一次可靠的信息可以等同于流动社会中交往不太稳定的内群体所给予的多次相似信息。即,农民工打工时以自己人提供的信息为主,主要是为了强化他们获得求职信息的可靠性。毕竟这时的老乡群体中的每一个人都处于生活的动荡之中,固定关系松散化了,比如上面个案中的S小姐和S先生。大众传媒、劳动力市场、职业介绍所及契约合同等弱信任关系中提供的信息在外来农民工中所起的作用,远远不能同强信任关系相比,即使后者之中也有许多风险和欺骗。

根据以上个案描述,我认为信任的强弱也是随着关系连接方式而改变的。其中相较于弱信任,强信任在中国社会中具有以下几个特点(当然随着一些新型骗局的出现,此种信任也在受到挑战):

1. 传递信息的义务性。即传统中国人假定,凡是亲属和老乡所提供的信息和帮助都具有可信性。

2. 由熟悉程度决定信任的可靠性。即格兰诺维特所讲的,交往程度越深,信任度越高。

3. 从内群体中的重复信息而确定是否该信以为真。即不能确信的单方面信息可以在其他同类信息的重复中获得验证和确认。

4. 结伴同行中的信任。即传统中国人假定,信息提供者的信息真假不在于他怎么说,而在于他怎么做,由此信息的最好检验方法之一就是结伴在同一个地方求职和供职。如果信息提供者自己也愿意承担同样的风险，那么此信任关系便可以确定为真。

弱信任则与此相反，即不具备以上这些特征，如非义务的、不重复的、不熟悉的和不能一起同行。上面提到的招工广告、政府组织介绍、自己寻找工作等都在此之列。正因为对它们的信任度不够，因此具有传统观念的农民工不倾向于选择这样的求职渠道。当然，这并不是说弱信任就没有它的作用。我在调查中发现，弱信任的作用最有可能体现在有专业技术特长的人群中。比如目前大中专学生前往人才交流市场找工作，更多靠的是弱信任关系。但不可否认的是，如果给一个有一技之长的人在通过关系找到理想工作和通过市场信息找到理想工作之间做选择，他也会倾向于选择前者。比如我曾遇到一个旅游学校毕业的女士，她到广东来工作的最初动因是在她毕业前夕，广东某市一家酒楼到她们学校去要人，在她的老师的强力推荐和鼓动下（这本身就含有学生对老师的信任），她同班上的几个同学毕业后就一起来到了这家酒楼。然而好景不长，这家酒楼不过就是让她们做迎宾小姐和餐厅小姐而已，因此她们在广东就各奔东西、自谋生路去了。她是通过远房亲属介绍才找到现在的办公室工作的。还有一个是厨师学校毕业的男生，先是通过招聘广告来到广东饭店里工作。没干多久，他认识了外出打工的家乡人，也就随他们去了其他饭店。由此可以看到，通过弱信任找到工作的人，其工作的稳定性距他们的期待都有一定的距离。一旦有机会，他们仍然会融入他们的社会网络里面去。

我在调查中还发现，弱信任作用的上升还可能来自企业老板对因强信任关系而形成的非正式群体的反感和抵制，因为强信任所带来的一个地方的人集中在一个企业会使工厂有时很难管理。我调查到这样一个个案：

Z老板:50多岁,宁波某食品厂总经理。采访地点在南京某宾馆。

自述:"我在宁波办一个小的食品厂。我工厂里的工人基本上是农民工,共100来号人。的确,他们的大多数属于你讲的,先是由一个人出来打工,然后带出来不少人。在我工厂里,主要的人来自四川、安徽、江西、广西等地,基本上都是一个带一个地带出来的。但是作为工厂的负责人,我不喜欢一个工厂里同一个地方的人太多,这主要的问题是不好管理。因为厂小,在办厂中有很多困难,比如我的一些同行,有时不得不拖欠工人工资,但我是从来没有拖欠过。类似于这样的事情,如果厂里同一个地方的人太多,容易串联、闹事,如果他们不是同一个地方的人,这种可能性会小点。我现在就要求工人不要把老乡介绍到自己干活的厂里,一个厂有几个老乡就够了。当然,我这里有时也需要人手,主要原因是这些人流动太频繁,往往干几个月就要换地方,这样对我的厂里生产有影响,因为新手来还要学习适应一段时间。但他们要走我也不能强留,否则他们要求就多了。人不够要找人,主要就是靠两个办法:一个是厂里的工人把家乡人介绍过来,一个就是招聘。"

可见,如果这样的问题在私营企业中具有普遍性的话,弱信任的作用就会普遍增强。但非正式群体的作用问题也是一个比较复杂的问题,上面个案中的L先生所在的企业老板就喜欢找同一个地方的人,而Z老板又不喜欢这样的人员构成,关键的问题还在于老板和员工之间构成的关系状况。有冲突的地方对弱信任需求强烈一点,而友善的地方则既可以需求强信任,也可以需求弱信任。

强关系与弱关系和强信任与弱信任不是一组相互对应的概念,它们中间的不可对应性主要表现在其假定不同:前者理论的重点是设定任意一个个体,如果他要获得有价值的信息来改变他的现有处境的话,他要考虑他能从哪里获得更多的信息;而后者的重点是设定一个天生处于各种关系中的个体,如果他要获得有价值或有帮助的信息,他要考虑他需要相信和依赖谁。前者推导出来的关系是弱关系,因为弱关系能够通过信息桥传递有价值的信息,这里的信息有重不重复之分,但几乎没有真假之分;而后者推导出的是强信任,因为不是强信任关系中的人提供的信息往往会被当成虚假信息来处理,因此他们假定,只有强信任关系才能保证信息的真实可靠性,故这里的信息重复越多,越能证明它为真。如此一来,我们通过前者观点得出:"弱关系"会导致一个独立自由的个体在不同群体之间实现垂直或横向的流动;而"强信任"会导致大批的同质性群体流动到一地或同一企业的现象。

需要指出的是,我这里研究的群体是中国的农民工群体。这一群体一般具有以下几个特征:一是从小生长在乡村,他们的经验和知识主要来自他们在中国传统社会和文化中的生活,尤其是在人际交往方面;二是这部分人一般是初中文化水平,没有受过特长训练①,只要工作的技术性不强,干什么都可以;三是不满足于农村生活,特别是看到外出回来的人比自己富裕以后很想到外面闯一闯。结果这部分人群处在了传统社会和现代社会的交汇点上:他们一方面要在非常陌生的地方生活和工作,另一方面又需要在现有经验和知识中寻求自我保护,因此他们建立了自己的社会关系网络,尤其是抱团的信任网络,用他们传统的信任方式寻找到传统乡土社会中没有的职业。

中国社会的现代性当然应该通过市场化和城市化,也就是松散关系来建立,进而成为一个提高公共信息真实性的社会。因为只有社会

---

① 张羚广,《制度约束下的人口迁移》,载蔡昉主编:《中国人口流动方式与途径(1990—1999)》,社会科学文献出版社2001年版,第160—162页。

整体性的诚信度提高,市场运作机制才能完善,人们的交易风险才会降低。中国政府目前也在进行着这方面的努力,比如2002年春节过后,中央电视台在《新闻联播》中报道了国家劳动和社会保障部首次发布了农民工的就业信息,各级政府和其他权威机构也相继发布了用人信息。但这样的大环境肯定不会一下子到来,特别是对于打工阶层而言,更多的信息只能在自己的关系网络中传递;同样,更多的被骗行为也发生于普通劳动者之中。我们只能说,处于现代社会中的中国农民一方面已经有了强烈的闯世界的愿望,另一方面又对陌生地和陌生人保持着警觉。他们为了降低被骗的成本,只好固守在自己的强信任关系里,从而在宏观人口大迁移的背景下,造就了中国都市里的一支支以亲缘和乡村为单位的劳动大军,出现了一个个"漂浮在城市中的村庄"。这一点也解释了为什么北京市边上竟然会有"浙江村"或其他以省市命名的村庄的出现。

第八章　信任危机的根源

第一节　社会进化论的中国化

自改革开放以来,中国学者们多次对社会信任度的下降——即所谓"信任危机"——发出过警示,不同学科的学者也都对此给出过自己的看法。①

第一,伦理学者认为,随着市场经济改革的深化,道德滑坡或道德沦丧成了一种常态,所以政府需要提高民众的道德水平或加强思想教

---

① 有关中国信用方面的研究相当零乱,概念的使用也比较随意,散见于大量有关诚信、信任与信用的研究报告之中。由于观点近似,无法一一列举,只能在此归纳处理。可以集中参见商庆军:《转型时期的信用制度构建》,上海三联书店 2011 年版;邹建平:《诚信论》,天津人民出版社 2005 年版;陈绪新:《信用伦理及其道德哲学传统研究》,中国社会科学出版社 2008 年版;张维迎:《产权、政府与信誉》,生活·读书·新知三联书店 2001 年版;张维迎:《信息、信任与法律》,生活·读书·新知三联书店 2006 年版;刘益:《信用、契约与文明:基于实证研究的角度》,中国社会科学出版社 2010 年版;林聚任:《社会信任和社会资本重建:当前乡村社会关系研究》,山东人民出版社 2007 年版;陈平编著:《新中国诚信变迁:现象与思辨》,中山大学出版社 2010 年版;毛道维:《中国社会信用体系中的信用结构和信用链研究》,上海三联书店 2011 年版;范柏乃、汪基强:《我国地方政府信用档案建设研究》,《浙江学刊》2010 年第 4 期;杜万松:《政府信用:生成变量与现实选择》,《国家行政学院学报》2010 年第 4 期;等等。

育，譬如推动"社会主义核心价值观"的普及，其中"敬业""诚信""友善"等，都与社会信任的提升有着直接的关联。伦理学者的这类讨论最容易同中国儒家思想相结合，似乎有找回或重建国民道德素养的意思。

第二，经济学者认为，市场经济是契约经济，中国人不守信用，主要表现在商业领域中，诸如政府或企业的三角债，银行的坏账、烂账，工厂或工程拖欠工人工资，各个公司、部门之间打白条，其他如商业欺诈、假冒伪劣等现象均非常严重。只有整顿市场秩序，明晰产权，或建立"社会—政府"二元结构，增强企业流动性平衡等，并建立信用评估体系和征信制度，社会信用问题才可以得到治理。

第三，法律学者认为，市场经济是法制经济，中国的法制不够完善，许多社会经济中的诚信、信任和信用问题无法可依；有的虽然立法，可依然是有法不依，执法不严。因此，一方面要加强与完善有关法律法规，另一方面要加大执法力度以及加强监管力度等。还有学者认为社会信用危机的根本在于中国消费者的权利不独立，不被强调，如果消费者有了自己的权利意识，情况就会有根本的好转。

第四，在政治学和公共政策研究者看来，政府与民众之间的关系是委托-代理的关系。在这样一种关系中，政府与民众之间会发生博弈，由于政府权力过大，信息不对称，所以很容易出现政策多变以及公信力下降等问题。

第五，在社会学层面进入该领域讨论，主要观点是社会转型造成社会失范不可避免。[1]

---

[1] 孙立平：《转型与断裂：改革以来中国社会结构的变迁》，清华大学出版社 2004 年版，第 119—123 页。

平心而论，以上观点各有自己成立的理由，但如果我们打破学科壁垒，把它们串在一起，则会发现一个怪圈，也叫"连环套"，即这些观点绕了一圈后，还是回到了原点。这就好比我们检查一套房子，首先判定它质量不合格。可是哪儿不合格呢？不同专家给出了不同的答案：有的说合同上某些条款界定不明确，有的说操作规范上有漏洞，有的说信息不对称，有的说监管不到位，等等。由此一来，各路专家学者就来解释了。他们看到的是施工单位使用的建筑材料不合格，材料不合格是因为施工单位使用材料时不守合约，不守合约是因为施工方不讲道德，不讲道德表明这些人素质低下，素质低下是因为教育跟不上。教育跟不上怎么办？长远看要重视教育，近期内则要实行监管。可实行监管时又出现了监管不力，监管不力是因为相关法规不完善，完善了相关法规后又发现执法队伍中的人会"有法不依，执法不严"，"有法不依，执法不严"是因为执法者自身道德素质低下，他们自身素质低下还是需要加强学习。好吧，看来无论如何都回到了自身素质差，所以必须加强教育投资上来。但是这个连环套还没有结束，因为大力投资教育还需要办学习班，办学习班就要盖教室，而盖出来的教室质量还是不合格。于是我们就把上面的措施再循环一遍。这样的"连环套"在消费者的权利与法制健全之间，在整顿市场秩序和伦理建设之间，乃至在诚信到信用之间都一再地循环着。最后，在中国，解决"连环套"现象最常见的办法就是综合治理，双管齐下。这看起来很正确，可还是不知道从何处下手。

中国社会有一个奇特之处，就是道理似乎人人都懂，但就是不去做，现在的说法就是"打着灯笼撞墙，拿着文件违规"。比如食品生产厂商是要守道德、讲人性的，可是在这一人命关天的行业，缺德的、没人性之事竟然层出不穷；再比如人人都知道如果没有信任，社会就会解体，可这一认识丝毫不会减少信任危机的频繁发生。所以，依我之见，讨论中国社会信任危机的最大难点不在于强调法律、道德、契约、监管以及素质等的重要性，而在于各行各业都受到一种社会特征及其力量的驱使和推动。如果社会信任危机的根源在于社会成员只顾追求自身利益而损害了社会公众利益，或者他们不懂得分工协作或者专业化伦理之类，那么上述各科学者提供的各种答案自有其合理性；如果社会上很多个人、企业或行业明知故犯，那么再在这些方面下功夫就无效了，这就是中国人一贯采取的"上有政策，下有对策"之基本生存态度。面对这种生存态度，治理部门的行动也大部分流于形式，很多政策条例只是救火式的、修补性的、应急性的。而讨论目前中国社会的信任危机，需要设问的是：明知不可为而为之是为什么？

中国的社会信任研究不同于西方社会科学专业领域的讨论：西方发达国家的社会、经济、文化架构，包括信仰、教育、制度、法律、机构、设施等，相对而言基本稳定，其中出现的一些问题主要在于局部和细节上的纰漏；而中国这边显然不是细节问题，其根本原因在于近现代社会之剧变造成的。这一巨变在中国自身的历史长河中前所未有，在世界上也极为罕见。尤其是改革开放40年来，中国以其经济的高速增长赢得了世界的惊叹。可是，既然这一发展道路是"摸着石头"走过来的，那就没有什么现成的理论能够解释这一切发生的原因，一切都随着时代的发展发生着令人眼花缭乱的急速改变。由于中国人的信任问题具有更加明显的全局性特征，那么各个领域或者局部性的议论也就不足以解释这一问题，因此需要从社会学角度总体性地加以研判，以便寻求中国社会发生"信任危机"的根源。

近代以来，在文化、社会、经济发展方面对中国人影响最大的，恐怕是赫胥黎（T. Huxley）与斯宾塞的社会进化论。这两位学者在中国知识界的名气，不亚于甚至要超过他们在西方的影响力，因为他们对于前者而言是社会进步的重要推手，对后者而言更多的是提出某种理论观点的学者。也就是说，社会进化论传入中国，似乎为其积贫积弱和落后挨打的局面找到了理论上的解释，进而在知识界形成一股强劲的改良社会的动力。赫胥黎与斯宾塞的思想学说促使中国知识分子终于放弃了自己一直奉为圭臬的儒家传统，并借此理论学说来重新审视自己的文明，开启了中国的革新之路，最终在马列主义的影响下从进化走向革命。

社会达尔文主义是由处于清朝末年的思想家和翻译家严复以"天演论"一词翻译介绍进中国的。在严复的笔下，进化论的基本原理可以概括为"物竞"和"天择"。所谓：

> 以天演为体，而其用有二：曰物竞，曰天择。此万物莫不然，而于有生之类为尤著。物竞者，物争自存也。以一物以与物物争，或存或亡，而其效则归于天择。天择者，物争焉而独存。则其存也，必有其所以存，必其所得于天之分，自致一己之能，与其所遭值之时与地，及凡周身以外之物力，有其相谋相剂者焉。①

可以想象，当时的中国知识分子在读到严复《天演论》的这番议论时是何等的兴奋。胡适在回忆当时的情况时说：

> 《天演论》出版之后，不上几年，便风行到全国，竟做了中学生

---

① 严复：《天演论》，载刘梦溪主编：《中国现代学术经典·严复卷》，河北教育出版社1996年版，第13页。

的读物了。读这书的人,很少能了解赫胥黎在科学史和思想史上的贡献。他们能了解的只是那"优胜劣败"的公式在国际政治上的意义。在中国屡次战败之后,在庚子辛丑大耻辱之后,这个"优胜劣败,适者生存"的公式却是一种当头棒喝,给了无数人一种绝大的刺激。几年之中,这种思想像野火一样,延烧着许多少年的心和血。"天演""物竞""淘汰""天择"等等术语都渐渐成了报纸文章的熟语,渐渐成了一班爱国志士的"口头禅"。还有许多人爱用这个名词做自己或儿女的名字……我自己的名也是这种风气底下的纪念品。①

既然进化论如此深入人心,那就要先讨论一下经过严复转述的进化论是什么含义。严复当年看重的是达尔文的进化论,但翻译的却是赫胥黎的《进化论与伦理学》。他之所以做这样的选择,是因为赫胥黎的这本书不但简明扼要地讲解了达尔文的自然主义进化论,而且还讨论了人类的相关思想,这点让严复兴奋不已。但由于严复受斯宾塞的《社会学原理》一书的影响,所以他对进化论的解释是达尔文式的,而非赫胥黎式的。后者同前者的区别就在"伦理学"的含义上,也就是说,赫胥黎认为人类社会的进化应当受到伦理的制约,但严复翻译进化论的目的则在于寻求"富强"之路。所以,他在翻译和介绍赫胥黎的思想时,不是忠实地直译,而是有所取舍地意译,以淡化赫胥黎的伦理学部分,只强调物竞天择之理。史华兹(B. Schwartz)指出:

---

① 胡适:《四十自述》,载胡适等:《四十自述·我在六十岁以前·我的半生》,岳麓书社1998年版,第40—41页。

赫胥黎的演讲事实上绝非在讲解社会达尔文主义，而是在抨击社会达尔文主义。对他的演讲必须依据19世纪末开始于英美两国的普遍反对斯宾塞正统观念的事实来理解。虽然赫胥黎为自己赢得了达尔文主义的不屈不挠的捍卫者和阐释者的声誉，但他那时绝无把这些演讲作为达尔文原理的又一种概述的意思。相反，赫胥黎的急务是维护人类的伦理观念，反对竭力创立一种"进化伦理"。顺便提一下，有一点很重要，就是赫胥黎原著作名为《进化论与伦理学》，而严复译著只叫"进化论"（即《天演论》）。①

严复之所以放弃其中的伦理学部分，而将自己所领会的道理同斯宾塞的思想相衔接，是因为斯宾塞的社会有机论既含有自然进化论的类比，又符合儒家所谓"以天理来说人欲"的论证方式。但如果要说前者和后者有什么不同的话，那就是在处理个人与国家的关系上，儒家走的是压制个人的路线，而西方走的是个性自由和解放的路线。虽然这点在严复的翻译介绍中曾令他纠结不已，但当时中国的时政让他更关注于开启民智、提升国家的力量。

当然，以对本国的时政性理解和思考来转述，而非忠实地译介西方这一思想，既会出现对其所进行的二度诠释②，也更容易将其转化为中国人用其自身文化来理解其意。那么，以中国人的智慧来重新审视和理解这种争斗或竞争的学说，究竟谁是"适者"，哪一方获得"天择"呢？比如，中国古语有"狭路相逢勇者胜"的说法，这里的勇者是谁？在受过西方文明洗礼的严复看来，这里的勇者自然是有智慧、有实力、文明

---

① 本杰明·史华兹：《寻求富强：严复与西方》，叶凤美译，江苏人民出版社1996年版，第90—91页。

② 浦嘉珉：《中国与达尔文》，钟永强译，江苏人民出版社2008年版，第57—65页。

度高的民族或人群,而不是那些愚昧落后、粗俗野蛮的人群。可是,以中国人的惯性思维来看:有实力、讲文明当然重要,但却是一个百年大计;以当下和实效而论,胡来、偷袭、捣蛋、仿照、使诈不失为立竿见影的有效方法。这点来自中国兵法之传承,即所谓"唯一的规则就是不讲规则"①。设想一下,如果一个手无寸铁之人面对一个手拿兵器之人,那么还有什么道理可讲?只好认输。由此举一反三,可以得出相似的结论有:"君子动口,小人动手""秀才遇到兵,有理说不清""饿死胆小的,撑死胆大的""穿鞋的怕光脚,光脚的怕不要命的""马善被人骑,人善被人欺""树不要皮必死无疑,人不要脸天下无敌"。以上这些谚语或熟语都在表明一个意思,即文明未必战胜野蛮。如果我们将这一日常法则放大到宏观上面来讲,那么中国近代化的失败又可以表述为:五千年的中华文明再辉煌,也敌不过手持洋枪洋炮的西洋人(所以严复很欣赏斯宾塞提出的社会发展三阶段中的"军事"阶段)。这是达尔文进化论吸引中国人的时代背景。以上这个道理在五四时期被吴稚晖说得更加生动:"人家用机关枪打来,我也用机关枪对打。"②吴稚晖的潜台词是,现在不要讨论什么线装书和八股文之类,你赤手空拳,或满口仁义道德没什么用处,只要手中有把枪就行了。③ 用武力说话,是一种强权的体现,会激发更多的人转向对蛮横和目的论的诉求。或许有识之士这时会申辩说,讨论西方人手上的枪炮并不在于枪炮本身,而应当在于这看似野蛮行径的背后有另一种伟大文明。这样

---

① 李零:《花间一壶酒》,同心出版社2005年版,第124页。
② 参见罗志田:《机关枪与线装书——从"国学书目"论争看民初科学与国学之间的紧张(二)》,《四川大学学报(哲学社会科学版)》2002年第6期。
③ 鲁迅也有此观点,参见鲁迅:《忽然想到(十至十一)》《补白》,分别载《鲁迅全集》第3卷,人民文学出版社1981年版,第96、100—101页。

的申辩当然没有错,也构成了中国现代化的历程,但其中还有一层道理更容易被接受:一个手无寸铁的人也敌不过一个手持"一块大石头"的人。石头的背后显然不会再有什么伟大的文明,有的只是"动口"还是"动手"、"尚文"还是"尚武"、"讲理"还是"不讲理"、"穿鞋"还是"光脚"、"善一点"还是"恶一点"、"要命"还是"不要命"、"要脸"还是"不要脸"的取胜之道。当然,必须指出的是,以不文明打败文明的前提来自不规则对规则的有效利用,而非以不规则对付不规则,或以恶制恶、以毒攻毒,更非指真正实力的对比(中国兵法的核心之一就是如何以弱胜强、以少胜多)。以上这些被广为认可的道理最终可以化作两层世俗的哲学命题:一层是"老实人总是吃亏的""老实人永远发不了财"或"能发财的人都不老实";另一层意思是"成王败寇"或"手段不重要,结果最重要"。

这一层面的取胜之法虽然同社会进化论本意已相去甚远,但依然包含于"物竞天择"和"适者生存"的原理之中,即所谓"丛林法则"。竞争在人类社会中本应具有伦理性、公平性和正当性,但当不道德、不公平和不正当竞争成为社会的常态时,那么"唯利是图"加上"野蛮成长"就会成为许多个人、企业或地区求得发展或者打败对手的不二法门。

第二节 当今中国文化-经济-社会中的一个特点

在当下,很难有什么合适的概念来定义由进化论的中国化造成的中国目前文化-社会-经济之特征。我这里就社会运行的不同类型,提炼出一对探讨文化-社会-经济特征的概念,即"同质性社会"和"异质性社会"。我以为,认识一个社会运行的整合性特征可以有两种趋势:一种是同质化倾向,另一种是异质化倾向。那么,如何来理解同质性和异质性呢?所谓"同质性"就是社会总有一种强烈的冲动要向一个标准看齐,尽管这在客观上是很难实现的,但不妨碍人们依然向此目标进发;所谓"异质性"就是社会不断地分化、多元化,最终形成了多种趣味和标准。比如中国原本各地方的建筑风格、生活方式乃至方言差别都很大,这就是异质性;但随着现代化的进程,各地建筑变得千篇一律,生活方式也大同小异,加上普通话的普及,一个人走到中国任何地方生活都不存在多少文化差别了,这就是同质性。再比如火锅原本是一种地域性很强的餐饮,全国各个地方也都会有自己的饮食习惯和风味小吃;如今火锅城已经遍布全国各地,而其他小吃渐渐消亡了,那就是饮食上发生了同质化。区分同质性和异质性,其实就是考察一社会在任何层面或任何方面所维持的自身净化度。或许这里所谓社会的"任何层面"和"任何方面"的说法过于夸张和模糊,最好的办法是能确立一套指标体系,以便对此进行测量。可是,由于社会运行中需要测量的层面或方面实在太多,甚至不能穷尽,所以最简便的方法就是先在理论上假定:现代社会的任意一个层面和方面本来都有让其成立的单位质量或品质。其中,同其他单位质量或品质做比较的可以称之为"单位区分度",而维持其自身质量或品质的可以称之为"单位纯粹度"。假如某一社会在各个层面或方面尽可能地维持住了各自单位的区分度和纯粹度,那么该社会的整体差异性就大,异质性就高;如果某一社会的各部分难以维持住各单位自身的区分度和纯粹度,那么该社会的差异性就小,同质性就高。为了进一步加深我们对这一对概念的认识,这里再举一个便于理解的例子:假如一社会存在贫富差距,富人购买高档品,穷人购买廉价品,那么该社会就是异质性的;假如一社会存在贫富差距,富人购买高档品,穷人买不起高档品,但无论如何也要购买到相似的高档品,向富人看齐,那么假冒伪劣就有了社会心理基础,进而造成该社会的同质化。比较而言,前一社会始终体现的是个体性,重视小众、专业和个人趣味;后一社会体现出集体性,重视大众、面子和赶潮流。通过对这对概念的比较,我认为,无论出于什么动机和目的,中国社会原有的天然异质性特征都正在失去,固有的同质性思维在延伸,再随着市场化和西化,中国社会已经成为一个同质化程度很高的社会,其实现的途径不仅在于争相模仿,更在于使用了上述社会进化论之中国化的世俗原则。

下面我随意举出中国社会的某一截面之单位质量或品质,看一看它的同质性和异质性情况。先以中国出版业为例。

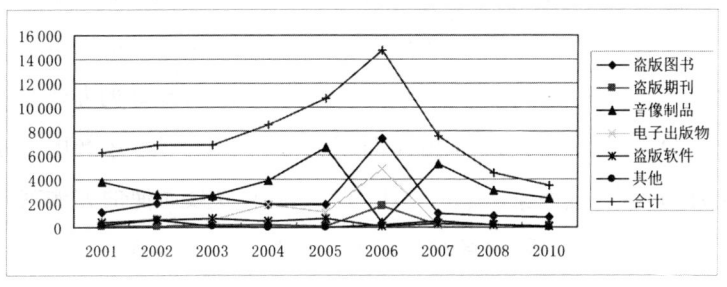

图 8-1　2001—2010 年全国版权行政机关收缴盗版品情况(单位:万册/盒/张/件)

从社会需求上看,中国大众对尽可能以低廉的价格获得大同小异的优质产品或畅销产品有着强烈的追求,盗版、仿冒是实现这一追求的最佳路径。盗版活动猖獗直接冲击了文化知识产品的创作、生产和销售,在深层次上也阻碍了创作者、创新者与发明者的热情。比如有的中国电影好评如潮,上座率却很低;有些音乐人创作的歌曲很流行,正版唱片却卖不动;有些小说很轰动,发行量却不大;更不用说版权纠纷不断和学术抄袭事件频发。从以上图中可以看出,2001—2010 年的出版品盗版总量基本维持在 4000 万以上；其中 2005—2006 年，中国盗版品的单位数量已经破亿，2007 年后逐渐回落到 4000 万左右。分析个中缘由，在大背景上显然同中国政府积极筹备北京奥运会有关，更有效的打击活动与规范化运营是从 2009 年开始的，但盗版活动仍维持着相当的规模。

如果说假冒伪劣产品扰乱了中国社会、经济和文化秩序，那么无法识别的伪劣药品和有害食品则危及了人们的生存。统计 2001 年以来十多年的食药品重大安全事件：在药品方面有"奥美定事件"（2006 年 4 月 30 日）、"欣弗事件"（2006 年 8 月 3 日）、"毒胶囊事件"（2012 年 4 月 15 日）；在乳制品方面有"大头娃娃事件"（2004 年 4 月 30 日）、"三聚氰胺事件"（自 2008 年 7 月）、奶粉致癌事件（2012 年 7 月 20 日）；在食品方面有"苏丹红事件"（2006 年 11 月 12 日）、"瘦肉精事件"（2001 年 3 月至 9 月）、"地沟油事件"（2011 年 9 月）、"染色馒头事件"（2011 年 4 月初）、"毒豆芽事件"（2011 年 4 月 17 日）、"牛肉膏事件"（2011 年 4 月初）、"可燃面条事件"（2011 年 2 月 23 日）、"化学火锅"（2010 年 12 月底）、"一滴香事件"（2010 年 8 月 31 日）；其他还有"血燕窝事件"（2011 年 8 月）、"塑化剂事件"（发生于台湾地区，波及大陆，2011 年 5 月 23 日）、"有毒饮品事件"（2009 年 11 月）、"甲醛啤酒"（2005 年 7 月 5 日）；等等。近十几年来最大的食品信任危机则来自"转基因与食品安全"。虽然相关的科学研究还在进行中，但问题是企业生产出来的食品有意回避这个问题，让消费者在不知情的情况下食用。以上所列举的事件还只是产生了全国性影响的，另有很多饮食、医药、日用品问题只在部分地区产生重大影响，无法一一列举。

近十几年来的诈骗行为更多地转向了层出不穷的电信和网络诈骗，中国百姓为此蒙受的重大损失导致各银行也不得不在自动取款机的密码键盘上罩上罩子并调整了资金到账的延时规定，以便让受骗者有时间报案并追回汇款，更不用说大量的低级骗术就是通过加入会员、免费赠送、免费治疗等方法来骗取中老年人的钱财（由于此类网络电信诈骗方式不具有商品的属性，所以相关讨论见第三章）。有报道说：中国公安部2011年继续组织全国公安机关开展"亮剑"行动，该行动的目的在于依法打击假冒伪劣犯罪行为，包括假冒注册商标，假冒专利，生产和销售不符合卫生标准的食品，生产和销售不符合标准的医用器材，生产和销售伪劣农药、兽药、化肥、种子，生产和销售不符合卫生标准的化妆品等16种犯罪行为。截至11月，"亮剑"行动已破获案件2.8万余起，捣毁制假、售假窝点2.2万余个，打掉批发、销售侵权伪劣商品犯罪团伙6700余个，涉案价值180多亿元。[①] 在金融方面，犯罪团伙花样百出地利用广大网民的各种危机感和牟利心理，研究各种诈骗方法。无论上述违法活动有什么不同，其根本特点都只有一个，就是用最卑劣的或不正当的手段获得最大的收益，进而扰乱市场，蔑视法律和人的生命安全。

以侵权违法案件的数据和事例来证明我所概括的社会同质化及其中包含的投机取巧现象，是否表明同质性不过是假冒伪劣、盗版等现象猖獗的另一种提法？其实不然。此类行径如此猖獗，不能只从违法方面来考虑，而需要从社会同质形态和结构上来考虑，因为假如法律可以制裁违法活动，那么随着监管和打击力度的加大，这些问题就能得到有效遏制——这是不少学者提出必须加强监管和严格执法的理由。但这里要特别留意的是，上述综合报道用了一个关键词——"继

[①] 刘梦羽：《守望平安中国：2011全国公安机关十大"给力"行动》，《中国报道》2012年第3期，第39页。

续",也就是说此类行动早就开始了,例如20世纪80年代的"质量万里行",一直持续到现在。此类现象为什么总是打击不掉,或者说不断打击却不断出现呢?是执法不严,监管不到位,还是数量过于庞大,法不责众?如果是前者,那么就应该再问下去:为什么一个社会会出现有法不依、监管不力的现象?如果答案是人们的思想、素质、道德、教育出了问题,那么"连环套"就出现了。而依我的看法,这些现象频繁发生,正是社会的同质性造成的。同质性作为社会整体上的共同思维、惯性及文化-经济-社会特征,本身不接受异质性(高区分度和高纯粹性)的社会运作。正因此,中国近些年还出现了一个更加圆融的中性概念,叫作"山寨"。"山寨品"本来自IT行业。如果我们把"山寨品"定义成侵权、克隆、仿造,那只能说意思差不多,但不完整,因为还有一部分"山寨品"是改头换面的、拼凑的,或造成视觉错误的产品。根据网上公布的数据,2008年仅深圳华强北的"山寨品"年度销售额就达400亿元人民币,涉业人员20多万。① "山寨品"的出现引发了人们的热议:一些人直接认为它就是假冒伪劣和侵犯知识版权的代名词;另一些人则认为它是中国的民间产业,是中国民间草根性和创造力的体现,只要得到保护和支持,它就可以做大做强。尤为值得重视的是,"山寨"一词的出现迅速激发了中国民众的热情,导致2008年被称作"山寨年";其狂热度也由原先囿于手机及其他电子产品领域逐渐扩展到社会上几乎所有领域,终于成就了一种"山寨文化"。从服饰、医药、食品、日常用品,到广告、网址、影视、春晚、大学等等,都可以有"山寨版"。总体上看,中国人对"山寨文化"抱以宽容的态度,即使有人提出

---

① 周玲:《深圳政府摸底山寨机:万余企业20万从业者等待招安》,《东方早报》2008年7月23日,第B8版。

反对，比如有政协委员在人大会议上提出抵制"山寨文化"，也会招来不少责骂，足以说明中国社会对同质化现象的容忍或认同。

或许人们会问：因为产品有客观标准，所以给仿造、假冒等带来了可能，但是在定义上使用"任何社会层面或方面"来概括这些商业性行为，是否还是夸大了、夸张了？或者说，一社会性或文化性的单位品质（身份、资质、层级、心理、品德等）能被同质化吗？我们先来看2012年发生的一个事件。据媒体报道，公安部在这一年召开了一次新闻发布会，会上报告公安机关侦破了一起办理假证件的案件，其中有165人被逮捕，收缴各类假证书7100多本，假印章10 000多枚。此窝点制造的假证件达44种，种类涵盖建筑、医疗、金融等8个行业，入侵各省、市政府人事网站多达73个；涉案人员集架建非法查询链接、窜改数据库、盗卖个人数据及制造假证件于一体。从侦办过程中获取的电子证据来看，被入侵的185个政府网站涉及30个省、自治区、直辖市；在其数据库中发现3万多人办理各类假证，涉案数额3亿多元；盗卖涉及个人隐私的资料数据300多万条。① 这条新闻报道意味着什么？——一个人的假资历可以在政府网站上得到"验证"，可以当真的使用。这只是一个典型的大案要案，如果回归日常生活来看待这类事情，每一个中国人都很容易在一些大中城市的公交站台、马路地面、电线杆、墙壁上看到"办证"的手机号码。我们无法知道还有多少没有查出来的窝点在做此事，又有多少人受惠于此，又有多少人拿着假证去蒙骗他人。

讨论至此，这里所提供的数据仍然在围绕着违法犯罪而展开。其实"山寨"的精妙之处就是打擦边球，但这还不是最主要的，更加重要的还在于社会某一层面或方面自身也在严重地同质化。我下面以中国

---

① 《他们的假证能在政府网站"验证"》，《金陵晚报》2012年7月27日，第A9版。

高等院校约十年间的招生和毕业的情况为例,来看一看教育方面的同质化。

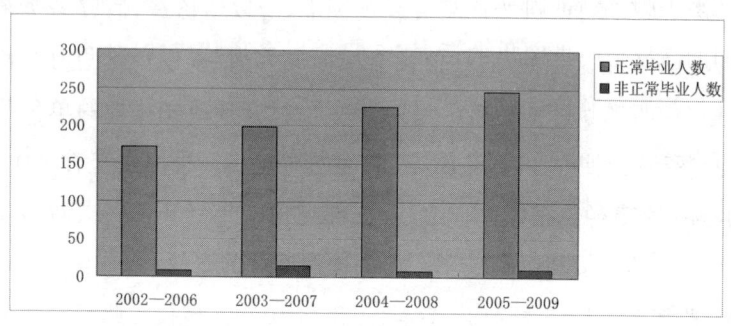

图 8-2　普通高校学生毕业人数变化情况(单位:万人)①

我以中国教育部网站上公布的本科生入学人数和毕业人数比绘出上述图表,可以非常清楚地看到全国本科毕业生的非正常毕业人数平均维持在10%上下,而非正常毕业又具体分为结业、休学、退学、开除、死亡、转出等。如果以此比例来推断中国大学毕业生的合格率,可以得出这样的结论:如果没有很特殊的原因,考入普通高校的学生几乎都能毕业。中国高教的这一模式在中外高等教育对比中被称为"严进宽出",而西方模式则是"宽进严出"。以严进宽出的方式来发展高等教育,必然导致大学生合格性质的同质化倾向,也就是说,只要考上了就能合格地离开。由此模式,学生在校的学习等级、测评、档次也就变得无足轻重了。例如,最新爆出的某省高校系统2002—2009年有242人涉嫌冒名顶替别人上大学。现在网络上的声讨主要是地方上从中学老师到涉及高考报名等一系列的部门均有不可推卸的责任,应该一查到底。但回到同质性社会的研究框架中,却能看到一个更为深层次的

---

① 根据中华人民共和国教育部门户网站教育统计数据绘制。

问题：把一个成绩很差、根本考不上大学的考生送进大学，他（或她）能毕业吗？如果我们的高校是宽进严出的话，那么即使他们在前面做了那么多手脚，最后（因一开始学习基础太差）也是无法毕业的；而如果我们的高校是严进宽出的话，那么只要冒名顶替成功，什么样的人进入高校都能顺利毕业。这足以表明，其实在同质性社会，什么样的人都可以读大学而且可以毕业，高考分数线不过是限定人数而已，并不意味着选拔人才。

再看一下毕业的情况。以我了解到的某师范大学个案为例（其他学校受访学生也提到过同样问题），还有更奇妙的事情发生：推免读研本意味着该生的学习成绩好，可从成绩单上看，获得推免机会学生的成绩并没有不读研的学生好。这个现象看上去很奇怪，但深入了解就会发现：由于普通毕业生需要找工作，他们只有拿到好成绩才会有单位录用，而读研的学生已经不需要好成绩了，所以就可以把好成绩让给其他毕业生去找工作；而对于用人单位来说，既然该毕业生有好成绩，那当然就是好学生。又比如，出国留学需要写推荐信，但更多的情况是，推荐信由学生自己写，老师来签字。或许，我们可以设想，"严进宽出"至少还是能够区分考上大学和考不上大学的差异吧？且不说目前大学扩招、合并、专升本本身已使得本来考不上大学的人可以考上不错的学校，仅成人教育、网络本科生以及硕士层面的 EMBA 班，再加上带有擦边球性质的各种培训班等，就已使得大学文凭遍地开花。当然，大力发展高等教育让更多的人受惠，并没有问题，这里的问题是无论哪种教育培养模式，其内外都在迅速地同质化。再比如，中国各个行业部门都有各式各样的评奖、评选、评优活动，其初衷是增加单位质量和品质的区分度和纯粹度，但是很多奖评下来，什么都不能证明：它们不是按名额分配的、轮替的，而是花钱、搞关系得到的，有时甚至是

"自己评自己"。① 另外,公务员队伍中的"买官卖官""官出数字,数字出官"现象也屡见报端。②

总而言之,所谓社会同质化趋势的现实表现就是:社会在价值和激励机制上都认可一社会单位无论用什么手段、方式和方法,只要最终实现"你好我好大家好"就行。

第三节 同质性和异质性:两种社会的运行机制

以上列举的种种现象,旨在说明同质性社会容易产生哪些问题,绝没有认为该特征体现的都只有负功能之意。其实,我们在前面的几章中都可以看到,最能产生信任的社会也完全可以是一个同质性社会,其典型形态就是家乡共同体,对此,我们的语言上也用同宗、同姓、同乡、同胞、同伴、同门、同学、同仁、同伙、同党,以及进一步发展出来的同事、同僚、同志等关系来表达之。如果要问现代社会何以在同质化的运行中出现负功能,答案正是我们以何种方式、方法来维持社会的同质性。也就是说,当劣胜优汰的世俗法则在社会与市场中大行其道时,负功能便产生了。

---

① 中国社会各个行业、部门、政府及学会的奖项五花八门,内情十分复杂,暗箱操作一般不为外人所知。我这里只能以公布出来的个案为例,而不可能有统计数据。有关个案可参见陈平编著:《新中国诚信变迁:现象与思辨》,中山大学出版社2010年版,第166—169页;魏昕、博阳:《诚信危机:透视中国一个严重的社会问题》,中国社会科学出版社2003年版,第194页;李松:《中国社会诚信危机调查》,中国商业出版社2011年版,第286—290页。

② 陈平编著:《新中国诚信变迁:现象与思辨》,中山大学出版社2010年版,第170—173页;李松:《中国社会诚信危机调查》,中国商业出版社2011年版,第246—250页。

同质性社会自身的正负功能皆来自该社会具有这样的假定：社会运转的本身是沿着一个一致性的大方向前行的，这一大方向可以是宗教信仰、文化价值、意识形态、大众时尚，当然也可以是拜金主义、机会主义、利己主义等。在这一假定中，社会总是倾向于对某种目标和方向一哄而上，人有我得有，人云我亦云。由于社会的这一特征，该社会运行的方式是：用口号、声势、舆论、风潮、热点和运动来解决政治、文化、市场乃至细节方面的问题；也可以以树立典型或者试点推广，乃至强调"榜样的力量是无穷的"等方式来促使全社会发生改变。如果以异质性特征来衡量同样的现象，那么除了特殊的战事、社会运动或科学技术革命之外，很多人物、典型、事迹或者思潮均有各自的适用范围。在同质性社会中的成员看来，认定一种经验或者一个人的事迹是能够被全体社会效仿的，即使行业不同，经验也可以交流，事迹也可以感染，精神也可以鼓舞。当然，社会的这种一体性特征，也有自身的危险性，那就是一些违规、越轨、失范的行为一旦不能受到遏制，有了自己生存的土壤，就会迅速蔓延开来，社会的各个方面或层面也将竞相模仿，其利益诱惑让社会自身难以抵抗。究竟同质性社会的正负功能如何确定，还是在于社会根据大目标和大方向给予的奖惩机制如何确定。比如当社会将个人经商行为定义为"投机倒把"时，任何个体经商活动都会受到社会的惩处；当社会让违规经营屡屡得手而可以快速致富时，通过勤劳致富的方式就受到了压制。

效仿、蔓延与扩散是同质性社会运行的基本特点，这一特点导致了以何种方式来引领社会趣味或者潮流是衡量此社会健康与否的关键。在中国近代化的过程中，或在社会动荡的岁月中，用进化原理来求生存求发展，是无可非议的；但在改革开放的过程中，适者生存的原理就并非合理了。以失范的方式来搞活市场，实质上走的是私利至上或机会主义的路线，它采取的方式是"搭便车"的人比"开车"的人还神气。一旦这样的方式频频得手，其示范效应就会产生。从成本和收益关系来看，这种抄袭、低成本、短时效、快收益的方式符合经济学原理，因为它无须漫长的文化积淀、财富积累、长期的教育投入与科研、开发、创新的屡试屡败以及为此而付出的种种制度和法律成本等。考察中国市场经济的发展，个人经营和地方经济成长的最常见方式，就是它们往往由失范或机会主义起家，等发迹之后才回归正途，即所谓"野蛮生长"。作为一种发展模式，这是一些人热捧和鼓吹"山寨文化"的理由，也是学界做的"阶段论"解释的根据。但是我所提出的同质性社会概念排斥这样的学术观点，因为在社会学意义上（不是在个体意义上），山寨抑或投机取巧不是社会同质化的原因，而是社会同质化的结果。判定上述这一判断之正确与否，在于考察当社会试图遏制假冒伪劣或"山寨文化"现象时，此类现象是否减弱。比如早在30多年前，中国就开展了声势浩大的"质量万里行"活动，但最终结果是假冒伪劣品在逐渐萎缩呢，还是在不断地扩张，甚至更加恶劣呢？我想，每一个生活在中国的人都能回答这个问题。可见，即使社会想扭转这一局面，回到维持自身的区分度和纯粹度上来，也一再试图遏制某种社会单位质量和品质被侵犯或克隆，但同类事件不是在转移阵地，就是间歇性地死灰复燃。其原因就在于这不是个人的投机，而是社会的潜在激励。亦有专家、学者提出如何把中国市场的制造业转变成创造业，显然前者是同质化的生产流程，后者是异质化的个人发明。但如果一个社会各个行业没有自己的区分度和纯粹度，亦没有知识产权的保护，或者说，一个人的创造瞬间就可为他人所模仿，那么创造是不可能发生的。

我在上面讨论中国社会同质化的现象时，最终讨论到教育、评奖和公务员问题，目的就是证明同质化不是由假冒伪劣品带来的，而是整个社会的各个层面和方面都在使用同质化的思维以及用同质化的方式来做事；同时也想表明，这一特征已经进入了它最不应该进入的社会核心领域。"教育"作为文化再生产的手段，触及的是社会成员自身的文明质量和品质的提升，如果这一质量和品质没有了区分度和纯粹度，那么当我们把学生们投放到社会各个领域或学生参与到各行各业的运行中时，就会以同样的手段强化整个社会的同质化。再者，"评奖"本是用来表彰单位质量和纯粹度的最有效方法，具有很高的价值追求和激励特征，如果这其中产生了同质化问题，那么很多奖励不但失去了评比的作用，而且会激发社会发生更大面积的不公平性，最终摧毁社会各方面或层面的单位质量或品质，导致整个社会的虚假繁荣，还带来了社会民众对各种质量和品质的质疑。如果官员身份、政绩造假，形式主义盛行，导致的则是政府公信力的整体性下降。

从历史上看，中国传统社会的同质性主要指共同体的性质，但也因为各个共同体性质之间的差异，诸如"十里不同音，百里不同俗""三百六十行，行行出状元"等，在整体上体现出相当程度的异质性特征。从中国人的关系构成视角来看，费孝通概括中国乡土社会的概念"差序格局"，也暗含了同质化的倾向。[①] 差序格局是一个同心圆，它按照户、家、族、宗、村、乡、地方、国家和天下的方式逐级扩大，也按照修身、齐家、治国、平天下的方式思考问题，构成了一种大一统和家天下的模式。在这一模式中，中国人把身体视为小宇宙，天地视为大宇宙；个体为小我，世界为大我；个人生活是小家，社会生活是大家，最终想达到大同的境界等。比如"孝"本来是一个家庭内部的、重点为父子关系的概念，但讨论到最后却实现了"以孝治天下"的理念；再比如传统中国

---

① 费孝通：《乡土中国》，生活·读书·新知三联书店1985年版，第25页。

价值观中的平均主义,如"有饭大家吃""一荣俱荣,一损俱损"等,也有强烈的同质性色彩。当然,之所以传统社会中的同质化最终只停留在思想和理想的层面,而没有转化为生活现实,一方面在于这个模式在实践中有强烈的家乡观念,而走不到更远的国家层面上去;另一方面也在于中国社会中的身份等级制限定了彼此的不可模仿性。或者说,中国传统社会更多的是在思维方式或者社会心理上有同质化倾向,但在制度化的生活中却受制于异质性。比如不同阶级和等级之间必须要有区分度,即身份、地位和文化符号上的识别:官家的许多象征符号或物品(比如图案、颜色和生活用品),禁止民间使用等。在计划经济年代,由于社会官员以工农干部为主体,文化特征式微,甚至在很大程度上已被摧毁,但由于供给制同行政级别挂钩,部分地确保了社会同质化不能奏效。

当然,市场经济的发育本身并不意味着社会同质性的发生。依据西方社会学家的看法,市场经济的分化性主要是根据职业群体或法人团体来区分的。① 但由于中国市场经济缺乏这类组织所发挥的功能性作用,更多的区分度和纯粹度主要还由国家设立的各个部门来主导。不过,各个部门在很多方面作为不充分,或等待着出现大事件的启动或一波运动的来临,进而社会信任的修复也就真的需要借助于一场社会运动了。而当这一方式为社会自身所抛弃,或者不再奏效时,或更有甚者,当一些部门同违规者达成共谋时,那么社会自身除了以贫富作为区分度外,其他方面的差异则消失殆尽了。回到贫富中来看,衡量贫富的标准是金钱,可金钱正好在社会单位的区分度与纯粹度上是

---

① 埃米尔·涂尔干:《社会分工论》,渠东译,生活·读书·新知三联书店2000年版,第130、260—261页。

无效的,或者说,金钱是打破社会区分度的最有力武器。因为当金钱在社会上可以获得一切之际,也就是社会无法显示其差异性之时。当然,从表面上看,拥有金钱数量的多少似乎可以衡量生活品位和品质的不同,但从深层次上看,这种差异主要体现在同质性内部的差异上,而不体现在异质性上。比如有钱人用高档品,没钱人可以用冒牌货;富人用行货,穷人可以用水货;更不用说当"有钱能使鬼推磨""金钱可以收买一切"成为社会普遍价值观时,人们就会为了自己的利益而出卖良心,或者铤而走险,无所不为。由上面的讨论我们可以看到,中国传统社会的区分度和纯粹度本来是由地区、文化、等级、身份以及方言构成的,后来又转化为由供给制中的行政级别来确立的。而当社会进入到金钱至上,或曰金钱通吃的社会时,那么任何一种区分度和纯粹度就都烟消云散了,最终连货币自身也在良币与劣币的选择中挣扎。

考察社会学概念的发生史,有的概念是来自社会学者在讨论某种社会问题时所做的创新:比如托马斯的"情境定义"来自对"不适应的少女"的研究[①];涂尔干的"机械团结"和"有机团结"来自社会对犯罪惩罚的总结;我这里所谓的"同质性社会"与"异质性社会"则来自对社会信任危机的思考。当然,从特征划分上看,同质性社会与异质性社会的提法比较接近于机械团结与有机团结。在涂尔干看来:机械团结社会是由一种具有共同意识的人群组成的,个体之间没有差别,只有人们共同形成的信仰和感情;而有机团结建立在社会分工的基础之上,职业伦理和法人社团构成了社会联合的基础。[②] 但比较其间的差异会

---

① 参见托马斯:《不适应的少女:行为分析的案例和观点》,钱军等译,山东人民出版社 1988 年版。
② 埃米尔·涂尔干:《社会分工论》,渠东译,生活·读书·新知三联书店 2000 年版,第 33—156 页。

看到，机械团结讨论的重点是，一种共有的信仰、道德和习俗所形成的意识是如何处罚和排斥失范行为的；而看似雷同的同质性社会概念其实在现代化及其层次丰富性方面更加多样化，并更加关注各现象之间的同构关系。同质性社会概念表明了社会的现代化（分工）未必走向有机团结（这是涂尔干的重点话题），依然可以维持在文化-经济-社会的同质化内部展开。另外，机械团结也不讨论同质性社会所表现的下述两个特征：一是各个社会层面和方面内部的同一化趋势，即任何可以划分出来的社会单位都同其他单位之间没有明显区别。如果一定要说区别，更多的也是表现在规模性或复杂性方面，而不表现在各社会单位的区分度方面，进而导致原本的个别特征在相当程度上具有社会代表性，反映着社会整体性特征，而非像机械团结那样，只认为社会整体是个体的集合，而不是个体所能代表的。二是任何社会层面和方面倾向于在彼此之间寻求过渡地带，而不设边界。过渡地带是一种渐变的、有余地的、连续的、灵活的部分，并生成了大量的民间智慧，比如打擦边球、变通、关系运作等。此时，社会与市场的运行重点就不在于制度，而在于寻求权宜的方式，诸如灰色地带、作假、做戏、做局、面子功夫、名实分离等，它们恰恰构成了这个社会运行的"活力"。

当然，投机取巧、"搭便车"的动机在任何社会都是存在的，可是社会形态不同，发展的方向也会有所不同。比如说异质性社会一样潜伏着丛林法则或"搭便车"的行为，但社会为了抵制这一行径，会借助法律、制度、社团以及职业伦理来维持社会正常运行，也包括对已经发生的违规行为给予重罚等；可同质性社会更多的是对此类现象抱有容忍、同情、法不责众乃至鼓励的倾向，"水至清则无鱼"或者"林子大了什么鸟都有"是这一社会的共识。如果社会的容忍度或者同情心让一切皆有可能的话，那么社会的宽容度就会急剧增大，其逻辑就变成了

"他可以，我为什么不可以？"，此时的"水塘"成了浑水摸鱼的地方或"林子"成为恃强凌弱的战场。在异质性社会，不容忍与不同情是设立边界和制度的前提（中国政府为此提出的一个新的口号是"零容忍"），唯有如此，社会才可能确保各单位的质量和品质，并通过相应的技术、专业和职业及行业标准以及配套的制度和法律，确保该社会的信用。

假如一个社会的同质化现象很严重，那么是不是意味着确立社会单位质量或品质已经失去了意义？因为此时此刻的经济生产和文化再生产很容易流于形式或变得形同虚设。比如，如果奖励证书不能证明一个人、一个社会单位的工作业绩或一个品牌的质量，那是不是说评奖就失去了意义？其实这是对同质性的一种误解。社会的同质性并非个体的同质性，从任何角度来看，作为一生物体的个体，都是不可能同质化的。个体之间的差异性，包括体质、外表、性别、健康、身份、能力、经验、经历、技术、知识、专业、工作等是人格理论或人力资本理论的基础。同质性和异质性只能形成于社会层面，是依赖于某种形态的社会究竟是以个体的异质性为理据，相应建立有单位区分度和纯粹度的社会，还是忽视个体的异质性，按照社会大方向和大目标构成极为相似的趋同社会。比如，异质性社会同市民社会的特点是相通的，该社会设立不同的组织、社团、俱乐部等，以成员或会员制的方式来区分内外群体，并对自己的人员设立章程，由此整个社会也相应建立起形形色色的制度，以维护这些群体的存在和运行。如果一个社会不考虑个体的异质性，而是根据上面所说的大目标、大方向来吸引个体，那么该社会就会形成一种"大概率价值观"。[①] 大概率价值观一方面令社会各个

[①] 李银河：《论中国人的大概率价值观》，《中国社会科学季刊（香港）》1994年第6期。

层面不顾自身特点,在一特定时期内产生风起云涌的热潮,比如经商热、下海热、出国热、文凭热、购房热、购车热等;另一方面也驱使社会不顾一切地迎合当下口味,并刺激着许多人的发财梦想,让良莠品种共处于同一环境之中。所谓"共处",不是说劣质可以打败优质,优品更不可能淘汰劣品,而是说社会自身没有一套机制可以剔除其中不合格的、不好的、违规的、虚假的部分,而只能让百姓自己看着办,造成繁荣与危机同在。当社会走到这一地步时,对于普通民众来说,心存侥幸和传播小道消息就成了他们生存的无奈之举;而对特权阶层来说,"特供"成为该阶层的首选。

或许人们不禁要问:为什么中国社会成不了异质性的社会?难道有关标准、制度和法律在同质性社会中就不能建立和执行吗?或者能不能这样认为:不论什么社会,只要建立和执行了这些规章制度,社会与市场的信用就能有所保证?这些疑问触及了社会运行机制的最核心问题。对于前一问题的解答是,如果劣胜优汰的法则盛行,社会就会向负功能性的同质化方向发展;而后一问题的答案是,就社会形态而言,同质性社会的构造是网络化的,异质性社会的构造则是组织化的。网络化的社会强调的是一切壁垒在关系作用下都能通达,当然也离不开就此引申出的变通和权宜;组织化的社会强调的是资格与界定以及相关法规,社会为了守住这一界限,会让一切公共事务尽可能受到群体内部成员或社会公众的监督。可见,同质性社会强调的是关系,异质性社会强调的是社会资本。关系的重点是在公私之间打开局面,让人情和面子运行起来;社会资本的重点是实现个人与社群之间的制度性关联,以促进信息传播与信任建立。[①] 所以,以人情与面子的关系方

---

① 翟学伟:《是"关系",还是社会资本》,《社会》2009 年第 1 期。

式来运作社会,人们可以逾越制度,用以处理在打通社会本应具有的区分度和纯粹度时可能引发的麻烦;而社会资本则是以个人参与组织,或组织连接组织,让社会单位通过参与而同组织之间构成共担和共享的关系。或者说,在同质性社会,建立关系就有力量;在异质性社会,组织起来才有力量。据此判断,可以说关系运作最契合于同质性社会,而社会资本则适合在异质性社会运行。当然,关系是否能够畅通无阻地运行,不是指"社会支持"的含义,而是指它同权力的结合,共同成为劣胜优汰的保护伞[①],而社会资本的运行则几乎与权力运作无关。

总之,一个社会的信任危机无论如何不是单纯地指望道德回归、加强监管或者完善制度就能化解的,因为社会在自身的传统与变迁中有其形态、思维方式、价值导向和机制上的运行特征。如果我们意识不到中国社会这一整体特征性的问题,那么很多具体措施往往不是收效甚微,就是只能做些面子功夫,而社会自身则依然一波又一波、一浪又一浪地释放出自身的能量。这一能量原本深藏于中国市井或民间的生存智慧之中,但是随着西学东渐,它们同达尔文进化论构成了一种巧妙结合,并在落后就要挨打的时代背景下迅速地积聚和膨胀,形成了一种个人的竞争性理论。当这一理论在社会上散布开来之后,其原理性特征在知识界受到狂热追捧,其应用性特征则在民间被日常化为一种生存哲学。其共同点就是认为社会如同"丛林",不同层面的阶级、阶层、单位、个人都可以用"丛林法则"来让自己成为"适者"和"天择"的一方。

[①] 翟学伟:《中国社会中的日常权威:关系与权力的历史社会学研究》,社会科学文献出版社 2004 年版。

传统社会因人口的不流动与共同遵循的文化价值观，也会构成同质性的生活。这时，社会同质性非但不导致信任危机，反而可以维持较高的信任关系。但是在人口流动的市场社会，受丛林法则的推动，社会同质化倾向不但迅速加剧，而且体现出了其负面性、极端性的特征。当金钱至上占据价值主流时，社会自身各个层面或方面的区分度与纯粹度也就随之消失了。总体上看，信任危机似乎是一个劣币驱除良币的过程，但这其实是一个比较夸大的说法，更为客观的说法应该是劣币与良币并存。显然，如果市场只有良币没有劣币，该货币的流通效果自然最好，信用也最高；如果市场只有劣币没有良币，那么劣币代替良币流通，将会信用全无。所谓劣币和良币的共生，不意味着市场的好与坏，而是预示着人们对一切已经丧失了判断力。丧失判断力既不会让社会瓦解，也不会让社会健康，只会让社会名实分离，喜忧参半，形式主义盛行。

可见，社会信任危机的最根本原因就是整个社会陷入了判断力丧失的状态。当社会和市场生活中的好与坏、善与恶、真与假、美与丑、正品与次品、真品与冒牌、合格与不合格、有毒与没有毒、有害与没有害、有保证与没保证等之间的界限消失时，信任的危机就到来了。当好的可能是差的，真的或许是假的，实的也许是虚的，"是的"其实是"不是的"的时候，林林总总的制度就成了摆设。假如劣质一旦有机会在社会、经济、文化及教育中大行其道，那么优质就只好自动放下身段，与劣品为伍，甚至被其拖垮。

儒家本有一个很好的思想，叫"和而不同"。以此观点来看，"和谐社会"恰恰不是一个同质化的社会，因为同质性意味着"同而不和"。正因为大量的虚假伪劣混迹于社会，才导致了社会矛盾重重和一次又一次的恐慌。我想，中国社会要想健康发展，那么社会形态则必须向异质性转化。比较而言,在社会的这一转化过程中,物质层面的同质性在一定时期是可以扭转的,而激励机制与价值观层面的同质性则会积重难返。要想摆脱社会信任危机,我认为,一切有利于增进社会单位区分度或纯粹度的措施、方法和手段都是值得大力提倡的,反之则必须加以惩处。当然,随着惩处力度的加大,社会信任也将修复。

第九章 互联网时代对社会信任的重构

第一节 信任研究的再出发

原本,此书的讨论即将收尾,但新冠肺炎自2019年12月末爆发以来,许多相关讨论再一次关联到了社会恐慌与社会风险话题。虽然疫情终将会结束,社会还是会回到常轨,但无论如何,它都会给信任研究带来新的思考。尤其是在此疫情尚未结束之际,对于此事件的各种回溯、反思及讨论等均已开始大量涌现。许多不同领域、不同专业、不同职业、不同立场的群众甚至众多网民纷纷对此过程中的人和事进行了前前后后的反思,当然也不乏对社会主义制度优越性的赞美。其中最为关切的问题,主要是围绕着两个方面的缘起而展开:一个缘起属自然科学,也就是关于病毒本身究竟是什么样的病毒,它的源头在哪里,中间宿主是谁,是如何传染的;另一个缘起属社会科学,即在这样一个特大公共卫生事件中,当地政府和民众是如何应对的,他们都做了什么,为什么一开始有一段政府应对不及时的过程。

从信任的视角来思考这一事件,我发现了原有信任研究框架的不足。原先对社会信任的研究主要是在从传统转化为现代的研究框架中进行的，比如本书前面讨论的前现代与现代的比较研究、人际信任与制度信任研究、特殊信任与普遍信任研究、我自己确立的从固定关系出发的研究及信用危机与社会关系的变迁等。但这次新冠疫情的爆发，让我们有机会就现代性社会本身来思考当下的中国社会信任面临的新问题和新挑战，借此重新认识我们身处的社会，并尽可能对这次疫情造成的社会民众价值观与态度的分化有更为深入的思考。

所谓要以现代性来重建信任研究框架，并不意味着因为目前已有不少西方信任理论正好是在现代社会背景下提出的，所以我们直接套用其理论来解释中国社会即可。关于现代性议题，西方的确在社会科学各个领域都有出色研究，但这次新冠疫情所带来的信任问题，还是让我有机会从中国出发来重启新一轮的理论思考，并尝试提出一个更为贴合的分析模型。

为了更好地阐明我下面建立的信任模式含义，我这里先说明一下美国社会心理学家霍夫兰德(C. Hovland)与韦斯(W. Weiss)对可信性与说服力的关系研究。20世纪50年代，霍夫兰德等人通过一系列实验表明，可信度是建立在信息源和专业性基础上的。所谓信息源涉及传播者的人品或信誉积累，比如诚实、客观、公正等；而专业性在于发布信息者是否为此方面的权威。[1] 凯尔曼(H. Kellman)和霍夫兰德的另一项研究还表明，随着时间的推移，专家的权威性在减弱，而非权威性的说服力反而有所增加，因为人们此时记住的更多的是信息内容。[2] 以上这一研究已成为传播学教材中的基本内容，研究发现信任权威性

---

[1] C. Hovland, W. Weiss, "The Influence of Source Credibility on Effectiveness", *Public Opinion Quarterly*, Vol.15, 1951.

[2] H. Kellman, C. Hovland, "Reinstatement of the Communicator in Delayed Measurement of Opinion Change", *Journal of Abnormal Social Psychology*, Vol.48, 1953.

和信息内容之间有"休眠"效果。但由于其关注重点落在了权威性信息源及其起伏方面，因此尚不足以启发我下面尝试建立的新模型，但对我下面要讨论的核心点会有所帮助。真正启发我理论思考的，依然是汉语"信"字所包含的文化信息。

我们在第一章"信的本土解释"一节中已经提及"人言为信"。仔细领悟其构造，我发现这其中所包含的"人"与"言"，从社会学角度来看，基本上在沿着两个方向延伸：一个重点是关于人的表现或承担，主要指某种特定的心理与行为状态；另一个重点是关于事况的述说，也就是信息或者关于信息的载体。比如，前者的相关词语有信仰、信念、信心、信奉、自信、诚信、信任、信誉、信用、威信、亲信、信使及信徒，以及信誓旦旦、信口开河、信马由缰等；后者的用法是信息、书信、信函、信箱、信据、信号、信物、信条、信托、信访，以及通风报信、偏听偏信、杳无音信等。当然，这两种方向也不是截然分开的，比如"相信"或"轻信"作为动词既可以"信"人，也可以"信"事；而一些划分出来的词语看起来指的是人，其实也包含了人办事，比如信使、亲信以及信托或信访等。人与事的结合即表明无论什么事都得由人来办，无论什么信息也都得由人来传达。可是，同样都是办事，只要信息对就可以，又为何非要有亲信或信使呢？这涉及信息准不准确或者真不真实的问题，取决于人如何言说。我们通常在生活中假定：人可靠，说出来的事就可靠；人不可靠，说出来的事就不可靠。可见一件事情的真实性，很大程度上取决于说事人的性格、人品、观念、态度或修辞能力等，尤其是与此人信任关系的建立。比如两个人的能力一样，但关系不一样，所得到的情报或消息就很可能不一样，据此，人们在各个社会和政治活动中的托付对象就有了选择性，诸如"可靠人选""你办事，我放心"或者"临危受命"等。

人事不可分割也导致中国既往的组织单位中有一个部门叫"人事处",专门处理本单位的人员工作业绩和评价,员工的进出、调动、行为记录及管理都由人事处掌控,可惜很多组织后来将其更名为"人力资源部",把这层意思弄没了。但人和事又不一定总是结合在一起的,比如一个人一旦拥有了信仰或信奉什么学说,他也会排斥或自动屏蔽那些不利的或动摇自己信仰、态度的信息,甚至对一些事实视而不见或主动忽略;又或者有的时候,人们也更倾向于关心事实真相,而不管是谁说的。于是,根据人与事在信任上的合与不合,我在此把信任划分成基于人的"表现性信任"和基于事的"实情性信任"。

现在,我们需要处理的理论问题是:根据信任内涵所带来的这一划分,在社会运行中究竟是人的表现性重要,还是事的实情性重要?以霍夫兰德的研究和常识来判断,当然是人重要(或许有人不这么认为,为何会如此,我下文给出理由),因为事情都是人做的,事况也是人发布的。古往今来,历史事实也的确如此。比如,为何我们以往对于信任的思考与研究总是执着于诚信、信任、信誉和信用等概念,就是因为这些概念涉及说话、办事的人的各种品格和行为,诸如诚实的与欺诈的、讲道德的与缺德的、重名誉的与重实惠的、重义轻利的与重利轻义的等,这都是各色人等的品行,进而从民众到学者也都倾向于认为信任的问题其实就是人的问题,尤其是人的道德品质的问题,进而也导向了信仰及人性善恶的问题。人的问题一旦凸显,那也不是个人的表现,人自身的组成方式也就随之重要了起来。据此,社会为了确保分工协作以及解决有关政治、社会、教育、身体等方面的委托、合约以及经济资本、社会资本、文化资本与象征资本的彼此交流和交换,产生了各式各样的包含了期待信任运行于其间的各种的社会组织,诸如各级政府、金融机构、厂矿企业、有限公司、福利单位、社会团体、科研院校、医院乃至各种正式与非正式的联盟等,各种各样的事况及其信息传递也就发生于其中,据此共同构筑了一个巨大而复杂的社会。

以上这些仅是就社会组成而言的。为了让这一复杂社会进行有序的运转,社会被设计成了层级式的架构,上述大大小小的社会组织被分门别类地装进了这一结构之中,并随结构安排具有了职位和职能上的等级及相应的权力大小。卡斯特(M. Castells)从宏观上对此有过比较性的讨论:

> 垂直性等级组织的历史优越性胜过网络的假设是基于社会组织的网络化形式存在许多重要的限制情况需要解决,从根本上说,这些限制与当时适用的技术相关。实际上,在其灵活性、适应性以及自身重新配置能力上,网络是存在生命力的。然而,在电子信息技术出现以前,当其规模、复杂性以及交互容量超越一定极限时,与垂直组织的命令和控制结构相比,它们的效率要低一些。的确,靠风力制动的船只也只能建立海域内甚至跨越海洋的贸易网络,骑马的使者或者跑得快的报信者也只能维持中央与地域广阔的地方之间的通信。但是通信过程中反馈回路的时间延迟造成了信息和指令的单向流动这一系统的逻辑。在这种情况下,网络是垂直组织机构顶层权力中心的扩展,这一现象塑造了人类历史:国家、宗教机构、战争统治者、军队、官僚机构及其管理生产、贸易和文化的下属机构。①

此时原本我们所讨论的社会信任也更多的套嵌于各种权力关系之

---

① 曼纽尔·卡斯特:《信息论、网络和网络社会:理论蓝图》,载曼纽尔·卡斯特主编:《网络社会:跨文化的视角》,周凯译,社会科学文献出版社2009年版,第5页。

中。权力的高低划分之所以重要,是因为它被用来维持社会正常运转。回到本书试图建立的信任框架中来看,那么这些社会设计安排就同样被聚焦在了人的社会活动方面,即"用人"问题,此时,以事为中心的信任在人的信任关系中只能是或隐或显的。此即吉登斯在讨论现代社会的"信任"时得出的"专家系统"。他说:

> 我所说的专家系统,指的是由技术成就和专业队伍所组成的体系,正是这些体系编织着我们生活于其中的物质与社会环境的博大范围。绝大多数非专业外行仅以不定期的间断方式去咨询律师、建筑师、医生以及其他"专业人士"。但是融专业知识于其中的这些体系却以连续不断的方式影响着我们行动的方方面面。仅仅坐在家中,我就已经被卷进了我所依赖的一种或一系列专家系统之中。我对登楼入宅并不特别担心,虽然我知道,原则上说房屋结构也可能倒塌。我几乎不了解建筑师和建筑工人设计和建筑房屋时使用的知识法规,但无论怎样,我还是对他们所干的工作表示"信赖"(faith)。虽然我不得不信任他们的能力,但是与其说是信赖他们,还不如说是更信赖他们所使用的专门知识的可靠性,这是某种通常我自己不可能详尽地验证的专业知识。①

在这里,一个更为有力的事例就是科技方面的专家学者。比如现代社会都追求科技发展,科技的意义本在于提供可信的知识及其前沿发展,但这一看似基于事实的可靠性其实不是由知识本身提供的,而是由知识的生产者也就是科学家提供的。所以,即使民众声称自己相

---

① 安东尼·吉登斯:《现代性的后果》,田禾译,译林出版社 2000 年版,第 24 页。

信科学,也并非说民众可以自行判断科学上的是非,即使科学家本人也未必马上能做到这一点,因为科技上的发明、创造、证明等有一个论证和检验的过程。所以,所谓科学本身要被当作真实的知识加以普及和传播,也在于由科学家来告诉民众何为真、何为假。如果科学家群体内部发生了争议,那也不是说让民众去相信科学就可以了,还是得由科学家各自摆出其实验的结果来证明自己观点的正确性。即便如此,由于民众不是科学家,更不是其中的权威,结果他们依然听不懂科学家在说什么,此时所谓凭事实说话也只能回到凭良心说话。比如转基因问题、癌症问题、中西医的科学性问题等,我们并不知道事实在哪里,更何况有些事实也是由利益集团把控的。由此可见,无论基于事况的信任如何有意义,很多情况下信息真伪还是要靠相关权威者或者机构来识别的。

　　信任与权力或权威一旦结合,也就意味着实情的传递方式将受到控制,或者说控制事况能力的大小在一定程度上也体现着权力的大小,此时我们会见到一个耳熟能详的名词叫"官方发布"或"权威发布"。讨论到此,其实我们已经触及了现代社会的构成方式,也就是所谓科层制。科层制也叫"官僚制",其基本要素是由以权力关系划分清楚、等级关系分明有序、人员经过筛选并依照规章制度来行使其职责的一种组织体系。在这一体系中,各种信息的传递都是由上至下逐级授权的;同理,下级得到的事况信息也需要逐级向上汇报才能确定是否可以越出其系统广为传播。于是,我们很容易看到以事况为基础的信任随着人的组织构成方式同样具有了垂直性的特征。当然,垂直性的信息传递本身是重要的且具有合理性的,只是因为它们依附于人与组织,自然也会随人与组织的复杂化而复杂化。比如正因为任何情况汇报都是由人来操作的,那么每一职位上的人就会有自己的动机、利益考量和对局势的判断。面临这一情形,如何确保层级之间信息传递的时效性和准确性呢?这还得回到人的问题上,比如亲信、信使、忠心耿耿者等。中国在人事关系上有一句老话,"疑人不用,用人不疑",即指如果说一个官员、雇员、助手、职员、办事员等已经处在某一特定的位置上,那么这样安排本身就说明了此人具备了上级"信任"的各种要件。当然,以上有关信任与权力关系的讨论仅限于科层制的常规运行,如果有自然的或社会的重大突发事件需要当机立断,而通过垂直的上报与反馈会贻误时机时,国家也会出台一些相应的规定和措施(关于这一点,中国目前各个政府部门条块在有关规定之间的一致性上会有不足)。至此,我把上述讨论制图如下(图9-1):

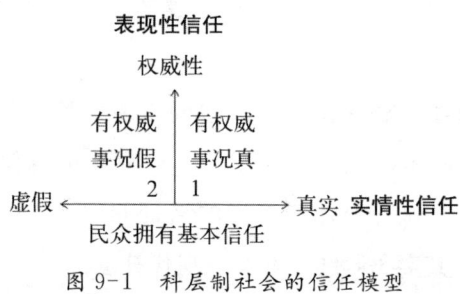

图 9-1　科层制社会的信任模型

在这个模型中,我们看到科层制社会表现出的信任问题只限于权威系统内部有关事实真假而产生的张力,比如不忠、瞒报、消极应付、欺上瞒下等。这里需要说明的是,在人的意识和行为构成的社会中,所谓事实上的真实与虚假在这里只是模型维度上的划分,而在运行中并不是那么黑白分明的。很多情况下由于人为的作用,所谓事实为真,不但存在信息控制的问题,也存在夸大缩小、就事论事、上纲上线,或者有保密要求的问题乃至宣传效果等复杂情况。更为复杂的地方还在于有些事实尚需要有一个调查或者逐渐认识的过程;而事实上的虚假就更复杂了,它不是简单指不真实、不实之词或谎报、胡编乱造等,而且包括浮夸、信口雌黄、信口开河、信誓旦旦等。所以在国家治理当中,为何要对官员的不作为、乱作为或形式主义等问题加以清算,就是因为他们大致被划定为没有做到"求真务实,真抓实干"。

由于科层制的构成方式决定了实情性信任总要依附于表现性信任,那么社会的信任基础也就成了以自上而下的最高权威性逐渐延伸至社会基层的搭建方式;又由于中国长期实行的中央集权制与大一统的政治架构,导致最高政府往往最容易得到民众的信任,而政府层级越低,信任度也越低。这一点在多项实证研究中都有发现,我的课题研究也清楚地描述了人们对中国各级政府的信任状况是权威性越高越值得信任(表9-1)。

表 9-1 机构信用的总体状况

机构层级	信任程度						
	低信任度			中立	高信任度		
	完全不可信任	不可信任	两项之和	无所谓	比较信任	完全可以信任	两项之和
中央政府	2.2%	3.5%	5.7%	10.4%	35.8%	48.1%	83.9%
省级政府	2.7%	6.5%	9.2%	15.6%	41.0%	34.2%	75.2%
地市政府	3.9%	10.2%	14.1%	20.3%	38.6%	27.0%	65.6%
区县政府	5.1%	12.2%	17.3%	22.7%	37.8%	22.2%	60.0%
基层街道办	6.3%	13.5%	19.8%	24.4%	37.9%	17.9%	55.8%
法院	3.4%	7.4%	10.8%	22.0%	40.6%	26.6%	67.2%
军队	1.9%	3.2%	5.1%	15.4%	39.6%	39.9%	79.5%
公安部门	3.3%	6.9%	10.2%	17.8%	44.5%	27.5%	72.0%
各级党组织	3.8%	8.4%	12.2%	29.0%	36.8%	22.0%	58.8%

如图 9-2 所示：机构信用的平均得分为 70.74 分，说明我国的机构信用状况总体处于中上水平；分层级来看，从中央政府到基层街道办的信用均值从 81.07 分降到 61.87 分，呈现出明显的递减趋势；而在相关的行政机关中，军队信用得分为 78.10 分，接近中央政府的信用，而法院则以 69.86 的得分仅高于最低的基层街道办信用，表现出中央政府的信任度远远高于基层街道办。

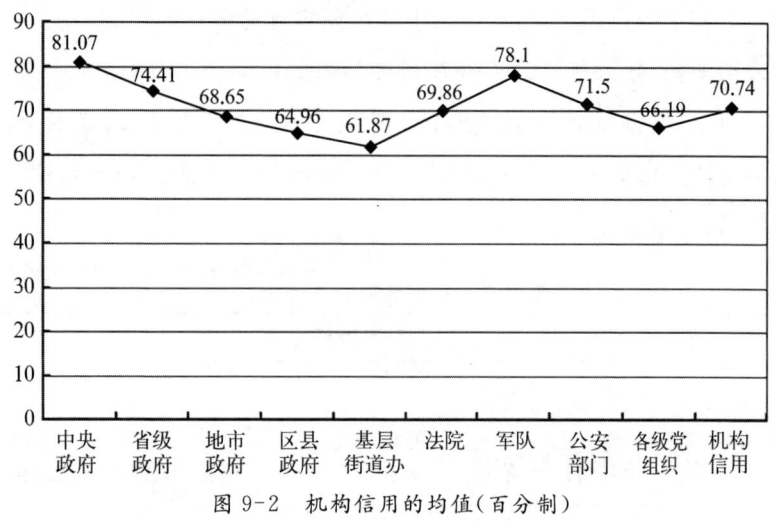

图 9-2　机构信用的均值（百分制）

从表 9-2 还可以看出其集中趋势：从中央政府到基层街道办，机构信任的均值从中央政府信用的 4.24、省级政府信任的 3.98、地市政府信任的 3.75、区县政府的 3.60 逐级降低到基层街道办信任的 3.47，与表 9-1 中所看到的一致。除此之外，也能发现在这种递减趋势中，逐级递减的边际效应在不断降低，例如从中央政府到省级政府，城市居民信任感的均值降低了 0.26，而从区县政府到基层街道办则只降低了 0.13。换言之，这种信任感的下降本身也呈现出边际效应递减的趋势。

表 9-2 机构信用的描述统计

机构层级	集中趋势			离散趋势	正态分布		个案数
	均值	标准误	中位数	标准差	偏度	峰度	
中央政府	4.24	0.013	4.00	0.928	-1.412	1.997	5295
省级政府	3.98	0.014	4.00	0.998	-0.986	0.621	5292
地市政府	3.75	0.015	4.00	1.082	-0.712	-0.139	5294
区县政府	3.60	0.015	4.00	1.113	-0.589	-0.363	5289
基层街道办	3.47	0.015	4.00	1.121	-0.518	-0.452	5286
法院	3.79	0.014	4.00	1.024	-0.761	0.191	5289
军队	4.12	0.013	4.00	0.914	-1.091	1.201	5293
公安部门	3.86	0.014	4.00	1.003	-0.911	0.551	5294
各级党组织	3.65	0.014	4.00	1.032	-0.545	-0.108	5291

最新一项对大学生的心态研究（2015—2017）依然表明，69.8%的"90后"大学生表达出对中央政府的信任，缺乏足够信任的仅有6.2%。[①]这些调查都表明，从民众层面来看，权威性信任体系长期以来能够赢得大多数民众的基本信任。应该说，这是新冠疫情爆发时，政府能够立即采取包括封城在内的各项措施的社会基础。

第二节 现代社会信任框架的重构

可是，以上讨论尚没有涉及的一个关键点是：实情性信任有没有可能单独发生？我在前面已经提到，互联网在中国的迅速发展，进一步

---

① 桂勇、胡佳丰、侯劭勋：《当代大学生社会心态调查报告》，《文化纵横》2019年第6期。

强化了人们印象中社会是由网络而非组织组成的认识。此时的网络出现的新情况是其虚拟性特征:处于固定关系及约定关系中的成员受制于血缘、地域、习俗和边界,本来就让中国人的活动深受局促,而互联网的出现一方面体现出了人们的身心解放,另一方面也和中国人的关系习性保持了高度的趋同性。互联网自身在技术开发上形成的交流方式的多样性,为人际交流的发展提供了多种可能性。它既有固定电话、移动电话、录音等原初通信的功能,又有许多以往其他通信工具所不具备的功能,如视频、语音、微博、微信、建群、朋友圈等。虽然互联网的这些功能会被无限放大,关联到整个世界,但也为连接那些不在身边的亲人和朋友提供了技术支持。

互联网上的人际传播与原先固定关系网络中建立的交往特征最大的不同点在于其"长程性"和"低选择性"的消失,而成为一种非连续式的关系。这两个特点的消失相较于原汁原味的松散关系社会而言,其时代意义要重大得多,因为松散关系在互联网中不过是原有的个人自主特征的进一步延伸,而固定关系的消失则意味着许多人在网络世界里如同脱缰的野马,一下子进入无约束之境地。这时,人们开始主动在网上寻找新人,试图同完全不认识的人建立沟通关系,比如结识新朋友、建立聊天室、热衷做"网红",或开办博客及微博等。我们还发现,这种虚拟的人际互动顺序也发生了革命性的翻转,原先社会的互动顺序是"见面→认识→表达",现在则是"表达→认识→见面"。先聊天再认识的模式是前互联网时代人们无法想象的过程,由于这一现象非常新奇,我想整个社会学界还面临着困惑,对此处于探索阶段。

本来,"陌生人"在中国人的生活词典中是不存在的,同不认识的人聊天也不符合中国人关系的特点。现在互联网出现了,中国人又那么热衷于在网上交际、聊天、回帖、评论等,那我们就要考虑究竟是什么改变了。

首先,我在论述固定关系时指出,中国人的自我是压抑的,这种压抑在没有互联网的时代没有地方释放。人们有很多欲望、想法、真话或者得罪人的、泄愤的话等,不能告诉自己的家人、老乡或朋友,人们在固定关系中知道什么叫"祸从口出",什么叫"隔墙有耳",什么叫"不得罪人",什么叫"忍耐"或"苦闷"等,但所有这一切随着互联网的到来都得到了释放。从这点上看,互联网是中国人自我释放或自我宣泄的场所,有众人狂欢的意味,而众人狂欢又是建立在匿名性和暂时性的基础上的。在中国现实社会中,狂欢很难发生,即使有些聚会很热闹,其范围也一般局限在同学、同事和朋友之中,多少还不能丑态百出,或口出狂言,充其量只是一种准狂欢或狂欢的最低级,并伴有酒精的作用。或者说,由于狂欢在中国难以启动,为了能热闹起来,中国人需要酒的帮助,从而构成了中国酒文化的特色。中国人不接受与陌生人狂欢,主要是因为这会让人的生活失去安全感。总体上看,"关系"带给中国人生活中最主要的,就是表达上的含蓄性和实质上的安全感。

根据我们前面的研究,在中国人的关系当中,安全感是建立在相互信任的基础上的,而最好的信任是不证自明的,从不需要为风险担忧,其信任程度可分为放心、可信任和不可信任三种。可互联网虽然也是网络,但它不是一个身体在场的或物质交换的网络,只涉及信息交流。这就使得现实交往中的信任问题被暂时悬置,因为人的安全性因匿名性和身体缺席而得以保证。匿名性和身体缺席一方面对人的活动空间概念做了颠覆性的改变,另一方面也让人在无信任感中获得安全感(只要不涉及资金账户,目前这方面的诈骗很严重)。这就好比我们坐在电影院里看电影,一切暴风骤雨或枪林弹雨乃至恐怖场面都不可能指向观众,他们反倒乐在其中,并庆幸自己活在屏幕之外。中国人乐于在网上接受陌生人,是因为从物理空间上讲他们并不影响自己的真实生活(当然更年轻的一代不一定这么想)。既然有一种生活方式既不会直接威胁自己的安全,又可以恣意地释放自我,何乐而不为?

原本固定关系的长程性和低选择性,给人的生活带来的另一个最大特点是全知性。人们在关系共同体中,其行为规范体系需要的不是制度,而是舆论及由此而来的羞耻感。但是作为只剩下一个 IP 和一个符号的网民个体,其羞耻感可以放弃,其言论也可以放肆。如果没有非常情况发生(需要"人肉"搜索),网民们彼此知晓的信息不但是片面的,甚至有可能是虚假的。人们在一起聊天更多的是天南海北、不着边际。尽管一个人也可以把自己的真实信息向对方倾诉,但只要身份不暴露,或者关系没有建立,它们就没有实际意义,这点很像学界所讨论的"后真相时代"。假如一个人在网上交往的对象是一个陌生人,如果不想真的认识他,那么追究交流信息的真假,几乎不会带来任何社会效应,直至此人真实身份暴露的那一天。由于真假没有了意义,反而又容易得到另一种形态的真实性,或者叫作"姑妄言之"或"姑妄听之"。在这样一种无所顾忌的交流氛围下,爆料、曝光、万民热议的事件便会层出不穷。这一结果反过来又在更大的层面上构成了网络社会的舆论攻势,如果此时一个人的身份或者组织是为网民所知的,那么此人或该组织要比原先身陷共同体中的舆论或道德审判更难招架。面对这一情况,中国互联网开始向两个方向发展,一是信息过滤,二是网络实名制。这两个方向意味着,虚拟社会似乎不适合现有的中国社会,尽管很难回头,但相关国家机构依然想通过一些手段试图让网民回归真实社会。

由此可见,互联网交流中没有关系中的情面和权威。"给人面子""给人留些面子"本是中国人关系的重要法则,但互联网打破了这样的法则,构成了互联网与真实社会的相互制约。换句话说,许多原先在关系中不可能发生的行为和事件,因为互联网的存在而发生并且遏制了现实中的"给面子"行为。比如教授上课接听电话,学生不敢当面批评,但将之曝光到网络上后,就在现实中使教授上课不敢接听电话;当今中国学界更为瞩目的行为模式就是学术打假一般都是网络行为,而不再是原先的匿名来信,因为后者很容易在关系意义上大事化小、小事化了。甚至可以说,互联网基本上成了中国人批评、热议、嘲讽、漫骂、造谣、中伤、炒作社会上人事及事件的场所。据《中国青年报》(2010年8月4日)报道:美国市场研究公司尼尔森曾发布了一份调查报告,引起公众的关注。报告指出,在整个亚太地区,中国网民最喜欢在网络上发表与产品相关的负面评论。约有62%的中国网民表示,他们更愿意分享负面评论,而全球网民中的这一比例则为41%。《中国青年报》社会调查中心调查显示,对于尼尔森这一调查结果,41.3%的中国网民明确"认同",41.9%的网友认为批评性言论更有价值。我甚至认为,中国的日常民主本来就需要匿名进行,而互联网正好符合这一点,并促成了它在娱乐中诞生。这样的民主本身不来自一种制度安排,更不需要以个人权利及其真实性为基础。

　　以上我说的互联网现象是针对关系向度理论框架而言的,不包含互联网的其他传播形式,比如多媒体、BBS、新闻和信息发布、网上购物及一些专业网站等。就关系视角而言,互联网在中国更具有严重的娱乐化倾向,这是中国人乐于接受它的理由之一。中国最大的聊天平台之一的QQ,就因为聊天和视频网站过于火爆而被整顿过,但无论如何整顿,其实质依然是娱乐性的(这里的含义指把任何重要的、严肃的、正经的报道和事件都娱乐化,比如"吃瓜群众"一词就是娱乐化的表达)。而网络实名制就是希望降低网络的娱乐化倾向,以便于寻求到社会治理的方法。

　　总体而言,互联网既强化和扩大了中国人社会网络的特征,又同传统关系有明显的不同。前者将现实社会或流动中本已失掉的关系再一次紧密联系在一起,而后者则将原有的时空关系打破了。中国在长期历史中建立的关系取向一旦被打破,那么其他三种关系向度便同时展现在中国人的面前,进而延展出固定关系推演不到的特征。所以我们现在需要一种互联网上的传播理论来重新认识社会交流的问题。当然,这不意味着文化比较的消失:比如对于西方人际交往而言,互联网是一种现实交往的放大和延伸;而对中国人际交往而言,它是对现实交往模式的一种反动,即为面子、礼节、容忍、苦闷和权威压迫所带来的释放。虽然众人狂欢、众声喧哗、万民放言构成了中国人网上交往的特点,但它同时带来的问题是原有道德规范体系的瓦解,以及新的网络规范的暂时缺失。规范缺失与众人狂欢是网络交往模式的一体两面,一旦网络规范形成,恣意狂欢也将大大收敛。

　　现在,我想探讨的问题是:互联网交往的自身特征究竟是什么呢?有学者指出:"互联网是一项自由的技术。它允许绕过制度上的控制来建立以自己为导向的平等交流网络。它同样允许重新获得信息以及在有目的的社会活动服务中应用技术重组。"①"还为参与者提供了所需要的时空、虚拟网络包罗万象,提出并讨论意愿和请求,政治价值由此产生。"②以及"虽然日益个性化、松散结合以及片断的社区网络的壮

----

① 曼纽尔·卡斯特等:《互联网实践中的社会结构、文化特征和个人自治权——加泰罗尼亚的网络社会》,载曼纽尔·卡斯特主编:《网络社会:跨文化的视角》,周凯译,社会科学文献出版社2009年版,第268页。
② 杰弗里·朱瑞斯:《网络化社会运动——争取全球正义的全球化运动》,载曼纽尔·卡斯特主编:《网络社会:跨文化的视角》,周凯译,社会科学文献出版社2009年版,第378页。

大先于电脑空间,但是以电脑为媒介的通信已经加强了这一趋势,即允许社区进行远距离互动"①。杰弗里·朱瑞斯(J. Juris)接着指出:

> 扩展型及多样化的网络不仅是一种具体的组织目标,它自身还是具有高度价值观的文化目标。自我产生、自我发展、自我管理的网络成为一种广泛宣传的文化思想,不仅提供有效的政治组织模式,而且从整体上还提供一种社会重组模式。
>
> ············
>
> 然而,我认为这些出现的政治主观性没有必要与严格思想意识的无政府主义相统一,而是,他们分享特定的文化亲和力,这种亲和力以与网络有关的广泛价值观为中心,并不作为文化政治思想出现的象征,这些思想包括:开放式接入,信息的自由流通,自我管理以及基于多样化和自治的合作,尽管普遍认为,但无政府主义并不意味着完全没有秩序。联合不同的无政府主义势力,重要思路之一是组织的重要性,虽然类型各不相同:组织依靠从下而上的基层人士的参与而不是由上往下集中式指导。②

通过以上讨论,我们看到互联网时代的到来,其实会导致信息传播的单独涌现,并带来实情性信任的发达。也就是说,随着互联网的出现,流布于其间的信息表现出了一种试图摆脱表现性信任的强烈冲

---

① 杰弗里·朱瑞斯:《网络化社会运动——争取全球正义的全球化运动》,载曼纽尔·卡斯特主编:《网络社会:跨文化的视角》,周凯译,社会科学文献出版社 2009 年版,第 382 页。

② 杰弗里·朱瑞斯:《网络化社会运动——争取全球正义的全球化运动》,载曼纽尔·卡斯特主编:《网络社会:跨文化的视角》,周凯译,社会科学文献出版社 2009 年版,第 389—390 页。

动。此时,实情性信任开始与表现性信任脱钩。作为一种连接各个网络社区的信息传播平台,互联网本身无力建立起层级关系,它是扁平的,或者说大凡网络状的事物都缺乏层次性,相对应的,只有组织状的事物才具有层次性。缺失层次性就失去了上下级控制,因此也就无法起到限制信息传递的作用,这也是信息发布者的后台会对信息进行人为筛选或前台只能删帖的原因。的确,为何社会学在研究社会网的时候喜欢讨论节点、强关系和弱关系、信息桥、结构洞或小世界等概念,就是因为网络的结构问题不是垂直和可控的,而是节点连接节点的,也就是扩散性的。当然,这不是说网络传播一定无法建立中心、没有主次。其实,无论是信息桥,还是结构洞等,当这些概念在讨论节点上的连接问题时,都意味着某个节点发出的信息吸引力会导致不同节点的聚集,并传播开来(发生更多的信息转发)。据此也就可以看出,一个网络媒体发布出的重要的、耸人听闻的、"标题党"式的或者引发争议的信息越多,就越容易受到关注,从而也就越有可能吸引其他节点来连接,从而导致其重要性的提升。但网络中心点的地位凸显,并不能算是制度设置或结构意义上的层级,只能说是一种因其吸引力和影响力而带来的冥律(power law)效果,这种效果表达的是受关注度。通常,社会学对权力的理解不单是某人或者某组织的影响力,还有控制力及强迫他人屈从的意思。但互联网上的人际互动是做不到如此的,它所表现的只能是影响力,就好比"网红",他们只能因某个特点而受到广泛的关注,而不能说他或她据此就拥有权威。如果说他或她确实在网上拥有权威性,那么请注意,这个权威性是先在线下形成,然后才在网上表现的。所以说,即使一张面孔在网上再有名,但只要线下的人们不认识这个人(这也导致一些网红娱乐化地利用软件装扮自己,因为真实的他或者她并不重要),他或者她也只是一个符号,而不可与线下打拼出来的明星同日而语;即使一个网站能够提供大量的或者重要的信息,也不能说明它是一家权威机构或因此而成为权威媒体。由于前述互联网内的自我解放及技术进步给当下自媒体设立提供了可能,于是形形色色的非权威性的自媒体就爆发性地增长了。

在实情性信任脱离了表现性信任之后,我们惊讶地发现,许多给互联网平台提供信息的人,并不介意自己的身份和地位,他们或者隐姓埋名,只希望用一个网名来发布信息和观点。由于他们不断提供或多或少、或重要或垃圾的消息及见解,又或者因怕担责任,因此有意识地只发表事况或评论,而不暴露自己。而对于科层制来说,互联网的来临并不意味着其权威性的必然衰减,只能说受到挑战。只要科层制在真实社会的权力高于互联网,信息终究会受到控制。由此一来,原本属于表现性信任内部信息的真假张力转化成了表现性信任和实情性信任之间的张力。上述图9-1也就成了图9-3:

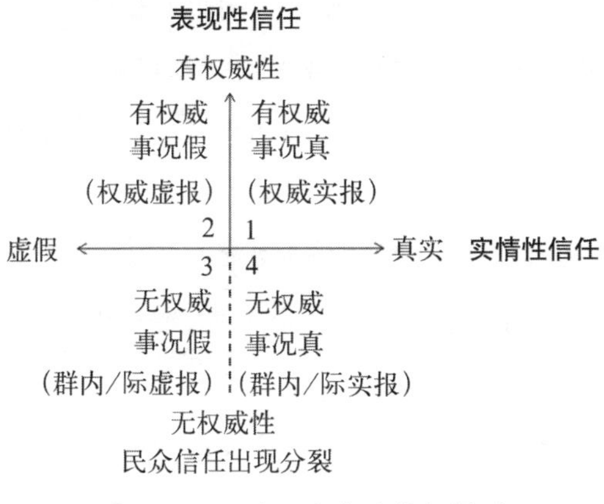

```
                    表现性信任
                    有权威性
              有权威  │ 有权威
              事况假  │ 事况真
            (权威虚报)│(权威实报)
                  2   │  1
虚假 ←────────────────┼────────────────→ 真实   实情性信任
                  3   │  4
              无权威  │ 无权威
              事况假  │ 事况真
           (群内/际虚报)│(群内/际实报)
                    无权威性
                民众信任出现分裂
```

图 9-3 互联网时代的信任模型

在图 9-3 中,权威性维度所延伸出来的虚线表明随着互联网技术的发展,其社会信任的重点已不再是让民众关注什么消息、什么情况及什么观点是来自什么人、什么组织、什么机构,也就是说,许多人已不再像原来那样关心来自权威的消息,而更加关注发生了什么事,有什么评论、社会反响等。在此动力驱使下,许多网络写手纷纷出动,其经济驱动也更多的是增加转发、点赞与流量。最终,互联网传播的扁平化使得依附于权力的表现性信任与依附于互联网的实情性信任之间出现了某种微妙的平衡。或许这个时候,我们借助数据可以看到,原先由权威机构把控的传统媒体,比如电视、报纸和杂志继续受到人们的关注,尤其是受坚信权威性报道的人的关注,可人数——特别是新生一代——已大大减少。最近一项对在校大学生的社会调查也表明:与报纸、电视、广播及其他信息渠道相比,互联网作为主要信息渠道所占的比例高得惊人,约91.5%的大学生最近一年最主要的信息来源是互联网,报纸占0.8%,电视占4.6%,广播占2.4%。[①] 显然,互联网的传播方式在总体趋势上吸引了更多的民众。这意味着,此时的传统传媒一家独大的地位已经失去,它们和新兴的自媒体之间出现了一定程度的竞争关系。这一关系的出现所带来的连锁反应是民众信任的分化,有些民众坚持认为权威性信任是必要的,有些民众认为网传的才可能真实,反倒是受控的权威性媒体出于一定的政治考量,不一定报道实情。当然,传统媒体不可能没有意识到这一危机,为了改变局面,它们也积极主动地投身到建立互联网平台中去,继续保持着每天发布各种重要的权威消息。

根据以上对于现代社会信任的讨论,我们可以得到一个理想型的信任分析框架,即图9-4:

---

① 桂勇、胡佳丰、侯劭勋:《当代大学生社会心态调查报告》,《文化纵横》2019年第6期。

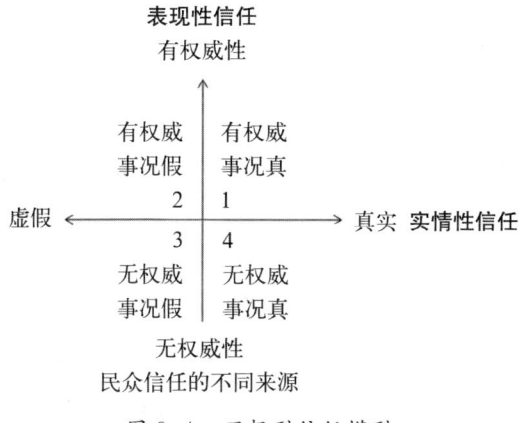

图 9-4 理想型信任模型

何为理想型的信任模型,我这里的含义是指:这个模型是在分析互联网时代社会民众信任分化与导向时用的,而不表示一个真实社会民众自身如何摆放自己的位置。通常情况下,处于一个真实社会中的个人并不一定知道自己处于哪个维度中,也许他听信谣言却会当真,认定自己在第四类,但从研究的角度看,研究者可以将其归结到第三类中去。有了这样的信任模型,研究者可以看出,在一个科层制的且同时又有互联网连接的信息社会中,或者说在一个真实与虚拟共在的社会中,信任已经难以守住人与人的框架,而是有了独立的只对实情性进行认知之维度。原本,在表现性信任中当然也是有信息真伪及其纷争的,但其核心不在真假问题上,而在否拥有权威问题上(包括吉登斯所说的"专家系统"),可实情性信任的单独出现,其核心问题已经摆脱了权威,而只关心事况是否真实。由此一来,社会中的许多信息也不归权威和专家来提供,而赋予了人人可以发声的机会。由于它们之间的分合关系,可以构成四种组合,其中每一个组合都代表了社会信任中的一种理想类型。虽然真实社会中信任所具有的权威性和事实性纷繁复杂,但有了这个模型,我们就可以看清楚很多社会现象,当然也可以据此来讨论新冠疫情中的信任问题。

第三节 表现性信任与实情性信任的比较

此次武汉新冠疫情中的信任问题重点是疫情出现的时间点以及权威机构如何应对的关系问题。新冠疫情中发生的主要事件(从 2019 年 12 月 1 日至 2020 年 1 月 23 日)大致可归入下面图 9-5 中。

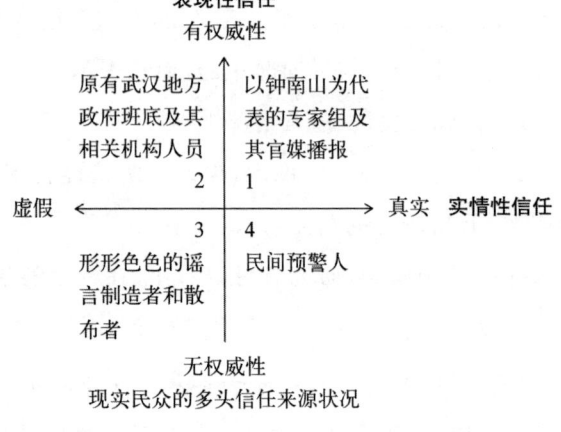

图 9-5 武汉新冠疫情中的信任类型划分

从以上事例分类中可以发现,现代社会信任已经出现了一种复杂的格局,而民众的信任也很容易被分割到不同的类型中去。这时根据我这里提供的信任模型看出:由于第 3 种类型最容易成为谣言制造和散布之地,因此权威性机构因其占据优势地位,一定会对第 4 类进行清理,以净化网络并尽可能保持与权威性信任的一致性关系。但值得注意的问题是,当我们没有整顿权威信任框架内部的真假问题,而只关注于实情性信任中的信息真假归属时,将会导致互联网时代的信任危机,因为此时此刻权威部门面对大量涌现的信息,难免会用简单化的过滤手段来控制信任的导向,进而导致民众信任裂痕的加大。据此,我把对于国家与民众共同期待的信任导向做图如下:

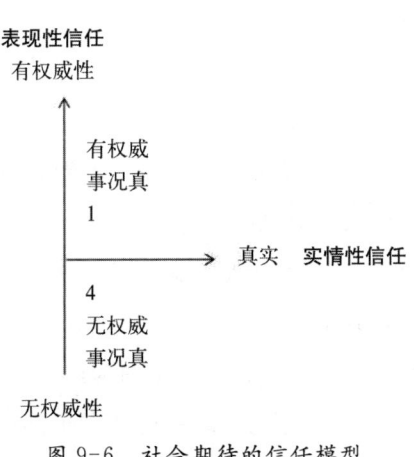

图9-6 社会期待的信任模型

无论如何,这次新冠疫情反映出来的种种事件说明了中国民众的信任已经发生了很大的改变。尤其是实情性信任作为一种单一维度的凸显,是一个在互联网未出现时中国未曾出现的问题。

现在,我想回到社会信任的原有框架中,讨论一下如果没有独立发生的实情性信任维度,实情性信任究竟在人与人的信任框架中如何运行,并以此来比较一下为什么说实情性信任一旦从中脱离出来,社会将发生重大的改变。

如前所述,信任的重点是在人的交往维度中建立的。比较于虚拟社会,中国文化所形成的"信"大体可以在微观上套入一种"五伦"等级秩序中去讨论,在宏观上可以套入一种大一统的中央集权制(官僚制或科层制)中去理解。而在儒家思想体系中,宏观上的那种大一统的天下体制如何建立,其实离不开微观上的个人等级秩序如何建立,因此"三纲五常"就可以从家庭中的父子、夫妇、兄弟如何交往一下子推演到国家体制中的君臣和天子与其各个层级的关系如何搭建。但这层意义上的"信"或"信任"只是关乎人。虽然中国历史传统上也有如实记载的信史传统,但正如韦伯所言:"中国的史学,尽管复杂精微,却缺乏修昔底地斯(Thucydides)式就事论事的研究方法。"① 的确,文史也是不分家的,比如司马迁的《史记》既有历史部分,也有文学部分,但中国史学传统更关心的是前车之鉴、以史为鉴,或教训深刻。所以春秋笔法在记录历史的同时也有价值涉入,从而引导人们在并未清楚事实的时候已经有了价值立场,亦有未来的翻案之可能。以文学的方式谈历史,或者说文以载道,其重点不是在于历史上究竟发生了什么,而是这段历史给后人的教训或启发是什么。正因为此,中国也有发达的收罗民间传闻、道听途说故事的传统,这一切都在于其中的寓意。诸如晋代干宝的《搜神记》,南朝刘义庆的《世说新语》,北宋李昉、扈蒙、徐铉等的《太平广记》,清朝纪昀的《阅微草堂笔记》等,其实"二十四孝"也属于这类。

更加值得思考的是:为何中国历史上会出现很多时候皇上并不上朝过问国家事务,而让其宰相、大臣或者宦官去处理他本该亲自处理的那些事务呢?或者即使皇上本人过问,但却听信某些人的逸言呢? 显而易见的原因正是人与人之间所建立的信任在发挥作用:一方面是皇上对其特定的臣下有坚定不移的信任,导致"宠臣"及其"宠

---

① 马克斯·韦伯:《中国的宗教·宗教与世界》,康乐、简惠美译,广西师范大学出版社 2004 年版,第 448 页。

信"的发生;另一方面"宠臣"又遵嘱执行,彼此的信任就这样开始了。① 至于此臣下面如何执行,那在人与人的信任范畴中已经是另一个问题了。正因为是另一个问题,那么一个人是可以依仗这样的信任胡作非为的,然而从呈上来的结果看,此差事已办妥了,整个信任流程就走完了。如果人们追究其中所发生的事件,才发现信任竟然和欺瞒是可以裹挟在一起的。在通常意义上,"欺骗"是"信任"的反义词,但在中国人的智慧和生存之道(尤其是在前文提及的固定关系及其面子运行)中,竟然可以和谐共处而不用坚守逻辑上的所谓"有信任就不能有欺骗",或"欺骗就不是信任"。在中国人的信任实践中(以我在第三章第三节中的网络诈骗为例),为什么不可以是为了博得信任而欺骗呢(有时这是自然发生的,不是故意作恶)?其中的深意是信任特征中的"一致性"依然在保持着,但这个一致性不一定是在"真实"或"事实"上建立的一致性,也可能是"谎言"或"掩盖"上的一致性。一种从头至尾的骗局所建立起来的信任在现实生活中是完全可行的。我们不能从中得出这样的结论:不符合事实的信任总是会露馅的。其实这是一种事后的解释,因为许多没有露馅的信任还在继续着。当一个中国人明白了这层道理时,他的觉悟就不再纠缠到底有没有信任,而是知道(尤其在全知型信任中)凡事要"睁一只眼,闭一只眼"。我们或许会说:在君臣信任关系中不是有个"欺君之罪"来防范一些另有隐情的事件吗?是的,但这点还是得回到人与人的关系上,即双方之间一旦有了完全信任,那么听信"谁"要比事实本身如何更重要,除非其中发生的重大事故或阴谋被披露导致了信任

---

① 侯旭东:《宠:信-任型君臣关系与西汉历史的展开》,北京师范大学出版社 2018年版。

关系的破裂,也即中国人说的"纸包不住火"(这点可以用以理解中国基层的"信访"经常受阻的事例)。如果一切是"平安"的,那么事实本身也就不重要了。所以"欺君之罪"看起来是一个防范臣属欺瞒事实的措施,但依然是一种关系框架上的假定,它不需要通过事实来验证。所谓"事实验证"就是得摆脱人与人的关系框架,让事实来说话。比如法律意义上的取证或亲历者的口述乃至社会科学中的数据,但这些论证的方式在中国文化中很容易为人与人的关系状态所左右——隐瞒、包庇、揭发、陷害、维护、收买、封口、私了等,都要视关系及其相互利益程度而定,诸如是亲人或是"死党",抑或仇人与政敌等,我们都有不同事实呈现的方式。

这里我们触及的一个重要话题是,在人与人的信任中,其实是可以不需要多少事实真相的。朱利安深刻地指出:

> 对人们默默接受的事情说出真相,这是一种撬开-冒犯(effraction-infraction)。也许只有当"他者"(l'Antre)在亲密关系里虚位以待地聆听对方要说出的真相,接纳独一无二的对方,"他者",才从说出的真相当中涌现。或者,也许那是一种为了思考能力而牺牲一切的热情,首先就是牺牲"为了避开会危害人际关系通畅(viable)之危险以使其'可活的'(vivable)"因而不说出真心话。"说真话"会使人晕眩,因为那是"在社会性这个使我们安心的联合组织上"刺破一个洞。说真话是一个挑战(来自呐喊),因为就是在那点上,我们碰到了"不可能做到的"。不过,企图说真话之举也会弥补自己,也许该企图期盼受到支持,但是它不期待得到掌声。在面对容许意志的极限时,它只需要向自己证明那个"唯一能决定并容许

说真话的能直接感觉到的意志"之存在。①

在这一哲学化的信任与真相的讨论中,我们似乎感觉到了一种安定团结的局面,以及真话是否会破坏这样的局面。通常情况下,在人与人的关系中,只要我们相信了一个人(包括组织),那就等于他所做出的一切事都是可信的。即使回到日常生活,这样的情况也随处可见。比如两个孩子在学校打架,老师把双方父母叫到学校,告知了解到的情况是孩子甲先动手打了孩子乙,老师会问孩子甲的家长这件事情如何解决。这时,孩子甲的家长只要说一句,"我自己的孩子我最了解,我相信他不可能先动手的",那么这个事实就搁置了。其家长已经把实情如何转换成了对人的信任,任你给出多少事实也就没用。此时在孩子甲家长的询问下也许发现孩子乙先骂了孩子甲,那么也就没有人关心谁先动手的,而是关心孩子乙为什么要骂孩子甲,当然,骂也是有原因的,最终所有的问题都说不清楚。最好的方法就是主动承揽责任,握手言和,谁受伤了就赔偿谁医药费。当然赔偿一方家的孩子是不服气的,他还说出了打架背后的很多事情,但家长对此并不关心,只能要求他要学会做人,或者以后不要和另一个孩子走得太近之类。设想一下,如果这类事情常见,那么这个文化中的成员都会达成一个共识:事实并不重要,重要的是息事宁人,而它的一个高雅的说法就是"和为贵"。

据此,在一个人与人建立的信任社会中会有很多真相为"关系""面子"与"和谐"所吞没。一些人在世的时候只想要一个好名声,一些名人之后都希望历史学家对其先辈"手下留情";更不用说一些历史真相

---

① 朱利安:《从存有到生活:欧洲思想与中国思想的间距》,卓立译,东方出版中心2018年版,第44页。

永远不能公布,一些历史事实只为少数人所掌握。中国人对此的形象说法是"让它们烂在肚子里吧",但所有这些会影响到信任的建立吗?应该没有,反倒是人与人的关系框架瓦解会导致信任的解体。这时,我们还有另外一个重点需要讨论,这就是中国语言上的修辞特点。明恩溥认为:

> 我们不太看重所有亚洲语言中都存在着的那种繁复的敬语,在敬语的使用上,某些亚洲语言比中文还要复杂。我们也不看重各种委婉的说法,不善于使用别称,不知道一些可以简单表达出来的意思却不能就这么简单的表达出来。比如,在汉语中,一个人"死"了。这句话会有非常多的表达方式,却没有一种说法会直接提到这个不恭的、残忍的"死"字;不论死者是一个皇帝还是一个苦力,都必须使用委婉的说法,只不过在这两种场合下会使用很不一样的字眼。在这里,我们所关注的并不是语言可靠性的特征,除非是就其最一般的意义而言的。当每个人都能乐意使用那些具有"皮克威克士"的含义的词汇,当每个人都能理解他人这样表达出来的含义,这个问题结果也就不再是一个可靠性的问题,而成了一个方法问题。[①]

这个方法问题是什么呢?我的看法就是说话的艺术和策略。也就是说,中国文化中有一种语言艺术是修辞比事实重要(这点不同于亚里士多德在《修辞学》中讨论的内容),或者可以改变事实。人们面对一个事实时所考虑的重点往往不是如何说清楚事实,而是"看你怎么

---

① 明恩溥:《中国人的气质》,刘文飞、刘晓旸译,上海三联书店2007年版,第42页。

说"。作为一种说话的方法,那么这个原本的事实已经成了"万花筒",很像胡适的一个比喻,"历史是个任人打扮的小姑娘"。我们陈述事实的方式不同,事实也会跟着说话人的情绪、立场、态度等发生变化,最终我们会被带入一种"共情"当中,已经忘记了事实本身是什么样子的。有的时候,我们还会在一些特定的政治或文化情境中回避一些事实。而使用隐喻。这一方面导致中国历史上的诗歌异常发达,可它们却不是用来赞美自然或者爱情的,而是用来影射时弊的;另一方面又因此带来反对者不是通过事实去控诉某人,而是从中判断某人的动机。可是判断在失去证据的时候往往只是主观臆断,进而也导致没有此动机的人获罪。如果这个时候,儒家所提供的道德观念或者一种现实的政治氛围再发挥作用,那么上纲上线的有之,夸大其词的有之,无中生有的有之,猛烈声讨的有之,冷嘲热讽的有之,含沙射影的有之,落井下石的有之,歌功颂德的有之,"高级黑"的亦有之等等,却很少有人关心究竟发生了什么事情,事情本来是什么样子的。

受到明恩溥对中国人特征中之"拐弯抹角才能"的影响,朱利安将中国人讨论事实的特殊方法概括为"迂回与进入"。他说:

> 我认为人们甚至可以从这种变得如此经常的逻辑矛盾出发,就像它在希腊诞生那样把握罗格斯的基本原则:罗格斯的本质就是在最近处把握对象。从相反的意义上讲,我们在许多方面都将看到,中国表达法的本质(也就是中国文章的特点)就是通过迂回保持言语"从容委曲":以与所指对象保持隐喻的距离的方式。①

---

① 弗朗索瓦·于连:《迂回与进入》,杜小真译,生活·读书·新知三联书店1998年版,第37页。

而作为一种方法，他希望我们需要从中国人语言用词的变化来推论事实的真相或者局势的变化。

互联网的出现，虽然在中国社会语境中尚不能确定一定会揭露事件的真相，但的确因为增加了许多曝光的机会而导致这个维度受到强烈关注。当众多人要在网络上询问真相的时候，那么真相或许就散落在铺天盖地的争论或回放的监控视频之中，这些在事实上将改变原本建立于人与人之间的信任。这是当下中国互联网中的一个大趋势。所以，当互联网发展与原有的科层体制具有同等影响力的时候，是继续维持一家独大，还是彼此博弈，或是握手言和，抑或是各自分工协作等诸如此类的问题，已经摆在了政府和学者的面前。总之，实情性信任在互联网时代所表现出来的一种不可逆转以及其自身具有扁平化的特点：一方面导致各个自媒体为了争流量，容易任意妄为，造谣生事，甚至有预谋地推送出许多谣言来扰乱人心；另一方面，实情性信任中也具有发出一些重要社会信号、说出事实真相或反映民众呼声的功能。这一信任的新变化，应该成为社会治理研究需要关注的重要问题。

第十章　研究立场辨析与变迁中的中国

第一节　儒家传统的解释限度

作为本书的最后一章及总结,我需要回到我的研究视角及立场上来做一番申辩,并对信任在中国社会的变迁轨迹及其特点做一总结性的回顾。

研究者们以何种视角、理论和解释框架来从事实证研究是必须加以重视的。许多情况下,研究者只注重研究方法是什么,而没有考虑到如果视角和理论不同,设计问卷时的假设及其要测量的问题就不同;解释框架不同,相同的数据也会有不同的答案。本书整个讨论并未采取现有的西方信任理论框架,亦没有沿着儒家思想本身作为立论的起点,就是意识到选择哪种理论或者立场都会左右本书的研究理路。当我确立了本书的理论框架是关系向度理论后,那么儒家五常中的"信"也面临如何学科化的处理。由于关系与儒家传统之间存在着文化深层结构上的联系①,以及儒家在中国社会已有相当大的影响力,

---

① 翟学伟:《儒家的社会理论建构——对偶生成理论及其命题》,《社会学研究》2020年第1期。

又有其理想性,并同社会现实之间存在很大的反差,或者说它既有思想上的引导性,又在现实中会发生许多变异,那么"信"之德目如何社会化以及在现实社会如何运行,就需要从社会科学入手来探索了。

中华文化是否为儒家文化,历来有所争论,它似乎不是一个国内学者的内部争论,而是一个文化形态、跨文化或者比较文化方面的讨论。① 站在中华文明之外回眸此文化的特点,或者借助于其他国家的唐人街及其内部所保存的华人社会行为与习俗,又或者从中国周边国家所受到的文化影响来看,中华文明大致可以被定义成儒家文化。② 我想产生这样的定义还有一个必需的理由,就是讨论中华文化不能只说它历史悠长、博大精深,而需要一个标签。海内外学者选用儒家来做代表,估计受到的质疑声会少一点,也有一个便于同其他文化进行比较的核心内容。其实,儒家文化说到底,很多时候讨论的未必是中华文化,而只是儒家的学说。至于它所形成的文化在哪里,我在下面会做些讨论。

儒家作为一"家"之言主要是指一套思想体系,这套思想体系已延续了 2500 多年,从先秦儒家到两汉儒学,再到宋明理学最后到清代考据学,经历了一个一再被诠释、被演绎、被改造的过程。即使到了近现代,面对西方文明的冲击,华人学界还形成了新儒学。这套思想就其文化层面、国家层面和教育层面的影响力而言,是毋庸置疑的。但也正是因为这一特点,一直让我感到迷惑的是:它对个人层面的影响力

---

① Lin Yutang, *My County and My People*, Hongkong: Heineimann, 1977; M. Weber, *The Religion of China: Confucianism and Taoism*, New York: The Free Press, 1951; R. Weller, "Authority, Locality, and the Possibility of Alternate Civilities in China Mainland and Taiwan", *Korea Observer*, Vol. 3, No. 3, 2004, pp. 361 - 390;弗兰西斯·福山:《信任:社会美德与创造经济繁荣》,彭志华译,海南出版社 2001 年版,第 56 页。

② 戈登·雷丁:《华人资本主义精神》,谢婉莹译,格致出版社 2009 年版,第 2 页。

到底有多大？我周围的一些外国教员不止一次地问我：他们在国外的时候一再被灌输中国是儒家文化的国度，可一旦真正来到中国生活，就发现没有什么儒家文化，这是什么原因？是今天没有了儒家文化，还是说普通中国人身上本来就不体现儒家文化？我想，面对这样一个问题，不同的学者给出的答案会不一样：也许有人从元明清开始谈中国文化的改变；也许有人从近代化开始谈中国的改变；也许有人从"文革"开始谈中国的改变；也许有人从市场经济开始谈中国的改变；等等。当然我的答案还不在这里。另外一个长期纠正不了的观点是：中国人在实际生活中重视关系，儒家思想也把关系作为自己的核心议题，两者之间似乎应有思想指导行动上的必然的联系（或逻辑上的因果关系）。

由此，有相当部分学者认为，要研究中国人的关系取向，就必须研究儒家思想。这个观点看起来没有什么问题，完全可以做这样的思考。只是这样思考下来的结果令人吃惊，原先对两者关系的平行研究，思考下来却合一了，它变成了讨论中国人的关系就是讨论儒家伦理思想。一些台湾、香港学者发表出来的研究中国人关系的论文，其实是在讨论儒家思想如何阐述人与人的关系，全然不顾中国人关系的现实复杂性。[1] 当然，类似的做法也发生在我们对待西方理论方面。比如又有人认为，讨论中国人的关系就是在讨论中国人的社会资本。[2] 结果，本来要谈的是中国人关系的含义及其运行，最后变成了社会资本在中国的情况。由此可以发现，目前一些学术讨论已经在理论上发

---

[1] 详见黄光国：《儒家关系主义：哲学反思、理论建构与实证研究》，心理出版社2009年版；金耀基：《中国社会与文化》，牛津大学出版社1992年版；郑赤琰、文灼非主编：《中国关系学》，香港中文大学出版社1996年版；等等。

[2] 翟学伟：《是"关系"，还是社会资本》，《社会》2009年第1期。

生了各种思路的混杂，一些要研究的问题被搅成了一锅粥：思想变成了现实，应然变成了实然，以及中国实际状况总是在验证西方理论，等等。这些凸显出来的问题意味着什么？那便是我上面说的，信任方面的实证研究如何做，说到底还是一个理论如何引导实证的问题。这是本书很少触及其他相关实证研究的原因，因为我们的理论出发点是不同的。

那么，属于上层建筑的儒家思想在何种层面上可以影响到中国人的个体层面？研读思想史和历史事件的学者由于彼此井水不犯河水，各有自己的一套看法。而研究中国人与中国社会的学者一旦把经史放在同一个框架中来思考，便出现了两种截然相反的中国人的人生观：一边是"内圣外王""修齐治平"；一边是"血雨腥风""成王败寇"。所以，讨论儒家思想，有其自身的、不涉及社会一面的演变过程，可如果联系中国人的心理与行为来讲，那更多的则是儒家文化的提法，即它不但泛指价值层面的思想言论，而且还有制度与礼仪上的考量，又有个体行为层面的特征。这或许是海外社会科学研究者更想得到的答案。

从个体行动层面来看儒家文化的影响，其实就是研究儒家文化如何可能影响到数以亿计的普普通通的中国大众。其实，就其直接影响到的层面来看，这部分人群会会大大地减少。在中国传统社会，直接接触到儒家言论的是一群文化精英，而大多数人是不识字的，或许他们听读书人讲过一些君子和小人的"之乎者也"，却未必明白其中的意思。在古代中国，识字的机会在于家庭背景及其文化传承或者有条件读过私塾，识字读本里有些部分会涉及儒家思想的通俗表达，亦有一些儒家社会教化的书籍和图册，比如《二十四孝图》。[①] 至于四书五经，

---

① 翟学伟：《"孝"之道的社会学探索》，《社会》2019年第5期。

那只是一心想参加科举之人的事,这样的读书人群体所占的比例会更少。从受影响的角度来看,儒家文化在更大的层面是通过仪式、故事、戏曲、美术及日常礼仪与规矩等潜移默化地影响到了个人;另外就是榜样的力量,特别是贞洁烈女牌坊等,这一方面的影响大大超过了看书识字的人群所能带来的影响。可问题是这一部分内容中的儒家文化含量并不高,还有相当一部分属于"子不语"的内容。

讨论至此,我想表达的意思是:当儒家自汉朝以来在国家层面、文化层面和教育层面具有了强大的影响力时,它对个体的大面积影响更多的是间接性的,即是有中介层面的,或者说,儒家的"信"主要是对着君臣说的,即使其中有很多地方也是一个普通人该懂该做的,但依然无法传达到普通人那里。那么,这就需要追究儒家思想究竟有没有传达给老百姓。我的看法是这其中有一个最重要的中介传导,也就是家庭结构及其生活方式,换句话说,儒家所宣扬的价值观,有一个最重要的载体,就是家庭生活,其思想内容有相当部分被融入了治家方面。或者说,借助于中国家庭结构自身以及相关的制度规训,只要中国人生活于家庭之中,就会无形中受到它的影响,比如亲亲尊尊、父慈子孝、长幼有序等。在儒家诸多言论中可以触及百姓生活的部分,主要是关于个人与家庭的论述,也就是"修身"与"齐家"的部分;至于国家与世界的部分,即"治国"与"平天下"则同百姓没什么关系。可即使是这两个部分,在中国人的生活实践中也是重家不重个人,更难以出现那么多修身明德之人。正如前文所讨论的,由于地方网络的约束和舆论作用,真正能够激发人们和睦守信的,是由此产生的名声与耻感,而非社会上有许多修身之人。这并不是一个逻辑上的问题,而是一个农耕文化必须如此的事实问题。按照西方社会学的基本原理,有个人才有群体,群体是个人的组合,所以其重点内容比较关注于组织及其个人。可是中国人生活的逻辑是有家才有个体,这个思维后来又变成"有国才有家""大河有水小河满",乃至在实践中往往是为顾家而忽略个人,更不用说传统中国,从官员到民众都不明白"社会"为何物。或者说"社会"的原本含义在中国本土文化中指"土地神祭拜集会",并含有贬义,亦受到官方控制。① 所以当 sociology 一词被引进中国的时候,中国顶尖学者也只能把它译成"群学",说明中国人的生活架构中缺乏个人或组织这样界定清晰的实体,而是关注于虚实相间的自家人或关系。

费孝通的"差序格局"是一个解释力很好的概念,但它最说不通的地方就是中国人的"自我主义"。② 中国社会的复杂性在于,个体在自家人之外表现为自我主义是说得通的,但在自家人内非但不能自我主义,而且必须利他主义。为了爹娘,为了兄弟姐妹,为了父老乡亲,中国人往往会失去自我。再者,中国人的利他性并不表现为道德高尚,而是互相依赖的需要。因为在乡土社会,离开了家就意味着失去了一切;反过来说,有了家、有了后代就有了一切。可见,中国社会在"我为人人"的同时已经是"人人为我"了,进而利己与利他不能做二元对立的思考。儒家文化究竟在当今中国社会表现如何,不是看个体层面的态度与行为表现如何,而是看其家庭生活中的必要性是否还有残留。独生子女家庭让子孙当"小皇帝",老人当不了"土皇帝",一方面说明这样的残留已经没有了,但另一方面独生子女在家长的百般呵护中完全缺少独立自我,并在经济和生活方面极其依赖老人,构成了新一代的"啃老族",说明了儒家思想依然变相地存活着。

---

① 李恭忠:《society 与"社会"的早期相遇——一项概念史的考察》,《近代史研究》2020 年第 3 期。
② 费孝通:《乡土中国》,生活·读书·新知三联书店 1985 年版,第 26 页。

儒家思想对家庭结构与生活的指导与规范作用构成了中国人所谓的家庭主义（家族主义），也构成了儒家文化中最普及的部分。[①] 但值得注意的是，儒家文化直接或间接影响到的中国人远远少于只注重家庭生活的中国人。这其中的逻辑顺序是一个人无论受不受儒家思想直接或间接影响，几乎无例外地、客观地生活在家庭中，而非因为受了直接和间接的儒家思想影响才重视起家庭生活。这意味着，考察中国人信任的重心不在儒家的伦理说教和规范上，而在现实需要上。重视家庭生活是农耕文化、乡土社会的特点，不是儒家文化的特点。儒家文化的特点不过是把有关秩序的伦理予以抽象、提升，讲给了君臣和读书人听，并在实践中让统治者、官员、家长、族长更加清醒地意识到如何治家、治国、治天下。又由于家庭对中国人生活意义重大，所以透过家庭生活传递的儒家思想不再是专业思想，而成了世俗的、普及性极高的、影响很大的文化，就连儒家自己也明白关于人伦日用，即使老百姓浑然不知什么思想流派，但只要生活已被影响到了，自然也就发挥作用了。同理，道家思想的普及也不在于其思想本身的精深，因为那是知识分子的事，不是普通百姓的事。道家能够得以普及主要在于其命理学说对日常生活及世界万物所构成的解释，及其医药对众人的生老病死有极大的市场价值。至于佛家，也是成千上万的受苦受难心灵求得解脱的一剂良方。当然，上述几种思想在中国的影响力也可以做这样的理解：由于中国人的现实世界需要借助于这些思想来寻求各式各样的生存之道，才有机会让大部分人接触到它们。而至于那些登堂入室，逐渐领悟到了其思想精髓之人，只是极少一部分。

[①] 详见杨国枢：《中国人的家族主义——概念分析与实证衡鉴》，载《中国人的心理与行为：本土化研究》，中国人民大学出版社2004年版，第132—194页。

我做以上的论述,目的在于说明中国关系与信任之根基不在儒家伦理中有关人伦方面的论述如何影响了中国人,而在几乎每一个中国人面对自己的血缘和地缘网络时,如何现实而有效地建立起自己的生存依赖性关系。至于思想与日常现实的结合,那就要看结合的途径和方式,而家族制度中所包含的祭拜祖先、孝敬父母、长幼有序、传宗接代等内在需要是两者发生无缝对接的原因。

第二节 为什么是关系视角

那么儒家文化对现代社会所追求的普遍信任会不会产生负效应呢?[1] 一些西方学者通过对儒家文化的研究,认为它会带来负效应。在此意义上,显然这是对儒家影响下的中国社会信任的总体判断。另一些研究中国人关系的学者从其文化的内部,则认为费孝通的差序格局可以解释信任的半径到哪里。于是这两者之间便出现了一定程度上的矛盾性,即如果学者们将儒家文化看成一种价值认同,那么中国人便因为共享着同一种价值观念而成为一个共同体,强调其内部的高度信任。比如,一项关于"世界价值观调查"的著作中曾得到过这样的结论:

> 总体来说,较高水平的人际信任是儒教社会的特征。尽管我们同意福山关于信任重要性的多数说法,但他在将中国描绘成一

---

[1] 弗兰西斯·福山:《信任:社会美德与创造经济繁荣》,彭志华译,海南出版社2001年版,第74页;戈登·雷丁:《华人资本主义精神》,谢婉莹译,格致出版社2009年版,第65—67页。

个低信任社会方面可能犯了错误。在1990年和1996年(由两个不同组织开展)的两次"世界价值观调查"中,中国表现出同日本(福山将其描绘成一个高度信任的社会)相同的人际信任水平。而且由马纳比开展的另一项调查也发现中国人当中相似的高水平人际信任。①

如果回到儒家文化内部,用差序格局来看,那么只能认为人们因过于强调对"自己人"的信任,会排除对"自己人"以外"一般他人"的信任。比较这两种理解中国人信任的研究取向,虽然从一种相对宽泛的文化比较回到中国本土的概念上来,准确性有所提高,但本书想表明的是,仅停留于差序格局的解释框架是不够的,我们不可能指望守住发端于70多年前的概念一直用于解释中国社会或轻描淡写地通过统计数据来说明中国社会的变迁,而是需要在此理论上有所推进。我们需要想一想:为什么我们在讲西方社会学理论时可以讲出许多不同的理论框架,而在讲中国部分时就只能讲差序格局呢?这是我建立关系向度理论学术思考的原因之一。

为此,在重申我的理论框架之前,我先来检讨一下原有关于中国人社会信任的争论焦点在哪里。在原先跨文化的标签意义上,儒家文化是一个文化圈,是对应着其他文化圈而言的。许多在国外生活的学者在试图认识儒家文化圈中的华人、分散于海外的华人或某一城市中唐人街上的华人时,之所以产生这样的符号意识,是因为他们站在跨文化的立场上会对其所属或所不属的种群或族群形成一种"想象的共同

---

① 罗纳德·英格尔哈特:《信任、幸福与民主》,载马克·沃伦编:《民主与信任》,吴辉译,华夏出版社2004年版,第86页。

体"。由于这个共同体具有边界性乃至排他性,很容易假定或在实证中得到其边界以内的高度信任与边界以外的不信任。显然,这是从"文化外部"看到的文化中国,同样也可以在人种或民族混杂地区的生活实践中感受到这一点。而差序格局则是一个"文化内部"的解释性概念,研究者在一个文化内部研究民众彼此之间的信任状况,实际上是在回答"大凡中国人就值得你信任吗?"这类问题,答案则显然是不可能趋于肯定的,而是多样化的。尤其在一个社会出现信任危机的时代,持有自己人信任态度的比例会偏高。这就又回到了所谓特殊信任还是普遍信任,以及是身份认同还是差序格局及其是否产生负效应方面来了。

是从文化内部看还是从外部看,是特殊信任还是普遍信任,其实正是我所希望讨论的理论框架范畴。这些范畴的确引导了问卷的设计与数据的归总方向,只是这个方向中所发生的争议和未尽议题,并不一定来自"看到了什么",而是需要思考"怎么看"。内和外、特殊和一般、正的和负的,是一种二元对立式的看社会、做研究的视角。如果我们以二分法的方式来检验儒家文化的信任特点,看到的是一种"正的"或者"负的"效应的出现;而如果以关系方式来检验儒家文化的特点,看到的则是处于差序格局中的什么位置来定义自己可信赖的人是什么人。二分法的研究方式看起来常用于研究一个社会的文化特征,但其自身的缺陷就是同中国社会的运行方式不契合,也就是说中国社会不是按照二分法建构的,更不是依此运行的。如果我们将此思维方式用于分析中国社会文化,会把其中的精华部分忽略掉,进而得出来的结论也就是站在二元对立的立场上看到的那部分:数据确凿,似乎有理有据;而回到生活经验上看,却又似是而非,不准确,不合理。

对于这一问题的探讨涉及前文杨宜音提出的关系机制和类别机制。① 其实,坚持二元对立的视角所看到的内与外、特殊与一般及正与负等统统属于类别机制,而差序格局则属于关系机制。当然,如果我们再深入讨论下去,关系机制并不排除类别机制,比如差序格局之内也有等差类别,亲疏远近也是分类,即使是差序格局和团体格局,本身也是一种分类。关键问题在于类别机制的思维及其实际运行是排斥关系机制的,而关系机制不排斥分类机制。研究者一旦顾及各种人群分类,关系连接就被破坏了;反之,重视各种关系连接却不破坏分类,只是此时的分类在逻辑上是相容的。比如,男女分类就是不相容性的逻辑关系(不能既是男的又是女的),而阴阳分类就是相容性的逻辑关系(阴中有阳,阳中有阴;阴阳相济;阴阳互补;等等)。显然,一种不属于二元对立的思维更有利于认识中国人。所以,差序格局概念的最大优势就是打破了二元划分,如果一定要坚持不相容的逻辑分类才能做实证研究,那么所得结论同实际状况会有较大的出入。比如,中国人的自我,很多情况下不是自我与他人的区分,而是小我与大我的区分;中国人的家,不是自己家和别人家的区分,而是小家和大家的区分。在前者的研究框架中我们看不懂"自己人"是什么意思,但在后面的研究框架中却可以清楚地发现有一种被称为"自己人""自家人"及"我们的大中国啊,好大的一个家"的意思。同理,有了不做二元对立划分的视角,那么差序格局与文化认同也就能实现视角上的融合,而非只由数据体现出来的观点相左的结论。也就是说,胡安宁、周怡的《再议儒家文化对一般信任的负效应》一文发现,如果将文化认同融入差序格局,可以得到的信任关系是:在天下人的观念中

---

① 杨宜音:《关系化还是类别化——中国人"我们"概念形成的社会心理机制探讨》,《中国社会科学》2008年第4期。

中国人认同炎黄子孙,在炎黄子孙关系中中国人认同家乡人,在家乡人中中国人认同同宗同族人,在同宗同族人中中国人认同家庭成员。这点表明,如果从"天下"向"己"推论(从外向内推),那么中国人的信任度就比较高;如果从"己"向"天下"推论(从内向外推),那么中国人的信任度就不怎么高。其实,中国人的信任度究竟高不高,不在于其从外向内推的普遍主义或从内向外推的特殊主义,其内在机制在于关系如何建立;也不在于个人性的还是社会性的,而是在于个体性总是融入社会性的,即不是个人主义与集体主义的辩论,而是彼此包容的路径。正由于差序格局放弃了二分法,所以才使得我们从理论上可以看到中国人的信任有一个比较宽阔的地带。基于这一认识,当我们再把它重新放回文化认同的数据表现和差序格局的数据表现中来看待时,也就不再认为差序格局和文化认同是两个不同面向的假设,恰恰体现出的是关系性视角自身的解释力。

当二元对立的解释框架被解构之后,儒家文化与中国人的关系现象以及由此引发的信任议题也就获得了一种联系性的解释。但这样一种联系性的解释也不是自然而然地会导向本土性的关系视角,比如蒂利所做的信任研究也是关系取向,我在书中不少地方也做了引用,但他的写作思路依然是试图寻求到信任网络上的"信"和"不信"的边界在哪里,而并不会就此自然走到我所讨论的关系视角上去。在我看来,由于中国人在关系中建立的信任是从中国的"家"概念出发的,又是差序格局式的思维方式,所采用的关系连接又包含了儒家思想所提供的"推"的方法等,这些都正好符合相容关系性的思考。

在儒家五伦关系中,家庭内的成员关系占主导,家庭外的社会关系为次。但这并不意味着二元对立思维的成立,因为在一种小家与大家的关联思维中,君臣关系是套在父子关系中来规范的,朋友关系是套在兄弟关系中来规范的。这样一来,五伦实际上是在一种由里推向外又从大回到小的、从特殊推向一般又从抽象回到具体的思维模式中建立的,这就是忠恕的方法。可是,推出去或者拉回来的关系更多的是类比性的,不能简单地理解成相等的意思。比如君臣如同父子,但毕竟不是父子①;朋友如同兄弟,但毕竟不是兄弟。如果等同了,就成了墨子的"兼爱",这是儒家不赞成并严加斥责的。或者说,由推己及人方式推出来的"仁"或"爱"是等差的,它明显受制于中国乡土社会的现实根基——扩大的家,包括由五服所呈现的关系图。理解了儒家伦理与家庭生活之间的契合性关系,我们再来回顾第四章讨论的孟子所谓的五伦规范,就看到孟子给家庭内部成员制定的伦理规范重点是亲情序列,而家庭外部规范的重点是"人心"。前者成员间不存在信不信的问题,或者说,信不信的问题不是家庭成员要琢磨的事情,因为其血缘性所体现的相依为命、同舟共济、一荣俱荣等被设定为牢不可破、毋庸置疑的。当然,这也不是说家庭成员在事实上不发生背信弃义的事,而是说个别情况不影响中国人在现实和价值上做这样的认定。作为一种文化的公设,如果真的发生了家庭内的欺诈事件,那在根本性上将无法解决。这时的人生不是万念俱灰,就是看破尘世。信任在中国文化的语境中,不是有与无、特殊与一般的划分,而需要从家人中移出去,让一个体走出家庭后去思考。在家人以外这一地带,有两种关系变得至关重要,一是君臣,一是朋友。如果将这两者套入家庭关系中,那么信任度就高;如果将这两者留在社会关系中,那么信任度就低。众所周知,君臣之间的信任关系到国家的盛衰、王朝的安危及个人的

---

① 详见翟学伟:《"亲亲相隐"的再认识——关系向度理论的解释》,《江苏行政学院学报》2019年第1期。

身家性命,既必须建立信任,又不得不保持警惕,不得不防备。由于这一问题过于重大,"信任"一词在分量上不但不够,而且无法涵盖,需要达到"赤胆忠心""赴汤蹈火""肝脑涂地"之地步,这就得使用"义"一词的含义——"信"的最大化。可是对朋友来说,这样的地步显得没有必要,只要确保"义"的最小化——"信",就可以了。当然,义的重大还不仅在于与信的程度区分,"忠义""信义"中的义,其含义上亦有"道义"的高度,因此成为儒家文化中比"信"更重要的概念。人们津津乐道于此,并不证明中国人可以做到,而是证明了这层关系凸显后,其价值之重要与现实之纠结。因为"朋友"在中国是一个宽泛的概念,泛指各种熟人之间的交往,而不同于西方人对这一概念比较狭小的定义。讨论至此,我们发现,中国人信任中比较宽阔的中间地带,就是官僚体制中的上下级关系与社交网络中的朋友关系(或熟人关系),再推出去,也即在五伦涉及不到的关系中,信任就消失了。

信任与不信任、特殊信任与普遍信任都属于二分法式的讨论。二分法思维的背后隐藏着另一种社会根基,就是个人。以个人作为出发点来讨论信任问题,就会在问卷中设计此人信任谁,不信任谁;或者问对方是在个人层面建立信任,还是面对整个社会建立信任。可中国人的信任不是这样划分的。家人信任的自在性之被打破来自市场经济中的"杀熟"现象,即一个全然没有疑问的地带,却面临着在陌生人地带才有的问题。这是对中国社会信任公设上的严重破坏,中国人一般没有心理准备,否则"骗子"怎么可能频频得手?另外,中国人关系的复杂性还在于,关系也不总是直接的、面对面的关系。如果有中间人的信任存在,原来的不信任又会变得可信任。这就是关系性视角,却不是分类性视角所能理解的,直至一种近似于中国式关系的"社会资本"概念的出现。可是,即使西方人开始寻找两个不同群体或组织中的连接点在哪里,这一思考方式也限于对"信息桥"的研究,而远没有中国文化中的中间人那么复杂,需要进一步深究下去。

以关系看信任,给我们带来的另一个重要启示是:单凭儒家的道德教化和规范,不能提升多少中国人的信任品质;乡土社会和家庭生活所构成的长久稳定关系,是信任建立的真正保证。但差序格局解释框架的局限性也就在于:除了这个概念本身可以回归到"自我主义"上,而这一含义又不符合中国人的家庭生活事实外,其分类能力,包括即使在相容性中的分类能力也是不够的,这点导致了关系运作研究本身的简单化,其内在的复杂机制也无法建立,更不可能在逻辑关系上找到一种中国人的行动路线图。正是考虑到这一点,本书才会采用关系向度理论框架来进一步深化关系视角及其理论解释。因为有了关系向度的划分后,从固定关系出发来重新解读中国人的社会信任,我们可以看到这个信任是从哪里出发的,又会走向哪里。它让我们明白,如果中国人信任关系解体,那么重点不只是价值方面的解体,而是长久和稳定性关系的解体。可见,中国目前的社会建设面对的最严峻问题,就是陌生人交往的基本文化公设还没有找到,人们的文化认同也没有形成,很容易回到丛林法则中去。

以上讨论表明,来自本土经验与照搬现成理论框架得出的结果所造成的反差,会逼迫我放弃二元对立的视角,重新寻找另一种更加契合于本文化的视角和理论来讨论相关的议题。唯有这样一种新视角和新理论被建立起来后再以此从事实证研究,才有机会把被二元划分忽略掉的那部分找回来,从而会推进社会与行为科学研究形成新的范式和增长点。当然,作为关系向度理论本身,并不是针对中国人与中国社会而提出的,如果有一种社会是从松散关系出发的,我们从中也能理解该社会的行动路线在哪里。也正因为这个理论是建立于时空维度上的,因此它可以解释不同的社会建构自己特殊的起点与走向。

第三节 中国信任的变迁轨迹

在本书前文讨论"信任"定义时,已经表明了信任是一个附着力很强的概念,其含义总是伴随社会与行为自身情形特征而特征化。当我这里准备对中国社会信任轨迹做一总结时,我们先来回顾信任在中国社会所走过的历程,最后再回到关系向度模型中去看一看这一轨迹在关系向度中的路线图。

信任在中国社会产生的根基在于人口的不流动。中国农业社会的典型代表是土地和房屋:土地不能移动,这点有别于从事其他生活与生产劳动的社会类型,比如草原、海洋、山区、沙漠、岛屿以及后来的工业化所产生的社会类型。所以说,生活场所随农耕劳作而建立,人们便不得不在此基础上过着持久而稳定的小农生活。如果没有战争、灾荒及国家移民政策,人们通常固守于自己的田地和家园,即使外出,也希望落叶归根。这就是所谓"家乡共同体",它与"城镇化社会"或"工商业社会"的重要区别在于人们交往上的紧密性。我们通常有一些概念形容这种紧密性,诸如安土重迁、血缘和地缘、宗族、村落、地方网络、熟人社会等。这些特点本书已经说了不少,我在此不再重复。但就其文化根性方面,我最后还想重申两点:一是人口不流动的社会一般情况下不发生信任的危机,其潜在意义是如果真的发生了信任的崩塌,那么共同体本身将不复存在。因此,这样的环境可以优越到人们在日常事务中不需要针对信任专门建立一套正式制度。很多时候,口头协定、君子协议或容忍性拖延等都是可以实施并给予宽容的,更不用说欠人情本身也意味着人们往往通过制造"欠"来获得更大的收益。这是"信"之文化及其习惯法的基础，也是中国商人在经济活动中时常守信用的基础。为什么可以做到这样的地步？这不单是一个道德化的讨论，而是因为不流动的社会也是一个相对封闭的社会，人们在其中从事的任何活动，无论成败都难以发生背井离乡，或者全然不顾关系性而逃逸的现象。所以，关系的稳定性使得"偿还"具有了时空上的可期待性，比如"父债子还"是时间上的保证，"跑得了和尚跑不了庙"是空间上的保证。综合起来看，中国人这时讲究的是关系连带伦理，而不是个人责任伦理，任何错误的事情因为会发生连带作用，也会使相关者成了信任的制约者或监督人。此时，我们可以看到中国人的生活是有根的，不是漂浮的。

另外一个前面提及且更具中国特色的是方言问题。今天，因为国家在大力推广普通话，包括电视、电影中所展现的各种历史题材也都是用普通话来对白，似乎中国人交流起来很通畅。其实，这样的通畅是演给观众看的，却不是历史实情。从历史实情来看，来自中国不同地区的人们在一起交流，几乎没有人能说一口流利的普通话，而只能是各自适应和听懂对方的方言。这点对外出打拼之人、走南闯北之人是必需的，甚至自己还要学习此地方言来融入其中，否则就失去沟通之可能。中国方言的复杂性导致了很多地区的划分未必是行政区域的划分，而是方言的划分。一个说当地方言之人就意味着他是家乡共同体之人；如果对方口音有变，或说得不标准，那就说明此人不是本地人（语言可以模仿，但地方性的遣词造句、习惯语及腔调等则是从小培养的，这点极难模仿到位，据此也可以判别共同体成员的真伪）。正由于此，方言是一种屏障，或者说一个地方的方言越独特，与普通话的差别越大，其作为信任的保护性也就越强。好比美国在太平洋战争中招收一批特定部族的印第安人担任译电员,因为他们确信没有日本或德国的语言学家懂他们的语言,可以完全保证电报不会泄密。方言的防护意义是双重的,它不但限制陌生人混入本地,也控制一个背信弃义者远走他乡,永久成为异乡人。当然,我这里不是说方言本身就可以建立信任,而是说方言可以使得信任网络的运行有边界作用。如今失信很容易发生,其原因之一就是方言的衰落导致任何人都可能融入地方生活,更不用说由于商品经济的发展,地方从此走上了张开双臂拥抱外地人的道路,并通过普通话进行交流。

  所有这些都在表明,固定关系中的信任并不需要刻意培育,也不需要时刻保持警惕。很多时候,关系和信任是合一的,有关系就是有信任,有信任也就是有关系,使中国人的求职或者在寻求经营合伙人时,往往限于同乡、同学、同僚等;而传统中国军事集团、商人团体、钱庄票号等也是由此信任网络建立起来的。那么,这样的信任网络有什么特点呢?这其中最为关键的特点有二:一是强烈的归属感;二是信息通达。所谓归属感的意思是说处于共同体中的成员更愿意与本乡本土的人在一起,而不愿意同外乡人在一起;归属感的另一个含义是,共同体内部对失信的惩罚机制是习俗与道德,而不倾向于诉诸法律。"无讼"的意思并非乡民没有纠纷,而是表明他们乐于庭外解决或者采用"礼制"的调停①及"人情"的方式私了。而信息通达所发挥的作用就是"好事不出门,恶事行千里",最终人们知道的越多,无形的管控就越有效,也就越不存在专门提供个人信息的机构,比如派出所或者档案部门。

  可是,随着中国社会的变迁,尤其是工业化和城市化的发展,中国人口开始发生流动。从理论上讲,人口的大面积流动会使得地方关系

---

① 费孝通:《乡土中国》,生活·读书·新知三联书店1985年版,第54页。

网络最终瓦解,由熟人关系建立起来的信任网络不再发挥应有的作用。此时,信任不再是自在的,而需要另寻他途重新建立。那么这样的途径在哪里呢?这时,我们应该注意到一种由固定关系和儒家文化所叠加的传统变异,即原先的家国同构开始真正从"家"转向了"国",这就是社会主义制度与传统的结合点。虽然中华人民共和国的诞生带来的是一种全新的社会主义制度,但这一从乡土基础上建立起来的国家依然需要把从家和家族中建立起来的机制用于国家的运行,这点从功能上讲就是事无巨细的大包大揽。这一意识不但使国家成为全能型政府,而且由固定关系建立的全知型信任也成为整个国家与民众的新型关系。此时,原本的全知型信任是一种自然状态,而建立于国家层面的"全知"也需要"全能",因为"知"而"不能",那就是无能为力,既然无能为力,就会把一些日常事务交由百姓自己去处理,那还有什么必要那样事无巨细地"知"?而一旦"知"了并且有责任地去"能",就会产生人民对政府的信赖。所以,从逻辑上讲,如果国家准备大包大揽民众的各项生产和生活,虽然在很多方面会有许多实际困难,但在理念上便会有原本亲情间才有的"恩情"关系延伸到政府与民众的关系上去,也导致原本固定关系中的"信任"(放心)顺理成章地成为政府治理社会的文化基础。此时此刻,政府的"仁政"和"善行"也可以从中推导出来,尤其在大灾大难发生之际,表现出调动全国资源与全力以赴救灾救难的能力,上下齐心,故救灾救难成功的概率会很高。而对于有限政府而言,很多情况下只能由百姓自己解决或自救,甚至有的患者自己也签署过在何种情况下不抢救的协议,家属又尊重患者的个人意愿,包括不希望其煎熬受苦,那么死亡人数就会很多。

具体而言,一开始在计划经济中,由于国家采取了城乡二元治理模式,乡村人口如果没有特殊的原因(比如参军、升学、提拔、婚姻等)一般没有流动的可能。在这一时期,一方面留守于乡村的广大农民继续待在原地,只是其劳动合作形式发生了改变,从原先为自己的家庭生产劳动改为在社队集体所有制中从事生产劳动;另一方面,城市居民中的绝大多数都被归入单位体制进行生产劳动。看起来,社会结构发生了不小的变化,比如田地的归属发生改变,原本的宗族文化为地方行政管理所取代,城市中的个体经营户大大减少等,但其社会关系本身的要素没有改变。也就是说,乡里乡亲依然是乡里乡亲,地方网络还是地方网络。而单位制几乎将大多数流动出来的城市居民从入职到退休都锁定于自己的工作单位,做到了每一个人都有编制身份,或大集体的,或国营的。个人信息管理模式正是各个单位都拥有的档案制度,一个人的档案记录意味着对一个人的信息评估,也就是说,一个人的日常表现,如成绩或处分、晋升或调动等,都是有其档案的历史记录来做依据。所以在这一时期,"单位"更像固定关系与约定关系的集合,也就是全知性和保障性相互促进。虽说,看起来城乡社会体制已经发生了重大的改变,但就信任而言,其基本条件和要素都依然保留着。如果说这时的信任运行机制有什么变化,那只能说,此时的信任运行的自在性减弱了,其管控性得到了加强。

然而,改革开放以来,国家开始以市场经济为导向,全能型政府逐渐退缩,市场自身调节作用开始加强,城乡二元关系格局被打破,农民因劳动力过剩希望进城务工;高考恢复也使得乡村的许多知识青年有了接受高等教育或留在大城市的机会;而单位制内部也发生了许多新变化,停薪留职、下海、辞职、人才流动等使得人心浮动,人人都在寻求更利于自身发展的途径。可以说,从中国改革开放至今的40年来看,中国社会学最核心的议题大都是由人口的大面积流动而引发的,因为它带动了整个社会结构、社会阶层、城市与乡村、农民工、住房、升学、移民及贫富差距以及相关的一系列社会问题的发生。此时,乡村的空巢现象开始出现,单位制解体,大学生就业难,自主创业受到鼓励,合同制甚至无合同的劳动等社会现象比比皆是。在这一时期,一个人可以随时出走,可能和家庭失去联系,可以临时加入一个组织或企业,也可以随时改行、跳槽或不辞而别。档案制在无法应对这些新变化时也随之解体(公职人员除外),外来流动人员的管理登记等已交由公安系统负责,个人信息在很大程度上也只剩下了出生时间和居住地。这个时候,一个人只要随身带张身份证(也许是假的、借来的、偷来的,更为严重的是冒名顶替的)就可以混迹于社会。从这里,我们看到了一个没有真实关系的个人。依照我在第一章第三节给出的信任三个基本特征中的第一特征,不具有真实关系的人是没有信任可言的,他可以随时消失,也可以随时出现。那么我们如何在这样的社会建立信任呢?目前,征信系统开始成为社会关注的焦点,但更多的操作化只限于金融领域和针对明确的违法乱纪行为,而针对大量日常的社会行为则尚不具有操作性。而地方上自设的信用系统因为缺乏前期的研究及实施框架,匆忙上马,功能上存在一些问题。

此时此刻,有不少学者开始提倡"诚信"这个概念。如果中国社会因信任和信用出现了问题而呼唤人人都要讲诚信,那就是在暗示该社会的整合已经回到了祈求个体道德方面,或者说已到了退无可退之境了,即这个社会的道德底线已快要守不住了,而不是说我们正在建立一个美好的社会。道德通常连接的是一套价值体系,或信念或信仰。当社会呼唤道德的时候,我们需要先问一问这样的信念或者信仰在哪里,这是国家重建社会主义核心价值观的缘由。只是一种价值体系的建立不但需要漫长的社会化过程,还需要与文化之间有相当的融合度或者"中国化"。或许在眼下的困境中,我们开始怀念起儒家所建立的道德体系来。的确,国学热的兴起,从某种程度上表明了这一点。但我的观点是,一个社会在任何时候,都不能指望以个人的修养和觉悟来运行。如果我们坚持这一点,那么不是过于天真,就是坐而论道了。且不谈儒家在传统社会并没有建立起一个讲道德的社会,单论儒家即使想以道德建立社会,那其道德根基也是关系性的,而不是信仰式的,并且还非常强调要从家人关系来推向社会,致使它在实际操作中的任何一次外推都有搁浅的可能。

总结以上的讨论,我认为,中国的农耕文化所建立的信任网络本身是自在的;计划经济中的信任是管控的;而在市场经济出现后,由于国家急于打破原有的条条框框,其要点主要就是打破原有的城乡二元结构,让人口流动起来,进而没有寻求到一套行之有效的信用体系。为了表明这一变迁过程,我特制图10-1:

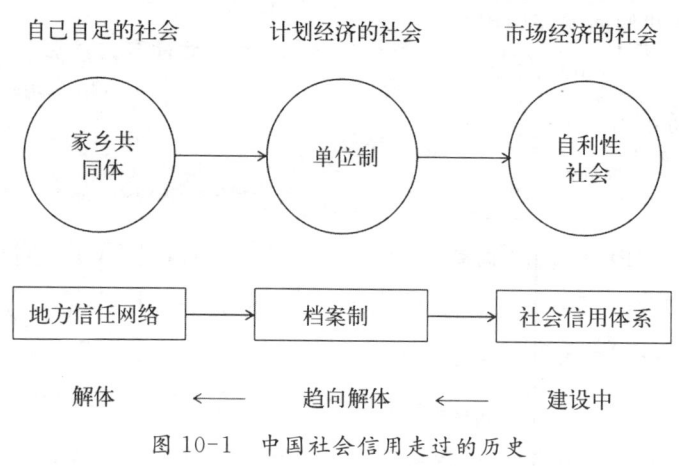

图10-1 中国社会信用走过的历史

这个图式基本上勾勒出了中国人信任经历过的几个阶段。当然,真实社会中的信任变化不会这么清晰,应该说更多的可能是三者并存。只是随着社会复杂性的增加,任何一种信任保证制度都变得不再那么有效。中国社会目前正在耗费极大的社会成本来防范信任危机，那么这其中的难度在哪里？我认为，从上面的讨论中可以看出，信任的运行机制总是指向关系的稳定性的，它同社会的持续变迁之间是一种悖论。换句话说，随着社会的变迁，市场化和城市化，以及政治的、经济的、文化的、日常的变化都意味着人与人之间的稳定性在下降，同时对制度信任的要求也越来越高。显然，信任的法则在于稳定和可预见性，关系越稳定，政策法规越不易变，社会运行就越有信任度；关系越不稳定，政策法规越易变，人间就越无信任度。而从日常生活来看，人与人关系越稳定，专业性的保障措施就越不需要；关系越不稳定，专业性的保障措施性就越重要。就这层含义而言，正是急速的社会变迁所带来的制度与人际的各种变化使得人们始终处于陌生、惊恐与风险之中，从而抛弃了社会本该拥有的信任。

在我们回顾完中国社会信任的历史轨迹后，如果再一次回到关系向度理论，就可以看到中国社会信任的历史走向，其基本框架可以进一步演化为图10-2。

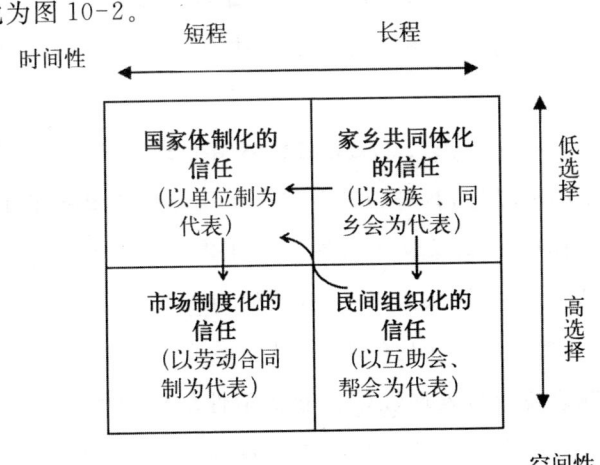

图 10-2 关系向度中信任的体制背景及其历史走向

从图10-2上可以看到，原本理论模型在不同的历史阶段都有相应的社会体制支持：其中全知型信任的实际运行是家乡共同体化的信任；互助型信任的实际运行是民间组织化的信任；保障型信任至少在中国指计划经济年代中的单位制信任；而人格/道德型信任指市场经济体制运行下产生的信任。从图中的箭头指向来看，在当前市场化的社会中，原本在中国历史上出现的几种信任都将走向以契约为基础的、以劳动合同制为代表的信任类型。当然，这种走向会带来什么合理性和不合理性，不是我想讨论的话题，但从这次新冠疫情的全球大爆发来看，中国全能型政府之传统依然发挥着重要的作用，也是这次抗疫取得阶段性胜利的保证。

近几十年由于互联网时代的到来，虚拟社会与现实社会之间已出现了很大的差异。其中最为关键的地方，就是其本质上所拥有的时空观念出现了根基上的改变，这使得信任维度及其类型也随之发生了改变。应该说，我们原本讨论的家乡共同体是一种地方性的、借助于面对面的、或者中间人的或者是方言的等构成的现实社会网络，而单位制所建立的档案制度则属于一种国家行政体系的网络，其运行起来也有一套内部的记录和调档系统。一般而言，这两个系统都是以或乡村共同体或在大一统的官僚体制下所建立的真实关系为前提。互联网的出现，其最为显著的特征就是信息的爆炸性涌现，从而导致自媒体的形成以及实情性信任维度的单向度增长。也就是说，人们此时开始摆脱熟人、官方权威机构或专家来获取各种事实或事件，并由此形成了多元化的立场，从而导致了原本社会所依赖的人与人信任框架转变为表现性信任和实情性信任两种维度，这是民众社会态度出现分裂的重要原因。与此同时，互联网的覆盖面显然比前两种社会网络覆盖面更大，这一方面意味着网络治理能力更加强大,另一方面也意味着信息与舆论传播能力的加强以及更大面积的、跨地区的网络诈骗活动规模增加。未来的社会信任如何发展,还有很多不确定的因素。但无论如何,互联网上的技术改进与治理是科技层面的事情,它本身不能取代道德底线,所以也不意味着信任本身的建立,只意味着不得已而建立的越来越强大的防范体系。这就好比我们感觉居住环境很安全,不是因为邻里关系或者社会风尚好,而是因为防盗门技术好,或电子探头布置得好。

显然,面对信任的社会变迁,各式各样的管控不断增加只是加强了社会约束力量,却说明不了信任的实质在改善。就此而言,技术性的防范是基础,但建立于其上的还在于我们是否拥有"信任社会",还在于"人心"。法国学者阿兰·佩雷菲特(A. Peyrefute)说:

> 疑忌社会是畏首畏尾、"赢输不共"的社会:这种社会的共同生活是一种"零和博弈",甚至"负和博弈"("你赢,我就输");这种社会易搞阶级斗争,适宜国内国际的艰困形势,倾向社会忌妒和自我封闭,盛行侵犯他人权利的相互监视。而信任社会是一种扩张的、"共赢"社会("你赢,我也赢")。这是一种团结互助、共同计划、开放、交换和交流的社会。当然,任何社会也不百分之百地信任或猜疑。正如阴从来不会是百分之百的阴,而阳从来不会是百分之百的阳一样。阳中包含部分的阴,阴中包含些许阳。起决定作用的是占主导地位的因素。[①]

[①] 阿兰·佩雷菲特:《信任社会:论发展之缘起》,邱海婴译,商务印书馆2005年版,第5页。

我这里想提出的问题是：我们为何要借助于越来越密集的技术手段来控制人的行为呢？或许国家的管理者从治理的角度看到了人性之恶，致使其因对人的不信任而发展出了一套监管模式。他们以为唯有如此，这样的恶才有可能最大化地得到遏制。但就社会自身所能建立起的关系而言，也许又有一种文明会假定（相信）人性本善，并由此孕育出另一种带有信任感的社会控制模式。显然，究竟是靠国家的力量来维持和监管社会空间，还是让社会在自身运行中产生人与人、组织与组织的彼此信任，并形成某种力量来相信政府之善，监督国家行为，是社会科学研究的最为根本的任务之一。虽然不同学者这时会给出不同的观点，也不得不涉及一个文明的形成与历史轨迹，但至少有一点应该达成共识：就技术而言，人类社会管理方法的确有了很大的进步；但就关系性而言，唯有让人们彼此友好、互相信任，人间才会有更多的温暖与幸福。

参考文献

阿兰·佩雷菲特:《信任社会:论发展之缘起》,邱海婴译,商务印书馆2005年版。

埃里克·尤斯拉纳:《信任的道德基础》,张敦敏译,中国社会科学出版社2006年版。

埃里克森:《童年与社会》,罗一静、徐炜铭、钱积权编译,学林出版社1992年版。

埃米尔·涂尔干:《社会分工论》,渠东译,生活·读书·新知三联书店2000年版。

埃米尔·涂尔干:《职业伦理与公民道德》,渠东、付德根译,上海人民出版社2001年版。

爱默生:《不朽的声音》,张世飞、蒋旭东译,当代世界出版社2002年版。

安东尼·吉登斯:《现代性的后果》,田禾译,译林出版社2000年版。

安东尼·吉登斯:《现代性与自我认同》,赵旭东、方文译,生活·读书·新知三联书店1998年版。

鲍杰等编:《论近代宁波商帮》,宁波出版社1996年版。

贝拉等:《心灵的习性:美国人生活中的个人主义和公共责任》,翟宏彪等译,生活·读书·新知三联书店1991年版。

本杰明·史华兹:《寻求富强:严复与西方》,叶凤美译,江苏人民出版社1996年版。

本尼迪克特:《菊花与刀:日本文化的诸模式》,浙江人民出版社 1987 年版。

彼得·什托姆普卡:《信任:一种社会学理论》,程胜利译,中华书局 2005 年版。

伯纳德·曼德维尔:《蜜蜂的寓言:私人的恶德,公众的利益》,肖聿译,中国社会科学出版社 2002 年版。

蔡昉主编:《中国人口流动方式与途径(1990—1999)》,社会科学文献出版社 2001 年版。

查尔斯·蒂利:《信任与统治》,胡位钧译,上海人民出版社 2010 年版。

陈平编著:《新中国诚信变迁:现象与思辨》,中山大学出版社 2010 年版。

陈铨亚:《中国本土商业银行的截面:宁波钱庄》,浙江大学出版社 2010 年版。

陈绪新:《信用伦理及其道德哲学传统研究》,中国社会科学出版社 2008 年版。

春杨:《晚清乡土社会民事纠纷调解制度研究》,北京大学出版社 2009 年版。

达尼洛·马尔图切利:《现代性社会学》,姜志辉译,译林出版社 2007 年版。

达斯古普特等编:《社会资本:一个多角度观点》,张慧东等译,中国人民大学出版社 2005 年版。

丹尼尔·雷恩:《管理思想的演变》,孙耀君等译,中国社会科学出版社 1986 年版。

窦季良编著:《同乡组织之研究》,正中书局 1943 年版。

E. 霍贝尔:《初民的法律:法的动态比较研究》,周勇译,中国社会科学出版社 1993 年版。

范忠信:《中国法律传统的基本精神》,山东人民出版社 2001 年版。

费孝通:《乡土中国》,生活·读书·新知三联书店 1985 年版。

费正清编:《中国的世界秩序:传统中国的对外关系》,杜继东译,中国社会科学出版社 2010 年版。

冯友兰:《三松堂全集》第 11 卷,河南人民出版社 2001 年版。

弗兰西斯·福山:《信任:社会美德与创造经济繁荣》,彭志华译,海南出版社 2001 年版。

弗朗索瓦·于连:《迂回与进入》,杜小真译,生活·读书·新知三联书店 1998年版。

甘阳:《通三统》,生活·读书·新知三联书店 2007 年版。

高道蕴等编:《美国学者论中国法律传统》,清华大学出版社 2004 年版。

戈登·雷丁:《华人资本主义精神》,谢婉莹译,格致出版社 2009 年版。

郭绪印:《老上海的同乡团体》,文汇出版社 2003 年版。

国家人口和计划生育委员会流动人口服务管理司编:《中国流动人口发展报告(2012)》,中国人口出版社 2012 年版。

韩格理:《中国社会与经济》,张维安等译,联经出版事业公司 1990 年版。

韩森:《传统中国日常生活中的协商》,鲁西奇译,江苏人民出版社 2008 年版。

郝大维、安乐哲:《通过孔子而思》,何金俐译,北京大学出版社 2005 年版。

何怀宏:《新纲常:探讨中国社会的道德根基》,四川人民出版社 2013 年版。

何天爵:《真正的中国佬:西方人眼中的中国》,鞠方安译,光明日报出版社 1998 年版。

侯旭东:《宠:信-任型君臣关系与西汉历史的展开》,北京师范大学出版社 2018 年版。

胡必亮:《关系共同体》,人民出版社 2005 年版。

胡明选编:《胡适选集》,天津人民出版社 1991 年版。

胡适:《中国哲学史》上册,中华书局 1991 年版。

胡适等:《四十自述·我在六十岁以前·我的半生》,岳麓书社 1998 年版。

黄光国:《儒家关系主义:哲学反思、理论建构与实证研究》,心理出版社 2009 年版。

黄光国等:《面子:中国人的权力游戏》,中国人民大学出版社 2004 年版。

黄鉴晖:《山西票号史》,山西经济出版社 2002 年版。

黄宗智:《清代的法律、社会与文化:民法的表达与实践》,上海书店出版社 2007 年版。

霍布斯:《利维坦》,黎思复、黎廷弼译,商务印书馆1997年版。
吉伯特·威尔士、亨利·诺曼:《龙旗下的臣民:近代中国社会与礼俗》,刘一君、邓海平译,光明日报出版社2000年版。
金耀基:《中国社会与文化》,牛津大学出版社1992年版。
柯兰君、李汉林主编:《都市里的村民:中国大城市的流动人口》,中央编译出版社2001年版。
拉菲尔-欧利阿尼、李卡多-斯达亚诺:《"不死的中国人":他们干活,挣钱,改变着意大利,因此令当地人害怕》,邓京红译,社会科学文献出版社2011年版。
李珹:《上海的宁波人》,上海人民出版社2000年版。
李零:《花间一壶酒》,同心出版社2005年版。
李培林等:《就业与制度变迁:两个特殊群体的求职过程》,浙江人民出版社2000年版。
李强:《转型时期的中国社会分层结构》,黑龙江人民出版社2002年版。
李松:《中国社会诚信危机调查》,中国商业出版社2011年版。
李学兰:《中国商人团体习惯法研究》,中国社会科学出版社2010年版。
李镇华:《信用制度建设的理论基础探讨:基于信用风险管理的视角》,中国金融出版社2010年版。
梁启超:《清代学术概论·儒家哲学》,天津古籍出版社2004年版。
梁漱溟:《中国文化要义》,上海人民出版社2003年版。
梁治平:《法意与人情》,中国法制出版社2004年版。
林聚任:《社会信任和社会资本重建:当前乡村社会关系研究》,山东人民出版社2007年版。
林树建:《宁波商人》,福建人民出版社1998年版。
林语堂:《林语堂名著全集》第10卷,东北师范大学出版社1994年版。
刘广安:《中华法系的再认识》,法律出版社2002年版。
刘俊田等译注:《四书全译》,贵州人民出版社1988年版。

刘梦溪:《中国现代文明秩序的苍凉与自信:刘梦溪学术访谈录》,中华书局2007年版。

刘梦溪主编:《中国现代学术经典·严复卷》,河北教育出版社1996年版。

刘秋根、马德斌主编:《中国工商业、金融史的传统与变迁:十至二十世纪中国工商业、金融史国际学术研讨会论文集》,河北大学出版社2008年版。

刘益:《信用、契约与文明:基于实证研究的角度》,中国社会科学出版社2010年版。

卢公明:《中国人的社会生活》,陈泽平译,福建人民出版社2009年版。

卢梭:《论人类不平等的起源和基础》,李常山译,商务印书馆1982年版。

鲁迅:《鲁迅全集》第3卷,人民文学出版社1981年版。

罗伯特·帕特南:《使民主运转起来:现代意大利的公民传统》,王列、赖海榕译,江西人民出版社2001年版。

罗德里克·克雷默、汤姆·泰勒编:《组织中的信任》,管兵、刘穗琴等译,中国城市出版社2003年版。

罗家德、叶勇助:《中国人的信任游戏》,社会科学文献出版社2007年版。

吕建锁:《浙商钱庄与晋商票号的信用制度比较研究》,中国社会科学出版社2013年版。

马克·沃伦编:《民主与信任》,吴辉译,华夏出版社2004年版。

马克思:《资本论》第3卷,人民出版社1975年版。

马克斯·韦伯:《经济与社会》上卷,林荣远译,商务印书馆1997年版。

马克斯·韦伯:《中国的宗教·宗教与世界》,康乐、简惠美译,广西师范大学出版社2004年版。

马克斯·韦伯:《中世纪商业合伙人史》,陶永新译,东方出版社2010年版。

马克斯·韦伯:《儒教与道教》,洪天富译,江苏人民出版社1993年版。

迈克尔·波顿:《大话管理100年》,文岗译,中国纺织出版社2003年版。

曼纽尔·卡斯特主编:《网络社会:跨文化的视角》,周凯译,社会科学文献出版社 2009 年版。

毛道维:《中国社会信用体系中的信用结构和信用链研究》,上海三联书店 2011 年版。

明恩溥:《中国人的气质》,刘文飞、刘晓旸译,上海三联书店 2007 年版。

南京大学历史系明清史研究室编:《明清资本主义萌芽研究论文集》,上海人民出版社 1981 年版。

南开大学社会学系编:《社会学论文集》,云南人民出版社 1989 年版。

尼克拉斯·卢曼:《信任:一个社会复杂性的简化机制》,瞿铁鹏、李强译,上海人民出版社 2005 年版。

尼斯比特:《思维的版图》,李秀霞译,中信出版社 2006 年版。

欧文·戈夫曼:《公共场所的行为》,何道宽译,北京大学出版社 2017 年版。

潘光旦:《儒家的社会思想》,北京大学出版社 2010 年版。

潘洪纲编著:《官商两道:中国传统社会中的商人与官场》,湖北人民出版社 2011 年版。

彭泽益主编:《中国工商行会史料集》,中华书局 1995 年版。

皮埃尔·布迪厄:《实践感》,蒋梓骅译,译林出版社 2003 年版。

浦嘉珉:《中国与达尔文》,钟永强译,江苏人民出版社 2008 年版。

齐格蒙特·鲍曼:《后现代伦理学》,张成岗译,江苏人民出版社 2003 年版。

齐格蒙特·鲍曼:《流动的现代性》,欧阳景根译,生活·读书·新知三联书店 2002 年版。

齐美尔:《货币哲学》,陈戎女等译,华夏出版社 2002 年版。

齐美尔:《金钱、性别、现代生活风格》,顾仁明译,学林出版社 2000 年版。

齐美尔:《时尚的哲学》,费勇、吴菁译,文化艺术出版社 2001 年版。

齐守成:《都市里的"杂巴地儿":中国传统闹市扫描》,辽宁人民出版社 2000 年版。

秦晖:《传统十论》,复旦大学出版社 2004 年版。

瞿同祖:《中国法律与中国社会》,中华书局 2003 年版。

阮元校刻:《十三经注疏》,中华书局 1980 年版。

商庆军:《转型时期的信用制度构建》,上海三联书店 2011 年版。

沈祖炜主编:《近代中国企业:制度和发展》,上海社会科学院出版社 1999 年版。

施展:《枢纽:3000 年的中国》,广西师范大学出版社 2018 年版。

孙建国:《信用的嬗变:上海中国征信所研究》,中国社会科学出版社 2007 年版。

孙建中:《诚信晋商》,山西古籍出版社 2006 年版。

孙立平:《转型与断裂:改革以来中国社会结构的变迁》,清华大学出版社 2004 年版。

塔尔科特·帕森斯:《社会行动的结构》,张明德、夏翼南、彭刚译,译林出版社 2003 年版。

唐锐涛:《中国密码:解读中国人的 12 个行为特点》,东方出版中心 2010 年版。

田涛:《千年契约(文史版)》,法律出版社 2012 年版。

田玉川:《晋商》,中国工人出版社 2007 年版。

田玉川:《正说明清第一商帮:晋商》,中国工人出版社 2007 年版。

田兆元、田亮:《商贾史》,上海文艺出版社 2007 年版。

涂肇庆、林益民主编:《改革开放与中国社会:西方社会学文献书评》,牛津大学出版社 1999 年版。

托马斯:《不适应的少女:行为分析的案例和观点》,钱军等译,山东人民出版社 1988 年版。

王春光:《巴黎的温州人:一个移民群体的跨社会建构行动》,江西人民出版社 2000 年版。

王曙光:《乡土重建:农村金融与农民合作》,中国发展出版社 2009 年版。

王俞现:《中国商帮 600 年》,中信出版社 2011 年版。

威廉·大内:《Z理论:美国企业界怎样迎接日本的挑战》,孙耀君等译校,中国社会科学出版社1984年版。

卫礼贤:《中国心灵》,王宇洁等译,国际文化出版公司1998年版。

魏昕、博阳:《诚信危机:透视中国一个严重的社会问题》,中国社会科学出版社2003年版。

项飙编著:《跨越边界的社区:北京"浙江村"的生活史》,生活·读书·新知三联书店2000年版。

邢义田主编:《中国文化源与流》,黄山书社2011年版。

休谟:《人性论》,关文运译,商务印书馆1983年版。

徐复观:《学术与政治之间》,华东师范大学出版社2009年版。

许茨:《社会实在问题》,霍桂桓、索昕译,华夏出版社2001年版。

许烺光:《美国人与中国人》,沈彩艺译,浙江人民出版社2017年版。

许烺光:《宗族、种姓与社团》,黄光国译,南天书局2002年版。

许烺光:《宗族·种姓·俱乐部》,薛刚译,华夏出版社1990年版。

薛晓源、周战超主编:《全球化与风险社会》,社会科学文献出版社2005年版。

亚当·斯密:《道德情操论》,蒋自强等译,商务印书馆2002年版。

阎云翔:《礼物的流动:一个中国村庄中的互惠原则与社会网络》,上海人民出版社2000年版。

阎云翔:《私人生活的变革:一个中国村庄里的爱情、家庭与亲密关系(1949—1999)》,龚小夏译,上海书店出版社2006年版。

杨国枢、黄光国主编:《中国人的心理与行为(1989)》,桂冠图书公司1991年版。

杨国枢:《中国人的心理与行为:本土化研究》,中国人民大学出版社2004年版。

杨国枢主编:《中国人的心理》,桂冠图书公司1988年版。

杨国枢主编:《中国人的心理》,江苏教育出版社2006年版。

杨联陞:《中国文化中"报""保""包"之意义》,贵州人民出版社2009年版。

余英时:《文史传统与文化重建》,生活・读书・新知三联书店2004年版。

翟学伟、薛天山主编:《社会信任:理论及其应用》,中国人民大学出版社2014年版。

翟学伟:《人情、面子与权力的再生产》,北京大学出版社2013年版。

翟学伟:《中国人的关系原理》,北京大学出版社2011年版。

翟学伟:《中国社会中的日常权威:关系与权力的历史社会学研究》,社会科学文献出版社2004年版。

翟学伟主编:《中国社会信用:理论、实证与对策研究》,中国社会科学出版社2017年版。

张海鹏、王廷元主编:《明清徽商资料选编》,黄山书社1985年版。

张守广:《宁波商帮史》,宁波出版社2012年版。

张维迎:《产权、政府与信誉》,生活・读书・新知三联书店2001年版。

张维迎:《信息、信任与法律》,生活・读书・新知三联书店2006年版。

张正明等主编:《中国晋商研究》,人民出版社2006年版。

郑赤琰、文灼非主编:《中国关系学》,香港中文大学出版社1996年版。

郑也夫、彭泗清等:《中国社会中的信任》,中国城市出版社2003年版。

郑也夫编:《信任:合作关系的建立与破坏》,中国城市出版社2003年版。

中国人民银行上海市分行金融研究所编:《上海商业储蓄银行史料》,上海人民出版社1990年版。

钟甫宁、栾敬东、徐志刚:《农村外来劳动力问题研究》,人民出版社2001年版。

周怡主编:《我们信谁:关于信任模式与机制的社会科学探索》,社会科学文献出版社2014年版。

朱利安:《从存有到生活:欧洲思想与中国思想的间距》,卓立译,东方出版中心2018年版。

庄维民:《中间商与中国近代交易制度的变迁:近代行栈与行栈制度研究》,中华书局 2012 年版。

邹建平:《诚信论》,天津人民出版社 2005 年版。

A. Kipnis, *Producing Guanxi: Sentiment, Self, and Subculture in A North China Village*, Durham: The Press of Duke University, 1997.

A. Smith, *The Wealth of Nations*, A. Skinner (ed.), Baltimore: Penguin Press, 1979.

C. Cooper (ed.). *Theory of Group Process*, New York: Wiley, 1975. p.134.

J. Thibaut, T. Spence, R. Carxon (eds.), *Contemporary Topics in Social Psychology*, Morriestown, NJ.: General Learning, 1976.

Jaine Strauss, George Goethals (eds.), *The Self: Interdisciplinary Approaches*, New York: Springer, 1991.

K. Hawley, *Trust: A Very Short Introduction*, New York: Oxford University Press, 2012.

Lin Yutang, *My County and My People*, Hongkong: Heineimann, 1977.

M. Weber, *The Religion of China: Confucianism and Taoism*, New York: The Free Press, 1951.

O. Williamson, *The Mechanisms of Governance*, New York: Oxford University Press, 1996.

T. Yamagishi, *Trust: The Evolutionary Game of Mind and Society*, New York: Springer, 2011.

Tian Yucao (ed.), *The Chinese Model of Modern Development*, London: Routledge, 2005.

U. Beck, *World Risk Society*, Cambridge: Polity, 1999.

Uichol Kim, H. Triandes (eds.), *Individualism and Collectivism: Theory, Method, and Applications*, Thousand Oaks, CA.: Sage Press, 1994.

图书在版编目（CIP）数据

中国人的社会信任：关系向度上的考察 / 翟学伟著. — 北京：商务印书馆，2022
ISBN 978-7-100-20420-0

Ⅰ. ①中… Ⅱ. ①翟… Ⅲ. ①社会关系—研究—中国 Ⅳ. ① D668

中国版本图书馆 CIP 数据核字（2021）第 201434 号

权利保留，侵权必究。

中国人的社会信任
关系向度上的考察
翟学伟 著

商 务 印 书 馆 出 版
（北京王府井大街36号 邮政编码100710）
商 务 印 书 馆 发 行
南京新洲印刷有限公司印刷
ISBN 978-7-100-20420-0

2022年6月第1版　　　开本 880×1240 1/32
2022年6月第1次印刷　　印张 12½
定价：68.00元